변희재의 태블릿, 반격의 서막

태블릿 조작 진상규명 백서

변희재의 태블릿, 반격의 서막

태블릿 조작의 공범인 청와대의 배신자들

변희재 **지음**

미디어워치

추천사

"JTBC 태블릿은 최서원의 것이 아니고, 김한수의 것"이라고 주장했다가 변희재 미디어워치 대표고문은 1년 동안 투옥되는 고초를 겪었다.

그럼에도 불구하고 그는 탄핵의 단초가 되었던 태블릿의 진실을 파헤치고자 『손석희의 저주』와 『변희재의 태블릿 사용설명서』에 이어, 이번에 세 번째 저서인 『변희재의 태블릿, 반격의 서막』을 출간했다.

이 책은 JTBC·검찰·법원 등이 어떻게 '김한수의 태블릿'을 '최서원의 태블릿'으로 조작했는지, 누구나 쉽게 이해할 수 있도록 쓴 책이다.

이 시대의 누가 혹독한 현실에서 진실을 밝히고자 이런 책을 낼 수 있으며, 또 태블릿 관련 허위·조작 보도의 문제를 하나하나 정확히 구체화할수 있을까. 놀랍고, 변희재 대표의 그 용기에 찬사를 보내고 싶다.

한 나라의 대통령을 탄핵시키는 데 그 단초 역할을 했던 태블릿은 이 나라의 역사에 흑역사로 남을 것이다. 이에 그 진실을 밝혀내는 일은 살아있는 우리 세대의 의무이자, 책무이기도 하다.

5년 내내 잠들어있던 태블릿의 진실이 이 책을 통해 그 음모와 조작, 기획이 낱낱이 밝혀지면서, 그 결과로 대한민국이 바로 서는 새로운 미래로 가는 길에 등불과 같은 역할을 하게 될 것이라 믿어 의심치 않는다.

어둠 속에서도 진실을 밝히려고 노력하는 분들이 있기에 우리나라는 아직도 희망과 미래가 있다고 생각한다.

이 책을 통해 박근혜 대통령님이 말씀하신 "진실은 반드시 밝혀진다"고 하신 일도 꼭 이뤄지길 바란다.

이 글을 쓰는 동안 고초와 역경을 이겨낸 변희재 대표에게 감사함을 전하고 싶다.

부디 탄핵의 열풍에 가려 진실을 외면했던 많은 국민들께서 이 책을 통해 바른 역사를 세워주시길 바란다.

2022년 1월 26일

최서원

서문

이제 5년, 태블릿 반격의 서막,
공감 이전에 분노와 공포를 먼저 느낄 것

2016년 10월 24일, JTBC는 "박근혜 국정농단의 증거, 최순실 태블릿(당시에는 PC로 표현)을 발견했다"면서 탄핵의 물꼬를 텄다. 다음날 SNS상에서는 이미 방송 조작 시비가 일고 있었다. 반면에 필자는 "설마 중앙일보 계열사가 검찰이 조사하면 다 들통날 IT 기기 사용자를 조작했겠냐"며 보수 진영을 설득했다. 실제로 검찰은 최서원 것이 맞다고 발표했다. 그러다 김경재 당시 자유총연맹 총재가 "태블릿 조작론이 광범위하게 퍼져 보수층이 혼란을 겪고 있으니, 직접 조사해서 조작이 아니면 최서원 것이 맞다고 발표하라"고 제안하면서, 필자는 JTBC 보도 이후 약 한 달이 지난 그해 11월말부터 이 사건을 들여다보기 시작했다.

돌이켜보면 보도 당시 태블릿이 최서원(최순실) 것이라고 JTBC가 주장했던 근거란 단지 최 씨가 찍힌 사진 두 장뿐이었다. 뒤이어 검찰이 태블릿의 독일 동선과 최서원의 독일 방문이 일치한다는 새로운 근거를 제시했지만 미약했다. 그리고 나중에 밝혀진 일이지만, 그 독일 동선 근거조차 검찰이 조작했다는 사실이 드러났다. 더구나 태블릿을 실제 개통한 자는 청와대 김한수 행정관이었다. 태블릿이 애초 청와대 직원의 것이라면, 태블릿에 청와대 문서와 연설문이 들어있는 것은 너무나 당연한 일임에도 불구하고 JTBC는 이를 민간인의 것으로 둔갑시켜 '국정농단'이라는 거짓 선동을 했던 것이다.

이에 필자는 국회 탄핵 의결 전날인 12월 8일 새벽 '태블릿PC는 최순실 아닌 김한수 행정관 것이 확실, 국회는 탄핵을 멈춰라'라는 애국연합 명의의 성명을 발표했다. 하지만 시간이 너무 촉박했고, 결국 탄핵은 가결되었다. 다음해인 2017년 3월 10일, 박 대통령에 대한 탄핵안도 헌법재판소에서 인용되었다. 그리고 당연하다는 듯 박 대통령은 곧바로 구속되었다.

문재인 정권이 들어서면서, 탄핵 수사를 전담해온 윤석열은 서울중앙지검장으로 부임, 200여 명의 보수인사들을 무차별 구속시켰다. 필자 역시 "태블릿은 최서원이 아닌 김한수의 것"이라고 주장했다는 이유로 2018년

5월 30일에 사전구속이 되었다. OECD 주요 국가의 현직 언론인이 정식 재판도 없이 먼저 구속부터 된 초유의 사태였다.

그러다 필자는 옥중에서도 외부 컴퓨터 전문가들의 도움으로 JTBC와 검찰이 태블릿을 보관하던 기간 중에 카톡과 문자 등이 대량 삭제되는 등 증거인멸 혐의가 있음을 발견했다. JTBC와 검찰은 재판에서 크게 밀리기 시작했다. 하지만 1심 재판부는 손석희와 최서원에 대한 증인신청 기각, 태블릿 감정 신청 기각 등을 해가며 피고인의 방어권 자체를 박탈, 재판을 졸속으로 마무리했다. 결국 필자는 결심에서 검찰 구형 5년, 곧바로 5일 뒤에는 2년의 징역형을 선고받았다. 명예훼손으로는 역대 최고의 구형이었다. 나중에 알려졌지만, 선고 바로 직전에, 서울중앙지검장 윤석열과 중앙미디어그룹 회장 홍석현이 야밤에 만난 사실도 드러났다. 실제로 2020년 말 추미애 장관의 법무부는 윤석열 당시 검찰총장 징계안을 올리면서 이 둘의 만남을 'JTBC 태블릿 사건'과 관련된 것이라고 적시했다.

필자는 1심 과정에서 확보한 각종 태블릿 디지털 증거 조작 등을 제출하면서 항소심 중인 2019년 5월 17일 결국 보석으로 석방되었다. 항소심에서도 6개월 구속 만료 기한 중 재판도 없이 약 5개월 열흘을 꼬박 채운 것이다. 사전구속된지 약 1년 여 만의 석방이었다. 이후, 전방위적인 증거자료 조사를 통해, 박 대통령의 청와대 행정관 김한수가 태블릿 요금을 납부하고 직접 사용한 기록을, 검찰과 특검이 조직적으로 은폐했다는 사실을 찾아냈다. 이들은 알리바이를 위해 이동통신사 SKT와도 유착, 태블릿 계약서까지 위조했다. 결국 청와대 직원이 사용한 태블릿에 200여 건의 청와대 문서가 수록되어있는 것은 너무나 당연한 일임에도 이를 최서원의 것으로 조작, 최 씨가 박 대통령과 국가기밀을 공유하며 국정농단을 저질렀다는 혐의를 날조해낸 것이다.

필자는 2020년 8월 11일, 이 사실을 JTBC 손석희 사장에게 공문을 통해 전달했다. 이 사안은 검찰과 특검, 그리고 김한수와 이동통신사 SKT가 공모해서 벌인 일, 그래서 JTBC는 미처 몰랐을 수 있었다. 하지만 JTBC는 이 공문을 전달받고도, 이 시간까지 일체의 후속보도나 정정보도를 하지 않고 있다. 오히려 손석희 사장은 지난해 말에 발간한 자신의 책 『장면들』에서 태블릿 조작을 파헤치는 사람들을 정신병자에 비유하기도 했다. 새로 밝혀진 결정적인 정보를 주어도 이를 모른 체 한다면, JTBC와 손석희 측이 단순히 실수로 오보를 낸 게 아니었던 것으로 볼 수밖에 없다.

대법원 확정 판결로 모든 재판이 끝난 최서원은 옥중에서이지만 올해 초 법원에 "검찰과 법원이 태블릿을 내 것이라고 법적으로 인정했다면,

나에게 돌려달라"는 취지의 태블릿 반환소송을 하기에 이르렀다. 검찰은 놀랍게도, "최서원이 태블릿의 실소유자, 실사용자라는 증거가 없다"며 반환요청을 거부했다. 더구나 '최서원 소유의 태블릿'이라고 줄기차게 보도했던 JTBC조차 "누구 것인지 특정할 수 없다"는 의견을 냈다. 5년 만에 180도 입장을 바꾼 것이다.

이들이 이렇게 돌변한 이유는 짐작할 만하다. 최서원이 태블릿을 입수하면, 컴퓨터 전문가들을 통해, JTBC와 검찰, 특검이 김한수의 것을 최서원의 것으로 조작한 증거들을 모두 찾을 수 있기 때문이다.

이번에 필자의 책 『변희재 태블릿, 반격의 서막』은 위의 내용 그대로 JTBC 태블릿의 진실을 추적하는 과정을 설명했다. 필자 입장에선 2017년 10월 『손석희의 저주』, 2021년 2월 『변희재 태블릿 사용설명서』에 이어 JTBC 태블릿과 관련한 세 번째 책이다. 『손석희의 저주』가 태블릿을 보도한 손석희에 초점을 뒀고, 『변희재 태블릿 사용설명서』가 이를 추적한 필자의 옥중투쟁에 초점을 맞췄다면, 이번 『변희재 태블릿, 반격의 서막』은 태블릿의 조작과 진실, 그 자체가 주인공이다. 그만큼 시간이 흐르면서 수많은 조작 증거를 축적했기 때문에 출판될 수 있는 책이기도 하다. 그리고 직접 집필해보니, 여기까지가 제3자인 언론인으로서 진실을 파헤

칠 수 있는 최대치라는 점도 깨달을 수 있었다.

지금부터는 태블릿 조작으로 인해 인생 전체가 무너져버린 최서원, 그리고 정권을 잃어버린 박근혜 대통령. 당사자들이 나설 시점인 것이다.

특히 박 대통령이 직접 나서면 한 달 안에 태블릿 조작을 공식화할 수 있을 정도로 충분한 증거들이 확보되었다. 아마 이 책을 읽는 독자 누구라도 100% 공감할 수 있을 것이다. 다만 그 전에 족벌언론과 검찰, 법원이 벌인 천인공노할 조작 사건에, 분노를 넘어 공포를 먼저 느끼게 될 것이다.

필자 본인은 이제 네 번째로 집필할 태블릿 관련 책을 미리 예고한다. 박 대통령과 최서원 씨에 의해 태블릿 조작의 진실이 곧 공식화될 것이다. 그 이후 대체 누가, 무슨 목적으로 국민이 선출한 대통령의 목을 치기 위해, 이런 조작을 감행했는지, JTBC와 검찰, 특검, SKT, 심지어 법원까지 누가 움직였으며, 증거를 조작, 진실을 은폐했는지, 그래서 결국 누구의 내란과 반역이었는지 밝혀질 것이다.

이번 책은 바로 그 반격의 서막인 것이다.

2022년 1월 28일

변희재

목차

3부　검찰과 특검　82

4부　김한수와 공범들　118

5부 법원

6부   최서원, 반격의 서막   250

부록   272

1부

1

탄핵 전야 청와대

2016년 9월 20일, 한겨레의 폭격 시작

물밑에서 나돌던 최서원(개명 전 최순실)의 K스포츠, 미르 재단 개입 관련, 언론에서 정면으로 공격을 시작한 것은 2016년 9월 20일 <[단독] K스포츠 이사장은 최순실 단골 마사지 센터장>이라는 김의겸 당시 한겨레 기자의 기사였다.

이 기사에는 크게 두 가지 문제점이 있었다. 하나는 서울대 사범대 체육교육과를 졸업하고 석사, 박사학위까지 취득, 운동선수의 재활을 위한 특수 마사지 전문가인 정동춘 이사장을, 마치 동네 퇴폐 마사지사인 양 폄훼했다는 점이다.

두 번째는 정동춘 이사장 본인이 "전경련 측의 제안으로 이사장에 섭외됐다"고 밝히고 있음에도 단지 최서원과 안면이 있다는 이유로, 무차별적으로 최서원이 K스포츠재단 설립에 개입했다고 선동했다는 점이다.

탄핵 언론들이 숨겨온 K스포츠재단 초대 이사장 정동구

이 당시 탄핵선동을 해온 언론사들이 최대한 숨기려 한 인물이 있었다. 바로 K스포츠재단 초대 이사장이었던 레슬링 국가대표, 한국체육대학교 총장 출신 정동구 씨였다.

검찰 공소장에 의하면, 당시 청와대 경제수석 안종범은 2015년 12월 20일 박근혜 대통령으로부터 "정동구 이사장, 김필승 사무총장, 정현식 감사, 이철용 재무부장 등을 임원진으로 하고 사무실은 서울 강남 부근으로 알아보라"는 지시와 함께 재단의 정관과 조직도를 전달받았다고 한다.

이러한 안종범만의 주장에 따르면, K스포츠재단은 명백히 박 대통령의 지시에 따라 설립된 것처럼 보인다. 하지만 정동구 이사장이 밝힌 내용은 다르다. 안종범이 만나자고 전화한 날은 그보다 하루 전인 2015년 12월 19일이며, 바로 그날 안종범으로부터 재단 이사장을 맡아 달라는 요청을 받았다는 것이다.

정동구 이사장은 법정 증언에서도 2015년 12월 19일, 안종범과 코엑스 인터컨티넨탈 호텔 커피숍에서 만나 "전경련이 기금을 대는 K스포츠재단 이사장직을 직접 제안받았으며, 박 대통령이나 최서원 관련 말은 전혀 없었다"고 진술했다. 또한 정 이사장은 취임 한 달도 안돼 안종범으로부터 사퇴요구를 받았다며 "내가 너무 알려져 있다면서 이사장을 사퇴하고 고문을 하라고 했다. 매우 불쾌하고, 황당했고, 재단이 노출되는 것을 꺼린다고 생각했다"고 밝혔다.

결국 K스포츠재단은 안종범이 스스로 기획, 초대 이사장 선임 및 해임을 주도했으면서도 마치 박 대통령이 지시한 것처럼 위증을 해왔던 것이다. 특히 정동구 이사장은 최서원과 일면식도 없었다. 그러다보니 탄핵 선동 언론들은 안종범의 주도적 역할을 드러낼 수밖에 없는 정동구 이사장의 존재를 애써 숨겼던 것이다. 대신 최서원과 단지 안면만 있던 정동춘 이사장을 동네 마사지사로 둔갑시켜 등장시켰다. 탄핵 사건을 수년째 집중 취재한 우종창 전 월간조선 기자는 이러한 내용들을 『박근혜 탄핵백서, 어둠과 위선의 기록』이라는 책에서 상세히 서술했다.

초대 이사장 정동구 씨의 해임 이후, 2대 정동춘 이사장이 취임하는 데 무려 3개월이나 간극이 있었다. K스포츠재단의 롯데, 부영, SK 등에 대한 무리한 자금요청은 모두 이사장이 공석으로 있던 이 3개월 사이에 벌어진 일이었다. 탄핵 선동 언론들의 보도로만 봐도, '최서원의 마사지사'가 들어오기 전에 안종범 세력들이 다 해치우려 했던 것이다.

박근혜 대통령, "K스포츠·미르재단, 민간기업의 자발적 설립으로 보고 받아"

K스포츠재단은 물론 미르재단까지 모두 안종범과 전경련의 자체 기획이었고, 박 대통령에게는 "전경련과 민간기업이 자발적으로 재단을 만들고 있다"고 보고했다. 이에 박 대통령은 "민간에서 자발적으로 나서니 고마운 일", "어려운 일이 있으면 도와주라"고 의견을 낸 게 전부였다.

재단 수사 당시 검찰은 박 대통령에게 "미르와 K스포츠재단 설립과 관련해 법률 개정, 국무회의 논의와 같은 공론화 과정을 거치지 않은 이유가 무엇입니까"라고 질문했다. 박 대통령은 "민간이 주도해서 하는 것을 국무회의에서 논의하고 법을 만들 이유가 없습니다. 안종범에게 '민간에서 합의가 되면 정부 차원에서 지원을 해주면 좋겠다'고 이야기는 했지만, 재단 설립은 민간이 하는 것이기 때문에 국무회의에서 논의할 이유가 없습니다"라고 답변했다.

실제 검찰과 특검에 불려간 모든 재벌 총수들은 박 대통령과 만났을 때 재단 출연금 요청을 받은 바 없다고 진술했다. 박 대통령 본인은 재단이 만들어지고 있는 사실을 몰랐으니, 당연히 출연금 요청을 할 리가 없었던 것이다.

이에 대해 우종창 기자는 "만약 박근혜 대통령이 직접 문화, 스포츠재단을 만들려고 했다면 당연히 모철민 교육문화 수석과 상의해서, 문체부 장관에게 지시했을 것이다. 안종범 수석은 전경련의 출연자금이 필요할 때나 불렀을 것"이라며 "하지만 당시 박 대통령이 K스포츠·미르 재단과 관련해서 교육문화 수석이나 문체부 장관과 상의한 기록이나 증거가 전혀 없다"며 두 재단이 안종범 자체 기획임을 강조했다.

이것이 세상을 발칵 뒤집어놓은 K스포츠·미르 재단 사건의 본질이었다. 탄핵 선동 언론들은 박 대통령과 최서원이 사리사욕으로 대기업의 돈을 뜯어 재단을 만들었다고 선동했지만, 모든 것은 안종범 경제수석과 이승철 전경련 부회장이 기획, 결정했고, 박 대통령은 단지 민간 기업들의 자발적 움직임으로만 보고받았을 뿐이다.

2015년 최서원, 미르재단 설립 이틀 전 독일로 출국

최서원 역시 이런 재단이 만들어지고 있다는 사실을 모르고 있었다. 안종범과 이승철에 의해 재단이 설립되고 있던 2015년경, 최서원의 최대 관심사는 자신의 외동딸 정유라의 출산 문제였다. 5월 8일 손자가 태어나자, 최서원은 미혼모가 된 자신의 딸과 함께 독일로 이민, 기회가 되면 승마 관련 사업이라도 해볼 계획을 세운다. 2015년에 최서원은 수시로 독일에 갔다. 최서원은 딸 정유라 문제와 관련, 박 대통령에 면목이 없어 제대로 알리지도 않았다고 한다. 따라서 당시 독일 출국은 모두 최서원 개인의 사생활이지, 박 대통령의 국정운영과는 아무런 관계가 없던 것이다.

특히, 최서원은 미르재단 설립일 이틀 전인 2015년 10월 25일에 독일로 출국, 11월 22일에 귀국했다. 당연히 10월 26일에 있었던 미르재단 이사진들의 상견례 자리에도 참석할 수 없었다. 미르재단을 최서원이 만들었다면, 수많은 결정을 내려야 할 설립 초기 한 달 가까이나 독일에 체류했겠는가. 최서원이 K스포츠·미르 재단에 대해 조금이라도 관심을 보이게 된 것은, 재단 설립 이후 정호성 청와대 비서관으로부터 "이런 재단이 설립됐으니, 운영이 잘 되도록 봐주십시오"라는 말을 들은 이후였다. 정호성은 최서원의 전 남편인 정윤회 밑에서 박 대통령을 함께 보좌했다. 즉 정호성 입장에서 최서원은 자신이 모시던 상관의 부인으로서, 편하게 현안들을 얘기할 상대였을 것이다.

실제 최서원은 K스포츠재단의 실무를 장악한 차은택, 고영태 등이 무리한 사업을 제안할 때마다 제동을 걸었다. 그 때문에 기업들의 재단 출연금이 낭비되지 않고, 대부분 재단에 보관될 수 있었던 것이다.

또한 최서원은 재단의 이사진 구성에 개입한 바도 없어, 다수의 이사진과 일면식도 없었고, K스포츠·미르 재단에는 단 한 번도 방문한 일조차 없다는 점이 모두 밝혀졌다.

안종범, 차은택, 고영태는 원팀, K스포츠·미르 재단은 이들의 작품

안종범과 차은택은 2014년 아랍에미리트(UAE) 출장을 함께 가면서 돈독해진 관계로 알려져있다. UAE 출장 때 차은택과 동행한 인물이 자신의 심복이자 훗날 미르재단 사무부총장이 되는 김성현이다. 그리고 차은택은 미르재단 설립 당시 미르재단 이성한 사무총장의 핸드폰을 통해 안종범과 연락을 주고받았다. 그럼에도 차은택은 검찰 조사에서 "안종범을 만난 적이 없어 그가 미르재단 설립에 어떤 역할을 했는지 모른다"고 거짓말을 했다. 이런 거짓과 위증이 드러났음에도 검찰은 안종범과 차은택의 관계를 더는 추궁하지 않았다. 그렇게 되면, 박 대통령을 통해 최서원이 재단을 장악했다는 시나리오가 무너지기 때문이다.

미르재단 이사장 김형수는 검찰조사에서 차은택과 주고받은 문자를 공개했다. 차은택이 자신을 미르 이사장으로 추천하는 내용 등이 담겨있었다. 차은택은 김형수 이사장에게 이런 사실을 철저히 은폐하라고 지시하기도 했다.

최시원의 인맥으로 알려진 고영태 역시 실제로는 차은택 인맥이다. 이 둘은 차은택의 회사 아프리카픽쳐스 2층에 합자회사 고원기획을 설립해 운영하고 있었다. 고영태는 차은택에게 최서원을 소개시켰다. 차은택은 자신의 회사 근처 테라로싸 커피숍에서, 고영태 등과 자주 회의를 했다. 차은택은 검찰 조사에서 이 테라로싸 커피숍의 주인이 최서원이라고 거짓말을 했다. 자신의 회사 아프라키픽쳐스, 고영태와의 공동회사 고원기획, 그리고 K스포츠·미르 재단 관련 회의를 해온 이 테라로싸 커피숍이 모두 한 영역에 존재한다면, 누가 봐도 재단의 실세는 차은택이 될 수밖에 없기 때문이다. 실제 K스포츠·미르 재단의 사무실도 여기서 1킬로미터 안쪽에 존재한다. 최서원의 미승빌딩은 3킬로미터 정도 떨어져있다.

이를 취재한 우종창 기자는, "영역을 지배하는 사람이 그곳의 주인이다. 나는 현장답사를 통해 최서원 사건은 차은택의 영역 안에서 이뤄졌음을 확인했다"고 평했다. 미르재단의 이사장부터 이사진까지 모두 차은택의 인맥이었음은 더 말할 것도 없다.

그럼에도 차은택은 미르재단의 모든 인사권을 최서원이 휘둘렀다고 거짓 진술을 했다. 검찰의 입맛에 맞는 진술 덕분인지 그는 자신의 사적 사업에서조차 무수한 횡령 등 비리 혐의가 있었음에도 고작 3년형을 선고받았다. 그리고 대법원은 구속기간 만료를 이유로 석방, 그는 1년 보름 정도의 형을 살았을 뿐이다.

결국 K스포츠·미르재단 설립 문제는 안종범과 전경련이 자금 마련, 차은택은 실무 기획, 고영태가 손발이 되어 움직였고, 최서원은 주변인에 불과했던 것이다.

청와대, 한겨레의 폭로선동에 "언급할 가치 없다" 무대응

문제는 한겨레의 '최서원이 K스포츠·미르 재단 장악'이라는 폭로 보도 이후 청와대가 보였던 대응 행태였다. 당시 청와대 정연국 대변인은 기자들의 질문에 "언급할 가치가 없다"고 잘라버렸다.

하지만 한겨레뿐만 아니라 TV조선 이진동 기자팀도 이미 심층 취재를 하고 있었다. JTBC 역시 특별취재팀을 준비하고 있었다. 이런 상황에서 청와대가 "언급할 가치가 없다"고 잘라버리면서, 차후 조작·날조된 근거를 앞세운 언론들의 총공세에 속수무책으로 당했던 것이다.

박근혜 대통령은 JTBC의 태블릿 보도 때까지도 K스포츠·미르 재단이 안종범 경제수석에 의해 기획되어, 전경련과 함께 추진해온 사실을 전혀 모르고 있었을 것이다. 그렇다면 당시 청와대 홍보팀이나 민정수석실은 언론사들의 움직임을 포착, K스포츠·미르 재단 설립과정에 대해 완벽하게 복기해놓고 있어야 했다. 특히 당시 찌라시 등에서는 최서원의 국정개입에 대한 루머가 끊이지 않았으므로, 최서원과 관련된 내용도 철저하게 대비하고 있어야 했다. 하지만 청와대는 오히려 더 큰 실수를 저지르고 만다.

JTBC의 덫에 걸려든 이원종 청와대 비서실장

한겨레 보도 이후, 모든 언론은 최서원의 K스포츠·미르 재단 설립을 넘어 전방위 국정개입으로 이슈를 확대해서 확인되지 않은 기사들을 무차별적으로 쏟아내기 시작했다. 하지만 정확한 증거가 뒷받침된 기사는 거의 없었다. 청와대는 그렇게 하루하루 KO 펀치를 피해가며 버티고 있었다. 그러다 2016년 10월 19일, JTBC 심수미 기자는 <"20살 정도 차이에 반말"…측근이 본 '최순실-고영태'> 라는 보도를 내보낸다.

손석희 앵커   최 씨가 실제로 대통령의 연설문을 고쳤다는 다른 증거나 정황도 있습니까?

심수미 기자   그 부분에 대해서는 추가 확인은 어려웠는데요, 최순실 씨가 허풍을 떨고 다녔거나 고영태 씨가 거짓말을 했을 가능성에 대해서 물론 무시할 수 없을 것 같습니다. 하지만 고 씨는 최 씨의 말투나 행동 습관을 묘사하며 **평소 태블릿PC를 늘 들고 다니고, 그걸 통해서 연설문이 담긴 파일을 수정했다**고 말했습니다.

같은 날 심수미 기자는 <[단독] 최측근의 증언 "최순실, 대통령 연설문 고치기도">에서, 고영태의 발언을 인용하며 다음과 같이 보도했다.

고영태 씨는 최순실 씨를 '회장'이라고 불렀습니다. 고 씨에게 최순실 씨에 대해 묻자 먼저 박근혜 대통령과의 관계를 언급했습니다. 고 씨는 "**회장이 제일 좋아하는 건 연설문 고치는 일**"이라고 말했습니다.

박 대통령의 가정부 역할을 해온 것으로 알려진 최서원이 박 대통령의 연설문을 좌지우지했다는 보도는 상상 이상의 충격이었다. 만약 박 대통령의 국정 운영 지침이 담긴 연설문을 최서원이 마음대로 고쳤다면, 세부적인 국정 운영에도 충분히 개입했을 거라는 추론이 가능했다.

2016년 10월 19일 JTBC 뉴스룸 <"20살 정도 차이에 반말"…측근이 본 '최순실-고영태'> 보도. 심수미 기자는 고영태가 전해준 말이라면서 "최서원 씨가 평소 태블릿PC를 늘 들고 다니고, 그걸 통해서 연설문이 담긴 파일을 수정했다"고 했다.

2016년 10월 19일 JTBC 뉴스룸 <[단독] 최측근의 증언 "최순실, 대통령 연설문 고치기도"> 보도에서 심수미 기자는 고영태가 한 말이라면서 "회장(최서원)이 제일 좋아하는 게 연설문 고치는 일", "자기가 고쳐놓고 문제가 생기면 애먼 사람 불러다 혼낸다"고 했다.

여론이 악화되자 이원종 청와대 비서실장은 2016년 10월 21일, 국회 국정감사에서, 민간인 최서원이 박 대통령의 연설문 작성에 관여했다는 의혹에 대해 "봉건시대에도 있을 수 없는 얘기가 어떻게 밖으로 회자되는지 개탄스럽다"고 말했다.

이 비서실장은 "최 씨가 청와대에 영향력을 행사하는 게 가능하냐"는 새누리당 민경욱 의원의 질문에 "입에 올리기도 싫은, 성립이 안 되는 얘기"라며 "정상적인 사람이라면 그런 말을 믿을 사람이 있겠나. 시스템으로 성립 자체가 안 된다"고 강조했다. 당시 태블릿을 이미 확보하고 있었다는 JTBC 측에서는 이원종 비서실장의 발언 이후 "이제 태블릿 보도를 해도 되겠다"는 확신이 들었다고 한다.

결론적으로 언론이 전한 고영태의 발언과 이원종 실장의 국회 답변은 훗날 정확한 사실이 아닌 것으로 드러났지만, 이 둘의 발언은 결국 JTBC의 본격적인 태블릿 조작보도의 기폭제가 되고 만다.

고영태, "최순실이 연설문 고치는 걸 좋아한다고 말한 적 없다"

일단 고영태는 2016년 12월 8일, 국회 청문회에서 "JTBC 인터뷰에서 (최순실 씨가) 잘하는 것을 물어봤을 때 다른 건 모르겠고 연설문 고치는 건 잘하는 것 같다고 얘기했다"고 정확히 부연설명을 했다. 그러면서 고영태는 "내가 (최 씨가 연설문을 고치는 일을) 좋아한다고는 말하지 않았다"며 JTBC의 잘못된 인터뷰를 바로잡았다. '그나마 연설문 고치는 건 잘하는 것 같다'라는 표현과 '연설문 고치는 것을 제일 좋아한다'라는 표현의 뉘앙스는 하늘과 땅 차이다. '좋아한다'라는 표현에는 상습적, 상시적이란 의미가 포함되어 있다.

○이완영 위원 알겠습니다.
 '최순실이가 연설문 고치는 것 좋아한다' 이런 말 수시로 했습니까?
○증인 고영태 아닙니다. 좋아한다는 말을 하지 않았고요.
○이완영 위원 그럼요?
○증인 고영태 '연설문을 고치는 것 같다' 이렇게 얘기한 적이 있습니다.
○이완영 위원 고치는 것 같다?
○증인 고영태 예.
○이완영 위원 이것을 수시로 지인들 있는 사이에서 얘기를 하셨다 이거지요?
○증인 고영태 수시로 하지는 않았습니다. 그때 그 기자분이 있는 데서 얘기한 적 있습니다.

○최교일 위원 고영태 증인.
○증인 고영태 예.
○최교일 위원 JTBC와 인터뷰에서 최순실이 연설문 고치는 것을 좋아했다 이렇게 말한 적이 있지요?
○증인 고영태 예, 연설문 고치는 건…… 잘하는 게 뭐 있나 물어봤을 때 다른 건 모르겠고 연설문 고치는 건 잘하는 것 같다 그런 식으로 얘기를 했습니다.
○최교일 위원 대통령 연설문을 고친다 그렇게 들은 거지요?
○증인 고영태 예.
○최교일 위원 그 사실은 어떻게 알았습니까?
○증인 고영태 사무실에서 어떤 PC에 뭐가, 팩스가 잘 안 된다, 스캔이 안 된다 해서 사무실에

고영태는 2016년 12월 8일, 국회 청문회에서 "(최서원 씨가 연설문 고치는 일을) 좋아한다고 말한 적이 없다"며 JTBC의 잘못된 방송 내용을 바로잡았다. (국회 청문회 속기록)

○河泰慶 위원 그러면 JTBC에서 보도한 태블릿 PC는 최순실이 사용한 것 같아요, 아닌 것 같아요?

○증인 고영태 정확하게 제가 그 태블릿 PC를…… 정확하게 말씀드리면 그런 걸 쓸, 사용을 못 하는 사람으로 제가 알고 있습니다.

○河泰慶 위원 최순실은 태블릿 PC 사용을 못 한다?

○河泰慶 위원 그러면 아까 TV조선에 의상실 CCTV 갖다 줬다고 했는데 최순실이 컴퓨터를 쓰는 걸 본 적이 있어요, 태블릿 PC 같은 것?

○증인 고영태 정확하게 태블릿 PC를 쓰는 걸 본 적은 없고요, 컴퓨터를 쓰는 것은 가끔 봤습니다.

마치 지금 국민들이 알고 계시는 것은 청와대 내에 작성된 문건들이 다른 메일이나 뭔가를 통해 가지고 최순실 씨가 가지고 있는 그 태블릿 PC로 가고 거기서 작성을 해서 다시 돌려주고, 이런 식으로 작성이 된 것처럼 많이 알려져 있는데 오늘 고영태 증인의 말씀하고 종편의 보도하고는 너무나 달라서 저는 그것이 너무 궁금하고 도대체 이것이 어떻게 시작이 되고 태블릿 PC의 진실이 뭔지, 고영태 증인도 모르지 않습니까?

○증인 고영태 그래서 제가 아까 말씀드렸듯이 태블릿 PC를 습득하고 JTBC 방송에 냈던 그 기자분이 나와서 명확하게 설명을 해 주셔야지 저도 오해를 받지 않고……

○이만희 위원 알겠습니다.

고영태는 2016년 12월 8일, 국회 청문회에서 "(최서원은) 태블릿PC를 사용하지 못하는 사람으로 알고 있다", "(최서원이) 태블릿PC를 쓰는 걸 본 적은 없다"고 밝힌 데 이어 "JTBC 기자가 청문회에 나와 명확히 설명해야 한다"고 증언했다. (국회 청문회 속기록)

○이만희 위원 검찰에서는 최순실 사진이 그 안에 들어 있고 또 태블릿의 위치정보가 최순실의 동선과 일치한다 이런 등등의 근거를 내세우면서 최순실의 것이 맞다 이렇게 지금 주장을 하고 있습니다.

제가 고영태·차은택 두 사람한테 최순실이 태블릿 PC를 그렇게 자유롭게 사용할 수 있을 만큼의 능력이 있는가에 대해서 물어봤는데 그분들은 두 분 다 그 내용을 부인하셨습니다.

박헌영 증인은 어떻습니까, 한 8개월 이상 9개월 가까운 시간을 일주일에 세 번 정도 최순실을 만났는데 최순실이 그 종류는 아니겠지만 다른 태블릿 PC나 아니면 PC를 다루는 모습들을 본 적이 있습니까?

○증인 박헌영 최순실 씨가 태블릿 쓰는 모습은 저는 한 번도 보지 못했고요.

○이만희 위원 그러면 다른 일반 PC는 잘 활용하던가요?

○증인 박헌영 컴퓨터는 어느 정도 쓰시는 것 같았습니다.

○이만희 위원 그랬습니까?

○증인 박헌영 예.

○이만희 위원 그러면 태블릿 PC를 갖고 다니

거나 그것을 쓰고 있는 모습은 못 봤다 이 말씀이지요?

○증인 박헌영 그것은 못 봤습니다.

○이만희 위원 그러면 지금 알려져 있는 아까 그런 구도, 태블릿 PC를 최순실이가 가지고 있고 그것으로 청와대에 있는 사람들이 자료를 작성하면, 연설문을 작성하면 보내줘서 다시 고쳐서 보내주고 그렇게 다들 많이들 알고 있는데 그런데 우리가 알고 있는 내용하고는 너무나 많이 다른 증언이 나와서 제가 말씀을 드리는 겁니다.

제가 장시호 증인한테 묻겠습니다. 같은 친척이기도 하시니까, 최순실이라는 사람이 태블릿 PC를 능숙하게 아니면 조금이라도 사용할 줄 압니까?

○증인 장시호 사용하지 못하는 걸로 저도 알고 있습니다. 사진 찍고 그런 것 정도는 할 수 있어도 그걸로 계정을 한다거나 메일을 열어 본다든가 그런 것은 아마 못 하는 걸로 알고 있습니다.

○이만희 위원 아마 국조를 마치고 나면 국조에 이어서 또 특검이라는 절차가 있으니까 거기에서라도 정확하게 그 사실관계가 밝혀졌으면 좋겠고.

박헌영(2016년 12월 15일 청문회) K스포츠재단 과장도 고영태와 마찬가지로 "최순실 씨가 태블릿 쓰는 모습을 한 번도 보지 못했다"고 증언했다. 최서원의 조카 장시호(2016년 12월 7일 청문회) 역시 "(최서원은) 태블릿을 사용하지 못하는 걸로 알고 있다"고 밝혔다. (국회 청문회 속기록)

또한 고영태는 최서원이 태블릿을 들고 다녔다는 말을 하지 않았다고 정정했다. 자신이 가끔 본 것은 최서원의 '컴퓨터'라는 것이다. 고영태는 이미 2016년 10월 27일, 검찰에 출석해 최서원이 사용한 것은 '노트북'이었다고 정확히 짚어주었다.

심수미 기자가 최서원이 늘 태블릿을 들고 다니며 연설문을 수정한다는 말을 고영태에게서 들었다고 보도한 날짜는 2016년 10월 19일. JTBC가 태블릿을 실제 입수한 시점은 그 다음날인 20일이다. 그러면서 자신들이 발견한 태블릿이 최서원의 것이라는 중요 근거라며, 고영태의 증언을 내세웠다. 그러나 고영태는 최서원이 태블릿을 쓴 적이 없고, 자신은 JTBC 측에 "태블릿"이라는 말조차 꺼낸 바 없다고 청문회에 나와 공개 반박한 것이다. 그럼 심수미는 대체 누구로부터 태블릿 이야기를 전해 들어, 아직 JTBC가 입수하기도 전인 19일에 태블릿 보도를 했단 말인가.

결과적으로 이원종 비서실장의 발언으로 청와대는 JTBC 태블릿 보도가 나가자마자 거짓말쟁이로 몰렸다. 만약 이 당시 이원종 비서실장이 훗날 박 대통령이 밝힌 대로 "대통령 연설문에 워낙 전문적 표현이 많아 최서원 씨 같은 일반인 수준에서 이해할 수 있도록, 쉽게 고쳐달라는 요청 정도는 한 적이 있다"고 답변했다면 어땠을까. 이미 치밀하게 기획된 탄핵이었으니 대세를 돌릴 수는 없었을지 몰라도, 마치 거짓말을 하다가 들통난 것처럼 이후에 쏟아지던 언론들의 거짓보도에 어떠한 반박이나 해명도 할 수 없는 지경에까지 몰리지는 않았을 것이다.

박 대통령 개헌 선언, 대통령 중임제에 방점 찍혀

2016년 10월 24일 오전, 다급해진 박 대통령은 국회 시정연설에서 임기 내 개헌을 약속하고 나섰다. 하지만 박 대통령이 언급한 개헌의 그림은 당시 탄핵을 준비하던 내각제 개헌세력의 그것과는 전혀 달랐다.

우리 정치는 대통령선거를 치른 다음 날부터 다시 차기 대선이 시작되는 정치체제로 인해 극단적인 정쟁과 대결구도가 일상이 되어버렸고, 민생보다는 정권창출을 목적으로 투쟁하는 악순환이 반복되고 있습니다. 대한민국의 발전을 가로막는 구조적 문제를 해결하고 국가적 정책현안을 함께 토론하고 책임지는 정치는 실종되었습니다.

대통령 단임제로 정책의 연속성이 떨어지면서 지속가능한 국정과제의 추진과 결실이 어렵고, 대외적으로 일관된 외교정책을 펼치기에도 어려움이 큽니다.

북한은 '몇 년만 버티면 된다'는 생각으로 핵과 미사일 개발을 수십 년 동안 멈추지 않고 있고, 경제주체들은 5년 마다 바뀌는 정책들로 인하여 안정적이고 장기적인 투자와 경영에 어려움을 느끼고 있습니다.

이런 고민은 비단 현 정부뿐만 아니라 1987년 개정된 현행 헌법으로 선출된 역대 대통령 모두가 되풀이해 왔습니다.

역시 지난 3년 8개월여 동안 이러한 문제를 절감해 왔지만, 엄중한 안보·경제 상황과 시급한 민생현안 과제들에 집중하기 위해 헌법 개정 논의를 미루어 왔습니다.

또한, 국민의 공감대가 충분하지 않은 상황에서 국론이 분열되고 국민들이 더 혼란을 겪을 수 있기 때문에 개헌 논의 자체를 자제해주실 것을 부탁드려 왔습니다.

하지만 고심 끝에, 이제 대한민국의 지속가능한 발전을 위해서는 우리가 처한 한계를 어떻게든 큰 틀에서 풀어야 하고 저의 공약사항이기도 한 개헌논의를 더 이상 미룰 수 없다는 결론에 도달했습니다.

이날 박 대통령의 개헌 선언은 자신의 평소 지론인 4년 중임제를 연상케 했다. 대통령이 보다 장기적이고, 안정적으로 국정을 운영해야 한다는 점을 강조하고 있었다. 박 대통령이 만약 내각제를 받아들기로 했다면 "중앙집권식 통치방식을 바꿔야 한다", "지역분권을 추진하겠다", "국회의 내각 참여를 보장하겠다" 같은 내용들이 담겼어야 했다.

박 대통령 입장에서는 일단 탄핵을 준비하는 개헌 세력을 달래, 개헌의 장으로 끌어들인 뒤, 내각제 개헌을 반대하는 국민여론을 등에 업고, 오히려 4년 중임제 대통령제 개헌을 밀어붙일 계획이었는지 모른다. 설사 그게 아니었다 해도 탄핵세력들은 그렇게 받아들였을 것이다. 탄핵세력은 더 시간을 끌면, 박 대통령이 최서원 국정개입, K스포츠·미르 재단 문제와 관련해 정확한 조사를 마쳐 반격을 가할 수 있다고 판단했는지, 언론계 '톱 브랜드' 손석희를 앞세워 그간 준비해온 태블릿 보도를 터뜨린다.

2부

2

JTBC 공습

JTBC, "태블릿"이 아닌 "PC"라고 첫 보도

2016년 10월 24일, JTBC는 최서원이 "PC"로 청와대 연설문 등을 미리 받아봤다는 보도를 터뜨린다. 당시 JTBC는 "태블릿"이라는 표현을 쓰지 않고 누가 들어도 데스크톱PC를 떠올리게 하는 "PC"라는 표현만 써서 보도했다. 그 이유에 대해 JTBC 손용석 특별취재팀장은 훗날 법정에서 "최순실 측의 대응에 혼선을 주기 위해 태블릿이 아닌 데스크톱PC인 것처럼 보도했다"고 주장했다. 시청자들에게 가장 정확한 정보를 전달해야 할 언론사가, 보도 대상자를 혼란케 하기 위해 고의로 거짓 보도를 했다는 말이다.

하지만 그보다도 손용석은 태블릿이라고 보도한다면, 이제껏 태블릿을 한 번도 쓴 적이 없다는 최서원 측이 강하게 반발할 것이 뻔하고, 그렇게 되면 박 대통령 역시 JTBC 보도의 진위를 따져볼 가능성이 높다는걸 우려했을지 모른다. 태블릿은 소유자가 특정되는 모바일 기기이기 때문에 이동통신 개통자를 따져 물었을 것이고, 개통자가 최서원이 아닌 김한수 행정관이라는 사실이 너무 빨리 드러나게 된다.

이렇게 태블릿이 아닌 일반 데스크톱PC라는 식으로 보도를 하니 최서원 측에서 아무런 대응을 하지 못했다. 결국 보도 다음날 박 대통령은 "최순실 씨로부터 일부 연설문 표현 등에서 도움을 받은 적이 있다"는 내용으로 대국민 사과를 할 수밖에 없었다. 당시 JTBC가 보였던 행태는 보도 대상자를 상대로 속임수를 쓴 셈으로, 언론 윤리상 절대 있을 수 없는 일이었다.

JTBC는 2016년 10월 19일 고영태의 말을 인용하는 방식으로 '최순실 태블릿'의 존재를 예고한 뒤 5일 후인 10월 24일 본격적으로 태블릿PC 보도를 시작했다. 하지만 이날 첫 보도에서는 "태블릿"이라고 정확히 지칭하지 않고 "PC"라는 표현만을 쓰면서 혼란을 줬다.

JTBC는 2016년 10월 24일과 25일, '최순실 파일'이라는 표현으로 최서원이 청와대 문건들을 미리 받아봤다는 국정농단의 실태를 집중 보도하면서, 대통령의 사과까지 유도했다. 그리고 26일에서야 자신들이 보도한 PC가 태블릿PC였고, 태블릿은 김한수가 개통한 것임을 밝혔다.

이날 손석희 사장과 서복현 기자는 PC 입수와 관련해 다음과 같이 보도했는데, 발견한 장소가 어느 사무실인지 정확히 밝히지도 않았다.

서복현 기자 우선 PC가 있었던 곳이 최순실 씨 사무실 중 한 곳이었습니다. 그리고 최 씨가 이 PC를 자주 사용한다는 증언도 확보했습니다. 오늘 보도에서는 개인적인 내용이어서 일일이 공개하기 어렵습니다만, 최 씨의 PC라고 추정할만한 개인적인 정황도 충분히 나타나 있었습니다. (그 PC 안에?) 네. 그 부분은 만약에 최 씨가 아니라고 주장한다면 반대로 과연 최순실 씨 사무실에 있는 누가 이런 청와대 자료를 받아보고 있었는지 오히려 더 궁금해지는 대목입니다.

손석희 앵커 최순실 씨 PC라고 해도 문제이고, 아니라고 해도 문제이고….

최서원 입장에서는 자신도 모르는 사무실에서 자신의 PC를 입수했다고 하니, 보도만 보고서는 맞다, 틀리다 입장을 표명할 수가 없었던 것이다. 그런데 JTBC는 적반하장격으로 그 PC가 최서원의 것이 아니라면 대체 누가 그 PC로 청와대 자료를 받아봤겠냐고 다그쳤던 것이다.

JTBC, 건물관리인이 하지 않은 발언까지 날조

이날 JTBC는 첫 보도에서부터 최서원 측이 이사하면서 태블릿PC 등 남은 짐을 건물관리인 노광일 씨에게 처분해달라고 요청했고, 그 노광일로부터 문제의 태블릿PC를 받았다고 보도했다.

손석희 앵커   예. 대개 취재 과정은 기자가 밝히지 않는 것이 관례이긴 합니다만, 이번 건은 여러 가지 오해의 소지를 없애기 위해서 일부분이라도 공개를 해야 될 것 같습니다. 그러니까 최순실 파일의 입수 경위 어떻게 되는 겁니까?

서복현 기자   저희 취재팀은 사건 초기부터 최순실 씨가 이번 사건의 핵심으로 볼 만한 단서를 여럿 잡고 최 씨의 행적을 추적했습니다. 최 씨는 곳곳에 사무공간을 갖고 있었는데요. 대부분이 최 씨외 최 씨 측이 황급히 이사를 가고 아무 것도 남아 있지 않은 상태였습니다. 그런데 그 곳 가운데 한 곳에서 **최 씨 측이 건물 관리인에게 처분해달라고 하면서 두고 간 짐**들이 있었습니다. 양해를 구해서 그 짐을 확인하는 과정에서 최 씨의 PC를 발견했습니다.

손석희 앵커   쉽게 말하면 버리고 갔다는 얘기잖아요?

서복현 기자   그렇습니다. (소유권을 포기한 상황이죠?) 일단 두고 간 물건들이었습니다. (처분해달라고 했으니까.) 예. 그렇기 때문에 곧 처분이 되거나 혹시 유실될 수도 있는 상황이었는데요. 저희는 그 PC에서 이처럼 청와대 자료가 무더기로 들어 있는 사실을 확인했습니다. 그때부터 관련 내용을 취재해서 오늘 보도한 내용들을 모두 확인할 수 있었습니다.

하지만 미디어워치 측이 더블루K 건물관리인 노광일의 법정증언과 JTBC 기자 김필준의 검찰 진술조서를 입수해 검토해본 결과, 노광일은 김필준에게 처분권에 대해 전혀 언급한 적이 없으며, 김필준도 노광일에게 처분권과 관련해 질의한 적이 없는 것으로 확인됐다.

건물관리인 노광일은 2017년 4월 10일, 최서원 관련 1심 재판에 증인으로 출석해 더블루K 사무실의 유류물과 관련, 자신에게 처분을 요청한 사람은 없었다고 증언했다. 또한 노광일 자신도 처분권이 없다는 사실을 잘 알고 있었으며, 태블릿을 들고 나가도록 방치한 잘못에 대해서는 건물관리인으로서 책임을 인정하기도 했다.

JTBC 기자 김필준도 2017년 4월 6일, 참고인 자격으로 검찰에 출석, 노광일이 처분권에 대해 아무런 말도 안 했다는 사실을 인정하는 진술을 했다. 노광일이 문을 열어줬고, 태블릿PC를 가져가는데도 가만히 보고만 있길래 협조 의사로 이해했고, 문의도 필요성도 못 느꼈다는 것이다.

결국 JTBC는 대통령 탄핵을 촉발시킨 태블릿 관련 첫 보도부터 태블릿을 데스크톱PC로, 건물관리인 노광일이 마치 더블루K로부터 태블릿 처분 권한을 위임받은 것처럼, 최소 두 가지 이상의 팩트를 거짓·조작으로 보도했던 것이다. 대체 언론사에서 진실보도 외에 어떤 더 큰 가치가 있길래, 이런 중차대한 보도까지 핵심 사실을 거짓·조작으로 보도한 것일까.

태블릿에는 애초에 문서수정 프로그램이 없었다

태블릿 보도 첫날인 2016년 10월 24일, JTBC가 가장 중점적으로 이슈로 띄운 건 박근혜 대통령의 드레스덴 연설문이었다. JTBC 김태영 기자는 <[단독] 발표 전 받은 '44개 연설문'…극비 '드레스덴'까지> 제하 보도에서 다음과 같이 전했다.

박 대통령은 신년기자회견에서 통일대박론을 제안합니다. 그리고 2개월 뒤 독일 드레스덴 연설에서 구체적인 방법론을 내놓습니다.

[**독일 드레스덴 연설** (2014년 3월 28일) : 한국의 자본 기술과 북한의 자원 노동이 유기적으로 결합하는 것을 의미하며, 장차 한반도 경제공동체 건설에 기여할 수 있을 겁니다.]

당시 연설은 오바마 대통령이 공식 지지하는 등 국내외적으로 커다란 반향을 일으켰습니다. 그만큼 극도의 보안 속에 작성됐던 걸로 전해집니다. 그런데 JTBC 취재팀이 입수한 최순실 파일에 따르면 최 씨는 박 대통령 연설이 있기 하루 전, 드레스덴 연설문의 사전 원고를 받아본 것으로 확인됐습니다. 박 대통령 연설이 시작된 건 한국시각으로 3월 28일 오후 6시 40분쯤. 최 씨가 파일 형태로 전달된 원고를 열어본 건 3월 27일 오후 7시 20분입니다. 하루가 빠릅니다. 그런데 최 씨가 미리 받아본 원고 곳곳에는 붉은 글씨도 있습니다. 이 부분은 박 대통령이 실제로 읽은 연설문에서 일부 내용이 달라지기도 했습니다.

JTBC는 대외 안보 정책 전반을 다룬 드레스덴 연설문조차 최서원이 미리 받아보고, 수정했다는 뉘앙스로 보도했다. 뉴스 화면으로는 빨갛게 수정한 드레스덴 연설문 원고와 최서원의 사진을 오버랩한 영상을 띄웠다.

JTBC의 첫날 태블릿 보도에서 국민들에게 특히 충격을 줬던 것은 대통령의 '드레스덴 연설문'까지 최서원이 손을 봤다는 보도였다. JTBC는 뉴스 화면을 통해 '빨갛게 수정한 드레스덴 연설문 원고'와 최서원의 사진을 오버랩한 영상을 띄웠다. 이러한 보도와 함께 연설문을 받아본 PC가 태블릿이었다는 2016년 10월 26일자 보도까지 더해지면서, 시청자들은 최서원이 태블릿을 들고 다니면서 연설문을 수정했다고 인식했다. 하지만 태블릿에는 문서 수정 프로그램이 없다는 사실이 나중에야 밝혀졌다.

　　하지만, JTBC가 입수했다는 태블릿에는 문서 수정 프로그램이 없었다. 문서를 받아서 볼 수만 있지, 미리 받아서 수정하는 것은 불가능했다. 그러나 JTBC는 최서원이 청와대 문서들을 미리 받아 수정했다는 메시지를 시청자들에게 꼭 전하고 싶었던 모양이다. 그러다보니 JTBC의 관련 보도를 모아보면 위의 보도처럼 그저 뉘앙스만 주기도 하고, "수정했다"라고 못박아 단정하기도 하는 등 혼란스럽다.

> 변호인-2-(1)-①항 : 이건 태블릿PC에 설치된 문서 작성 및 수정·저장 프로그램은 어떠한지
>
> 1) 감정당시 감정물 태블릿PC에 설치된 어플리케이션 목록을 분석한 결과 표 6과 같으며, 이 중 <u>문서 작성 및 수정·저장이 가능한 어플리케이션은 발견되지 않음.</u> 한편, 네이버 오피스, 구글, 넷피스 24 등과 같이 온라인 상에서 문서 작성 및 수정·저장이 가능하지만, <u>인터넷 접속 기록을 살펴본 결과, 해당 서비스에 접속한 이력은 발견되지</u>

NFS 국립과학수사연구원   -17 / 55-

> <u>않음</u>(아래 표 6의 어플리케이션 목록은 자동분석보고서 2층의 결과를 통해 작성된 목록임).

최서원 관련 재판부의 감정 요청을 받은 국립과학수사연구원은 태블릿에 문서 수정과 관련된 애플리케이션(프로그램)은 없으며 온라인 상으로 문서 수정을 한 흔적도 발견되지 않는다는 공식 감정 결과를 발표했다.

특히 손석희 사장은 2016년 10월 26일 <[단독] 최순실 태블릿 PC…새로 등장한 김한수 행정관> 제하의 보도에서 "최순실이 태블릿을 들고 다니며 대통령 연설문을 고쳤다"고 분명 자신의 입으로 말했다.

당시 손석희는 "저희들의 그동안의 보도들은 대부분 태블릿PC를 근간으로 하고 있습니다"면서 "JTBC는 최순실 씨가 태블릿PC를 들고 다니면서 연설문도 고치고 회의자료도 보고받았다고 보도를 해드렸습니다"라고 발언, 앞서 19일 고영태를 인용한 보도 내용을 재확인까지 했다.

2016년 10월 19일, 심수미 기자는 <'20살 정도 차이에 반말'…측근이 본 '최순실-고영태'> 보도에서 고영태가 말해줬다면서 "(최서원 씨가) 평소 이 태블릿PC를 늘 들고 다니고, 그걸 통해서 그 연설문이 담긴 파일을 수정

했다"고 보도했다. 최 씨가 '태블릿을 통해서' 연설문을 수정했다는 것 이외에 다른 해석의 여지가 없는 문장이다.

뿐만 아니라, 손석희와 심수미는 2016년 12월 8일 <[단독공개] JTBC 뉴스룸 '태블릿PC' 어떻게 입수했나>라는 보도에서는 아예 "태블릿PC 수정"이라는 단어까지 사용했다. 전날 고영태가 국회 청문회에 나와 "최순실은 태블릿을 쓸 줄 모르는 사람"이라고 증언하자, 당황한 손석희와 심수미는 거짓말을 덮기 위해 더 큰 거짓말을 하는 함정에 빠져들었다. 이날 심수미는 심하게 말을 더듬었다.

손석희 앵커 그런데 어제 고영태 씨는 국정조사에서 태블릿PC를 쓰는 걸 본 적이 없다, 최 씨가. 그렇게 얘기하지 않았나요?

심수미 기자 저도 어제 그 화면을 봤습니다. 하지만 고 씨는 분명히 저와 있었던 그 자리에서 **최순실이 태블릿PC 수정과 관련해서 말을 하면서 최순실이 하도 많이 고쳐서 화면이 빨갛게 보일 지경**이라는 표현도 했었습니다. 실제로 드레스덴 연설문을 보면 수정된 부분에 빨간 글씨가 많이 보입니다.

이 보도를 보고도 '아 최순실은 태블릿으로 연설문 확인만 하고, 수정은 전화로 지시했구나'라고 이해할 시청자가 과연 있었을까. 뉴스룸 방영 과정에서 손석희와 심수미가 "태블릿PC 수정", "화면이 빨갛게 보일 지경"이라고 말을 나눌 때, 두 사람의 배경 화면에는 최서원과 태블릿을 오버랩한 사진, 드레스덴 연설문을 깔아놓았다.

'드레스덴 연설문'과 관련해서 JTBC는 2016년 10월 24일 첫 방송에 이어 12월 8일 해명방송에서도 거짓 보도를 이어갔다. '최서원이 빨갛게 수정한 드레스덴 연설문'이라는 왜곡된 이미지는 여기서도 반복해서 강조된다.

놀라운 사실은 2018년에 JTBC 측이 미디어워치 기자들을 명예훼손으로 고소할 때, 자신들은 "최서원이 태블릿으로 연설문을 수정했다는 보도를 한 적이 없다"는 사유를 포함시켰다는 것이다. 더욱 놀라운 사실은 검찰은 구속영장과 공소장에서, 법원은 1심 판결문에서, 이러한 JTBC 측의 뻔뻔한 거짓말에 손을 들어줬다는 것이다. 이들은 진실을 보도한 필자와 미디어워치 기자들을 오히려 구속하고 전원 유죄 판결을 내렸다. 태블릿에는 문서 수정 프로그램이 없으므로 JTBC 보도는 허위라고 지적한 게 범죄라는 것이다.

훗날 JTBC 기자들은 태블릿 명예훼손 형사재판에 증인으로 출석, 태블릿에 문서 수정 프로그램이 없다는 사실을 나중에야 알게 됐다고 진술했다. 하지만 JTBC 측은 태블릿을 입수한 뒤 문서를 열어봤고, 당시에도 분명 문서 수정이 불가능한 프로그램인 '한글뷰어'가 떴을 것이다. 즉 해당 태블릿으로는 문서 수정이 애초에 안 된다는 것을 누가 알아챘을 것이다. 그럼에도 JTBC 측은 과거 자신들의 보도를 정정하기는커녕, 자신들은 "태블릿으로 문서를 수정했다고 보도한 적이 없다"고 발뺌하며, 오히려 정확히 문제를 지적한 기자들을 고소하여 검찰과 법원의 도움을 받아 형사처벌을 받도록 나섰던 것이다.

드레스덴 연설문, 김휘종이 만든 청와대 공용메일 'kimpa 2014'로 받아

JTBC와 JTBC를 인용한 언론들의 보도를 보면, 마치 드레스덴 연설문처럼 중요한 국가 외교안보 현안에 민간인 최서원이 개입, 극비리에 배후에서 결정한 듯한 인상을 주고 있다. 이런 식의 이미지는 홍준표 전 자유한국당 대표가 선동한 대로 "박 대통령이 춘향이인 줄 알았는데 향단이었다"는 식의 음해로 퍼져나갔다. 박 대통령은 최서원이 하라는 대로 하는 꼭두각시였다는 인신공격이 판을 쳤다. 이에 박 대통령 지지층은 실망감을 넘어 모욕감까지 느낄 정도였다.

1	정상	In c o m in g	한류	[null,"kimpa2014@g mail.com","\uc1a1\ ud30c\ub791"]	2014-03-27 PM 06:35:36		Body0_00001.html
	- Snippet	:		빅뱅의 '판타스틱 베이비(Fantastic Baby)' 뮤직비디오가 유튜브 조회수 1억 회를 돌파하는 기염을 토했다. 27일 오후 1시 40분 기준으로 유튜브 빅뱅 공식채널의 '판타스틱 베이비' 뮤직비디오는 약 1억 3천회의 조회 수를 기록하며 1억뷰를 넘어섰다. 소속사 YG엔터테인먼트 측은 "2012년 3월 6일 유튜브에 게시된 후 2년여만에 달성한 기록으로 꾸준히 팬들의 사랑을 받아왔음을 입증한 셈"...		
	- To	:		[[null,"kimpa2014@gmail.com","\uc1a1\ud30c\ub791"]]			
	- 해시값 (SHA1)	:		C9277010EEFA621C9928D214AB4962780F21D8FA (Body0_00001.html)			
2	정상	In c o m in g	한류2	[null,"kimpa2014@g mail.com","\uc1a1\ ud30c\ub791"]	2014-03-27 PM 07:22:56		Body1_00002.html
				오후 1시 40분 기준으로 유튜브 빅뱅 공식채널의 '판타스틱 베이비' 뮤직비디오는 약 1억 3천회의 조회 수를 기록하며 1억뷰를 넘어섰다. 소속사 YG엔터테인먼트 측은 "2012년 3월 6일 유튜브에 게시된 후 2년여만에 달성한 기록으로 꾸준히 팬들의 사랑을 받아왔음을 입증한 셈"...			
	- To	:		[[null,"kimpa2014@gmail.com","\uc1a1\ud30c\ub791"]]			
	- 해시값 (SHA1)	:		7E8259FA5426CC26B0E3BD8C183295CF3F0E4ED6 (Body1_00002.html)			
3	정상	In c o m in g	한류3	[null,"kimpa2014@g mail.com","\uc1a1\ ud30c\ub791"]	2014-03-27 PM 07:32:19		Body2_00002.html
	- Snippet	:		@@ < 1안 : 3대 원칙을 넣은 것> 저는 남북간의 장벽을 허물고 통일을 준비하는 과정에서 3대 원칙을 지켜나가고자 합니다. 첫째, 인도주의 원칙입니다. (Agenda for Humanity) 먼저 분단으로 상처받은 이산가족들의 아픔부터 덜어야 합니다. 당연히 함께 살아가 할 가족 간의 만남조차 외면하면서 민족을 말할 수는 없습니다. 자그마치 70년입니다. 이 분들이 평생 아들 딸 한번 만나보기는 소...		
	- To	:		[[null,"kimpa2014@gmail.com","\uc1a1\ud30c\ub791"]]			
	- 해시값 (SHA1)	:		4AC0B2561A65C35A59598F637FB9FA4A53BA8842 (Body2_00002.html)			
4	정상	In c o m in g	라스트	[null,"kimpa2014@g mail.com","\uc1a1\ ud30c\ub791"]	2014-03-27 PM 09:20:52		Body4.html
	- Snippet	:		빅뱅의 '판타스틱 베이비(Fantastic Baby)' 뮤직비디오가 유튜브 조회수 1억 회를 돌파하는 기염을 토했다. 27일 오후 1시 40분 기준으로 유튜브 빅뱅 공식채널의 '판타스틱 베이비' 뮤직비디오는 약 1억 3천회의 조회 수를 기록하며 1억뷰를 넘어섰다. 소속사 YG엔터테인먼트 측은 "2012년 3월 6일 유튜브에 게시된 후 2년여만에 달성한 기록으로 꾸준히 팬들의 사랑을 받아왔음을 입증한 셈"...		
	- To	:		[[null,"kimpa2014@gmail.com","\uc1a1\ud30c\ub791"]]			
	- 해시값 (SHA1)	:		42DF590A51D10E09649EE2B8CE0F077041BD2BA5 (Body4.html)			
5	정상	In c o	최종	[null,"kimpa2014@g mail.com","\uc1a1\ ud30c\ub791"]	2014-03-27 PM 09:37:34		Body3.html

148 / 1644

Mobile Forensics
DIGITAL MOBILE EVIDENCE ANALYSIS RESULT

최서원 관련 재판에 제출된 국과수 포렌식 보고서를 살펴보면 드레스덴 연설문 파일은 kimpa2014@gmail.com에서 다운로드 받은 사실이 확인된다. 이 kimpa2014@gmail.com 이메일의 존재는 태블릿은 최서원이 사용한 것이 아니라 청와대 직원 김한수, 김휘종 등이 사용한 것이라는 결정적인 증거가 된다.

하지만 훗날 실시된 포렌식 결과에 따르면, 태블릿으로 드레스덴 연설문을 다운받은 사람은 최서원이 아닌 청와대 직원인 것으로 확인됐다. 태블릿에서 발견된 이메일은 zixi9876@gmail.com, greatpark1819@gmail.com, kimpa2014@gmail.com 등이다. 이 중 최서원이 2012년경 정호성으로부터 비밀번호를 받아 여러명이 공용으로 사용한 이메일은 zixi9876@gmail.com 이다.

드레스덴 연설문 파일은 kimpa2014@gmail.com 이메일에서 다운받았다. 최서원은 이러한 이메일의 존재 자체를 모른다고 진술했다. 반면, 해당 이메일을 개설한 것으로 알려진 김휘종 전 청와대 행정관은 kimpa2014@gmail.com에 대해, 청와대에 들어간 이후 여러 사람이 오랜 기간 사용해온 공용 이메일 zixi9876@gmail.com을 사용 중단하고, 2014년에 공용 이메일을 새로 개설해 보안을 강화하려는 목적에서 직접 만들었으며, 이를 정호성 비서관에게 보고했다고 진술한 바 있다. 정호성도 kimpa2014@gmail.com을 최서원에게 알려준 기억이 없다고 했다.

결국 드레스덴 연설문을 다운받은 이메일은 현직 청와대 직원들이 공용으로 사용하던 것으로, 최서원과 관계가 없던 것이고, 오히려 kimpa2014@gmail.com의 존재야말로 태블릿은 최서원이 사용한 것이 아니라 청와대 홍보 직원 김한수, 김휘종 등이 사용한 것이라는 결정적인 증거가 되는 것이다.

박 대통령, "최서원 태블릿이라면, 청와대 자료 그렇게 많을 수 없다"

그러나 JTBC 첫 보도 다음날인 2016년 10월 25일, 더 이상 보도 진위 여부를 따질 필요가 없는 사태가 벌어졌다. 박 대통령이 JTBC의 보도를 인정하는 것처럼 사과를 해버린 것.

존경하는 국민 여러분, 최근 일부 언론보도에 대해 국민 여러분께 제 입장을 진솔하게 말씀드리기 위해 이 자리에 섰습니다. 아시다시피 선거 때는 다양한 사람들의 의견을 많이 듣습니다.

최순실 씨는 과거 제가 어려움을 겪을 때 도와준 인연으로 지난 대선 때 주로 연설이나 홍보 등의 분야에서 저의 선거운동이 국민들에게 어떻게 전달됐는지에 대해 개인적인 의견이나 소감을 전달해 주는 역할을 했습니다. 일부 연설문이나 홍보물도 같은 맥락에서 표현 등에서 도움 받은 적이 있습니다. 취임 후에도 일정 기간 동안은 일부 자료들에 대해 의견을 물은 적은 있으나 청와대 보좌체계가 완비된 이후에는 그만뒀습니다. 저로서는 좀 더 꼼꼼하게 챙겨보고자 하는 순수한 맘으로 한 일인데 이유 여하를 막론하고, 국민 여러분께 심려를 끼치고 놀라고 마음 아프게 해드린 점에 대해 송구스럽게 생각합니다.

이렇게 박 대통령이 JTBC의 보도를 인정해버리니, JTBC 보도에 의문을 갖고 있던 미디어워치 같은 언론들의 검증 취재는 한 달 이상 늦춰지게 되었다. 탄핵이 가결될 때까지 박 대통령은 무지막지한 거짓, 날조, 왜곡 보도에 무방비로 노출될 수밖에 없었다. 당시 월간조선 배진영 기자는 박 대통령을 음해, 비방하는 무려 25개의 거짓뉴스를 정리한 바 있다.

1. 트럼프, "여성 대통령의 끝을 보려거든 한국의 여성 대통령을 보라" 발언-YTN

2. 미국대사관, 최태민을 '한국의 라스푸틴'이라고 평가-중앙일보

3. 최순득(최서원의 친언니)은 박근혜 대통령과 성심여고 동기동창-경향신문

4. K 스포츠 이사장은 최순실 단골 마사지집 사장-전 언론

5. 최순실 아들, 청와대 근무-시사저널

6. '건설산업사회진흥재단'은 '제3의 미르'-채널A

7. 박근혜, 세월호 가라앉을 때 '올림머리' 하느라 90분 날렸다-전 언론

8. 박근혜, 불법 줄기세포 시술-SBS

9. 대통령, 차움 시설 무상 이용… 가명은 '길라임'-JTBC

10. 靑, 태반주사 8개월간 150개 구매 / 수술용 혈압제 무더기 구매 / 비아그라에 이어 '제2의 프로포폴'까지 구입한 靑-전 언론

11. 주진우, "섹스 관련 테이프 나올 것"-뉴스프로

12. 청와대서 사용하던 마약류가 사라졌다-전 언론

13. 청와대 의약품 대장 속 '사모님'은 최 씨 자매 중 한 명-전 언론

14. 안민석, "신주평, 공익복무 때 독일서 신혼생활 의혹"-전 언론

15. 최순실, 대통령 전용기로 해외순방 동행-채널A

16. 경호실이 최순실 경호했다-KBS

17. '보안손님' 차은택과 발모제 의혹-채널A

18. 박근혜, 최순실을 '선생님'이라고 불러-동아일보

19. 대통령 옷값은 최순실이 냈다-전 언론

20. 박근혜, 평일에도 관저에서 TV 시청-채널A

21. '통일대박'은 최순실 아이디어-전 언론

22. 최순실, DMZ 평화공원 사업에도 간여-한겨레

23. 최순실, 무기 로비스트 린다 김과 친분-전 언론

24. 박근혜 대통령이 무속(巫俗)에 빠졌다-전 언론

25. 美대사관도 촛불 지지?… '1분 소등' 동참-중앙일보

이 25가지 뉴스는 지금처럼 신뢰성 없는 유튜버들의 선동이 아니었다. 모두 기성 제도권 언론이 조작, 날조한 보도들이다. 하지만 JTBC의 태블릿 보도로 무장해제된 청와대 측은 이러한 거짓 연쇄보도에 무방비로 당하며, 무너질 수밖에 없었다. JTBC 측은 태블릿이 탄핵의 스모킹건이었다고 자랑을 해왔는데, 실제로도 태블릿 보도는 거의 모든 언론이 무차별적으로 거짓보도를 쏟아내도록 물꼬를 튼 점에서 가장 큰 역할을 했다.

대체 왜 박 대통령은 지금 와서 보면 수많은 오류가 확인되는 JTBC의 태블릿 보도를 단 하루 만에 인정하게 됐는지, 언론과 보수세력 내에서는 두고두고 논란이 될 아니었다. 특히 박 대통령은 2017년 1월 25일 공개된 성규재 당시 한국경제신문 주필과의 인터뷰에서 "이 태블릿PC에서 뭐 많은 자료가 쏟아졌으니 이렇게 보도가 됐을 때, 저거는 있을 수 없는 일인데, 내가 그 저기 뭐 이렇게 도움을 구한 것은 어떤 연설문의 표현 같은 거 뭐 이렇게 홍보적인 관점에서 어떻게 받아들여질까 뭐 이런 것을 갖다 어느 기간 받은 게 다인데, 그게 어떻게 저렇게 많은 자료와 함께 뭐 어마어마한 얘기가 됐을까 그걸 바로잡아야 된다. 그래서 그거는 바로잡고"라고 답변했다. 자신은 집권 초기 최서원에게 연설문을 쉽게 읽히도록 자문받은 게 전부인데, 태블릿에 청와대 기밀자료가 200여건이나 있다는 건, 바로잡아야 할 만큼 이상한 일이라는 것이다.

박 대통령은 탄핵 정국이던 2017년 1월 25일에 공개된 정규재 당시 한국경제신문 주필과의 인터뷰에서, 자신은 집권 초기 최서원에게 연설문을 쉽게 읽히도록 자문받은 게 전부라면서 최서원의 태블릿에 청와대 기밀자료 200여 건이나 담겼다는 것은 믿기 힘든 이상한 일이라고 말했다.

만약 박 대통령이 JTBC의 태블릿 보도를 바로잡아야겠다고 판단했으면, 보도 다음날 사과를 해선 안 되는 일이었다. 실제 보도 다음날부터 SNS에서는 JTBC 태블릿 보도와 관련해 조작 의혹이 빗발치고 있었다. 박 대통령은 내부적으로 즉각 검찰에 정밀한 수사를 지시, 태블릿 진위 여부를 파악했어야 했다.

하지만 박 대통령이 JTBC 보도를 인정하는 듯한 사과를 하자, JTBC는 10월 26일, 그제서야 'PC'가 아니라 '태블릿PC'라고 밝히고, 태블릿 개통자가 김한수 청와대 행정관이라는 사실을 알렸다. 당시 김한수는 청와대에 현직으로 근무하고 있었다.

일반적으로 스마트폰, 태블릿 같은 모바일 IT 기기는 개통자가 소유자, 사용자일 가능성이 높다. 주로 정치권에서 이른바 대포폰을 사용하는 경우에만 개통자와 소유자가 다를 것이다. 만약 정체불명 태블릿의 개통자가 김한수였다면, 1차적으로 김한수의 사용이나 소유 여부를 따져봐야 했다. 그러나 박 대통령의 사과가 마치 태블릿의 사용자가 최서원이라는 걸 보증이나 한 듯이, 언론사들은 물론 심지어 청와대조차 더 따지질 않았다.

박 대통령에 사과 부추긴 김한수 라인이 탄핵주범들

JTBC가 태블릿 관련 첫 보도를 한 2016년 10월 24일부터, 박 대통령이 사과를 한 25일, JTBC가 개통자 김한수를 공개한 26일까지, 청와대 내부에 있던 핵심인물 김한수가 어떻게 움직였는지는 알려진 바가 없다. JTBC 측은 김한수가 개통자라는 사실을 확인한 뒤 김한수에게 연락했지만 답이 없었다는 입장인 반면, 김한수는 "그런 적이 없다"며 다른 말을 했다.

상식적으로 언론사가 태블릿의 개통자를 김한수로 확인했는데도, 정작 개통자 김한수와 상의도 없이 그 태블릿을 최서원의 것이라고 보도할 수 있나. 만약 그때까지 연락이 안 되던 김한수가 갑자기 나타나 "저 태블릿은 내 것"이라고 나서면 어쩔 건가. 따라서 JTBC와 김한수는 이 단계에서부터 밀착돼 있었다고 보는 게 타당하다.

왼쪽부터 김한수(뉴미디어국장), 김휘종(선임행정관), 정호성(부속비서관), 천영식(홍보기획비서관), 정연국(대변인). 괄호안은 박근혜 정권 말기 이들의 청와대 직위.

일단 이 당시 뉴미디어국장 김한수와 함께 일한 청와대 인사들을 보면, 홍보팀의 김휘종, 대변인 정연국, 국정홍보비서관 천영식, 최서원과 유일하게 소통했던 정호성 비서관 등이 있다. 놀랍게도 이들은 태블릿 실사용자가 김한수라는 명백한 증거가 모두 나왔음에도, '김한수 실사용자론'을 이 시각까지 거부하고 있다. 정면에서 대놓고 '최서원 사용자론'을 제기하지는 못하지만, 뒤로는 쉬쉬하며 "최서원이 쓴 게 맞다"는 여론을 조성하며 태블릿의 진실을 은폐하고 있는 것이다.

이렇게 김한수와 함께 일한 이들이 모두 진실을 은폐하고 있는 터라, 태블릿 보도 당시 김한수의 행적이 알려지지 않고 있는 것이다. 현재로서는 다음과 같이 추측할 수밖에 없다. JTBC 첫 보도 이후, 이 모든 과정을 알고 있는 김한수는 청와대 내에서 "저것은 일반 데스크톱PC가 아니라 태블릿PC이고, 내가 개통한 것을 최서원이 받아 쓴 게 맞다"라고 보고했을 것이다. 김휘종 역시 이를 거들었을 것이다. 별다른 정보가 없는 청와대 측에서는 자신의 담당 직원들이 보증하고 나선 것을 무시하기 어려웠을 것이다.

이 문제는 결국 박 대통령이 풀어야 한다. JTBC의 첫 보도 이후, 박 대통령에게 "최서원의 태블릿이 맞다"라고 보고했을 김한수 라인, 즉 김한수에게 속았거나, 또는 그와 유착한 김한수의 라인이 결정적인 고비에서 탄핵의 물꼬를 튼 셈이기 때문이다. 즉 박 대통령은 JTBC 태블릿 보도와 관련해서 누구로부터 어떻게 보고받았는지 처음부터 다시 챙겨봐야 한다.

최서원의 셀카? 아니, 5살 여자아이의 셀카

보도 당시 JTBC 측이 제시한, 태블릿이 최서원의 것이라는 근거는 없어도 너무 없었다. 최서원이 조카들과의 모임에서 찍혔다는 셀카 1장, 독사진 1장이 전부라 해도 과언이 아니다. 애초부터 사진을 근거로 특정인의 스마트폰, 태블릿이라고 입증하려면 특정인 본인 사진보다는 지인들의 사진이 더 중요하다는 반론이 많았다.

즉, 태블릿이 정말로 최서원의 것이라면 고작 2장의 최서원 사진보다 최서원의 딸 정유라와 손녀, 전 남편 정윤회, 가까운 친구 등 지인의 사진이 들어 있어야 한다는 것이다. 또 최서원이 자신의 딸 정유라와 함께 자주 갔을 법한 장소, 예컨대 승마장 관련 사진도 있어야 했다.

실제 태블릿의 사진갤러리에는 2012년 6월 25일, 최서원과 조카들의 저녁식사 모임날 촬영된 사진 16장이 전부였다. 4년 동안 사용한 태블릿에 한날한시에 찍은 사진 16장이 전부라니, 누군가 사진 DB를 조작했는지 여부를 정밀 검사해봐야 할 정도로 사진 자체가 너무 없었다.

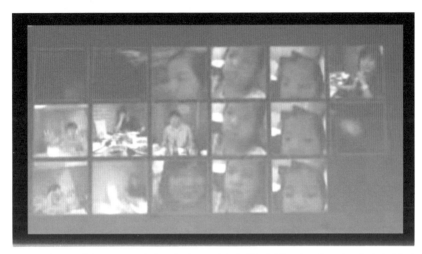

JTBC에서 태블릿을 입수할 당시 촬영한 것으로 알려진 태블릿 구동 영상에는 태블릿의 사진갤러리가 나온다. JTBC 보도에는 공개되지 않은 이 사진갤러리에는 한눈에 봐도 최서원의 조카인 장승호의 5살 딸 사진이 가장 많이 나오는 것을 확인할 수 있다.

최서원은 이날 모임에 자신의 조카 이병헌의 친구인 김한수도 참여했다고 증언하고 있다. 특히 모임 장소인 중식당은 김한수 사무실 바로 옆 건물이었다. 태블릿 개통자 김한수가 이날 중식당에 태블릿을 들고 왔고, 최서원의 조카인 장승호의 5살 난 딸이 최신 태블릿에 관심을 갖고 이리저리 들고 다니며 사진을 찍은 것으로 분석이 가능하다.

총 16장의 사진 중, 최서원의 셀카는 단 1장이다. 물론, JTBC 측이 최서원의 셀카인 것처럼 교묘하게 편집해 방송하기도 한, 최서원이 입가에 손가락을 대고 있는 사진은 셀카가 아니라 제3자가 후면 카메라로 찍어준 일반 사진이다.

반면, 장승호의 딸이 직접 찍은 셀카는 7장이나 된다. 나머지 후면 카메라로 촬영한 일반 사진들은 피사체의 구도가 엉망인데다, 흔들림이 심한 점으로 비춰 역시 어린아이의 솜씨로 추정된다. 결국 이 태블릿으로 찍은 사진들 대부분은 장승호의 딸이 이리저리 들고 다니며 촬영했을 가능성이 높은 것이다. 심지어 최서원의 셀카로 보이는 사진조차, 이 아이가 태블릿의 전면 카메라로 찍었을 수 있다. 물론 JTBC 측은 셀카가 7장이나 들어있는 이 여자아이의 존재를 숨겼다. 그렇지 않으면 셀카 사진 단 한 장으로 최서원의 태블릿이라고 단정한 자신들의 논리가 뒤집히기 때문일 것이다.

박 대통령의 저도 휴가 사진이 최서원의 국정개입 증거라는 JTBC

2016년 10월 26일, JTBC 뉴스룸에서 손석희는 태블릿에서 나온 파일 중 드레스덴 연설문과 저도 휴가 사진을 콕 집어 거론하며 "최순실 씨는 사전에 혹은 실시간으로 보고 받았다"고 강조했다. 앞서 25일, 박근혜 대통령이 최서원의 존재를 시인한 대국민 사과를 거짓말로 몰기 위해서였다.

박 대통령은 "최 씨는 과거 제가 어려움을 겪을 때 도와준 인연"이라며 "일부 연설문이나 홍보물도 같은 맥락에서 표현 등에서 도움을 받은 적이 있다"고 대국민 사과를 했다. 최서원은 어려울 때 만난 인연으로 자신의 옷이나 가방을 챙겨주거나 연설문 표현을 가끔 조언하기도 한 지인일 뿐이라는 솔직한 사과였다.

그러자 JTBC는 25일 저녁부터 대통령의 사과 내용을 부인하며, 최서원은 국정 전반을 농단한 비선실세라고 반박하는 보도를 집중적으로 내보냈다. 26일에는 손석희가 직접 "최순실 씨가 개입하거나 최소한 보고를 받은 청와대 관련 자료를 짚어보겠다"고 나섰다.

손석희는 그 근거로서 태블릿에서 나온 2014년 드레스덴 연설문, 당선인 시절 이명박 면담 시나리오, 인수위 SNS본부 운용안, 저도 여름휴가 사진을 제시했다. 해당 분야를 보면, 드레스덴 연설문은 '외교', 이명박 면담 시나리오는 '국방·안보', 인수위 SNS본부 운용안은 '인사', 저도 여름휴가 사진은 '신변잡기'에 해당하는데, 이처럼 국정 전반을 비선실세 최서원이 대통령을 대신해서 운영했다며 상징적으로 제시한 파일들이었다. 특히 저도 휴가 사진과 관련해 손석희는 2016년 10월 26일자 <'최순실 파일' 쏟아지는 의혹…무엇을 말하고 있나> 세하 보도에서 아래와 같이 밀했다.

> 그리고 이 사진은 대통령이 취임 이후 가진 저도에서의 첫 여름 휴가 사진입니다. 하반기 국정 운영을 고민하겠다며 떠난 휴가로 당시 일정과 장소는 청와대 내부에서도 몇몇만 아는 비밀이었는데요. 역시 최순실 씨는 사전에 혹은 실시간으로 보고받았습니다. 안보기밀부터 국가정책, 인사와 대통령의 신변잡기까지 시시콜콜 보고받았던 것으로 확인이 됐는데요. 즉, 대통령의 해명처럼 단지 연설문이나 홍보에 도움을 받았다는 차원을 넘어서는 것들입니다.

태블릿에는 박근혜 대통령의 저도 여름휴가 사진이 10여장 들어있다. 모두 '지시 메일(zixi9876@gmail.com)'로 내려받은 것들이다. 이중에서 5장은 2013년 7월 30일 오후 5시 39분 박근혜 대통령 공식 페이스북 계정을 통해 일반에 공개된 사진이다.

손석희는 "그렇게 철저한 보안 속에 007 작전 같은 휴가를 갔는데 정작 최순실 씨는 일반에 공개되지 않았던 사진, 그러니까 사실상 저도에서 찍은 모든 사진을 가지고 있었다는 얘기", "특히 국정 운영을 구상하겠다며 비공개로 떠났던 대통령 휴가 사진도 들어 있었다", "최 씨가 대통령의 발언이나 홍보 업무뿐만 아니라 여름 휴가 일정까지 챙겼다는 얘기"라고 논평했다.

태블릿에 담겨있는 박근혜 대통령 저도 여름휴가 사진. 모두 청와대 직원들이 공용으로 사용하던 이메일 zixi9876@gmail.com으로 내려받은 사진들이다. 사진은 최서원 재판에 제출된 국과수 포렌식 자료에서 추출했다.

손석희는 태블릿에 저장된 저도 휴가 사진이 최서원만이 갖고 있을만한 극비 자료인 것처럼 호들갑을 떨었지만, 박 대통령의 공식 페이스북을 통해 일반에 공개된 사진들이었다.

태블릿으로 저도 사진 철야 작업...사실은 청와대 홍보 담당자의 흔적

그러나 이 사진은 최서원과 관련이 없다. 오히려 김한수, 김휘종 등 청와대 홍보라인 담당자들이 사용한 증거에 가깝다.

최서원은 이와 관련 "2013년 7월 29일 이 사건 태블릿PC를 이용하여 zixi9876@gmail.com 계정으로 박 대통령의 여름휴가 사진을 다운로드 받은 적이 없습니다"라고 밝혔다.

zixi9876@gmail.com 계정은 최서원 뿐만 아니라 정호성, 이재만, 안봉근, 김휘종, 김한수 등이 공유한 이메일 계정이다. 태블릿으로 저도 사진을 다운받은 사람은 이 태블릿을 개통하고 요금을 납부하며 사용했던 김한수이거나, 같이 홍보 업무를 담당한 김휘종일 확률이 더 높은 것이다. 실제 이들은 바로 이런 사진이나 영상 편집, 게시 업무를 청와대에서 했던 것으로 확인되었다.

저도 사진을 다운로드 받은 사람은 '60대 컴맹 할머니' 최서원이 아니라 청와대 홍보 담당자라는 점은, 국립과학수사연구원 포렌식 결과에서 확인된 '철야 작업' 흔적을 통해서도 드러난다.

필자의 태블릿 명예훼손 형사재판 변호인인 차기환 변호사가 포렌식 전문가의 사분을 거쳐 확인한 바에 따르면, 태블릿 사용자가 zlxi9876@gmail.com 계정으로 "VIP초이스 사진입니다"라는 설명과 함께 저도 사진을 다운로드 받은 시간은 2013년 7월 29일 저녁 7시 35분이다. 이어 태블릿 사용자는 '기타사진', '다시 보냅니다', '기타 사진 다시 보냅니다', '기타2' 등의 제목으로 저녁 8시 12분까지 저도 사진을 전달받았다.

627	정상	수신	zixi9876@g mail.com	zixi9876@gmail .com	2013-07-29 1 9:35:14		vip초이스	vip초이스 사진입니다
	- 유형			: 이메일				
628	정상	수신	zixi9876@g mail.com	zixi9876@gmail .com	2013-07-29 1 9:40:16		기타 사진	기타 사진입니다
	- 유형			: 이메일				
629	정상	수신	zixi9876@g mail.com	zixi9876@gmail .com	2013-07-29 2 0:09:25		다시보냅니다	
	- 유형			: 이메일				
630	정상	수신	zixi9876@g mail.com	zixi9876@gmail .com	2013-07-29 2 0:11:13		기타 사진 다시보냅니다	
	- 유형			: 이메일				
631	정상	수신	zixi9876@g mail.com	zixi9876@gmail .com	2013-07-29 2 0:12:27		기타 2	
	- 유형			: 이메일				
632	정상	수신	zixi9876@g mail.com	zixi9876@gmail .com	2013-07-30 1 4:00:17		삼성 주력PC에 AMD 최초 탑재, 왜?	삼성전자가 자사 주력 PC제품에 인텔 대신 AMD를 채택하는 과감한 선택을 했다. 비전
	- 유형			: 이메일				
633	정상	수신	zixi9876@g mail.com	zixi9876@gmail .com	2013-07-30 1 7:20:37		팬게이지(fngage) 서비스 간편하게 활용하는 페이스북 이벤트 ·페이스 북	"팬게이지"(fngage) 서비스...간편하게 활용하는 페이스북 이벤트 가장 많이 활용

최서원 관련 재판에 제출된 국과수 포렌식 결과를 보면 당시 태블릿 사용자는 청와대 홍보담당자 가운데 한 명으로, '지시 메일(zixi9876@gmail.com)'을 통해 "VIP초이스 사진입니다", "기타 사진 다시 보냅니다" 등의 업무상 소통을 하고 있음이 확인된다.

또한 포렌식 자료의 '멀티미디어' 로그에서는, 태블릿 사용자가 다운받은 사진들을 수정한 흔적이 포착됐다. 저도 사진 수정은 이튿날인 7월 30일 새벽 2시 44분부터 새벽 3시 13분까지 이어졌다.

이렇게 새벽 3시까지 수정 작업한 저도 사진들은 앞서 언급한 것처럼 같은 날 오후 5시 39분 박 대통령 공식 페이스북 계정을 통해 일반에 공개됐다.

태블릿 사용자는 일반 공개 이후, 반응이 좋자 누군가에게 보고하기 위한 것으로 추정되는 기록을 남기며, 관련 작업을 다음날인 31일 오후 1시 17분까지 계속한다. 태블릿에는 저도 사진을 올린 블로그를 캡처한 것으로 보이는 파일과 '페이스북.ppt'라는 제목의 사진이 여러 장 남아있다.

이 같은 기록은 전형적인 홍보 담당자들의 업무 흔적과 일치한다. VIP

가 선택한 사진을 받은 후, 다음날 공개 일정에 맞추기 위해 심야에 수정하고 의견을 주고 받으며 작업한 기록으로 볼 수밖에 없다. 공개 이후 반응들을 캡처한 것과 보고용으로 추정되는 PPT 파일 제작도 마찬가지다.

60대 할머니 최서원이 심야에 태블릿으로 저도 사진을 수정하고, 일일이 화면 캡처를 하면서 PPT를 만들거나 들여다봤을 리는 만무하다. 결국, 저도 휴가 사진은 SNS 홍보 담당자인 김한수 행정관과 김휘종 행정관이 모를 수가 없는 기록이다. zixi9876@gmail.com 메일을 공유하던 정호성 비서관도 내막을 알고 있을 가능성이 높다. 그럼에도 JTBC의 저도 사진 소삭보노에 대해 이들은 절서히 입을 날고 있는 것이나.

카톡 닉네임 '선생님' 설정 시점도 조작?

JTBC는 태블릿의 카카오톡에 설정된 '선생님'이라는 닉네임이 바로 최서원을 의미한다면서 카톡 채팅 장면을 보도해 엄청난 선동 효과를 거뒀다. 태블릿의 사용자가 최서원이라는 가장 직관적인 조작 보도였다.

태블릿 사용자가 자신의 카톡 닉네임을 '선생님'으로 설정했는데 최서원이 과거 유치원 원장 경력이 있고 선생님이란 호칭으로 자주 불렸으므로, 카톡의 '선생님'은 최서원이 설정한 것이며, 따라서 태블릿은 최서원의 것이라는 JTBC의 논리는 그럴듯했다.

JTBC 뉴스룸 2016년 10월 26일자 보도 <사진·아이디·전화번호…최순실 태블릿 PC 속 흔적들>에서는 태블릿의 기록 애플리케이션에 설정된 '선생님'이라는 닉네임이 태블릿 사용자인 최서원을 의미한다고 보도했다. 그래픽에서 '선생님'의 프로필 사진이 최서원인 것은 JTBC가 임의로 합성한 것이다. 실제 '선생님' 계정에는 프로필 사진이 등록돼 있지 않다. 또한 닉네임 '한팀장'의 프로필에는 김한수의 딸 사진이 등록돼 있음이 후일 국과수 포렌식에서 확인됐다.

하지만 미디어워치를 도와준 포렌식 전문가들이 국과수 포렌식 자료 중 '파일 시스템정보' 파일을 분석한 결과, 태블릿의 카톡 닉네임이 '선생님'으로 변경된 시각은 2016년 10월 22일 오후 8시 22분 30초였다. JTBC가 태블릿을 입수하고 이틀이 지난 시점이다. 태블릿에 저장된 'com.android.contacts_preferences.xml' 이름의 파일에는 사용자 연락처와 관련된 환경 설정이 저장된다. 이 파일의 백업 파일들을 따라가 보면 '선생님'이라는 닉네임은 보이지 않다가 위에서 언급한 시간에 처음 등장한다.

```xml
1  <?xml version='1.0' encoding='utf-8' standalone='yes' ?>
2  <map>
3  <int name="filter.count" value="0" />
4  <int name="saveTab" value="2" />
5  <null name="filter.id" />
6  <boolean name="filter.groupReadOnly" value="false" />
7  <string name="defaultContactBrowserSelection-0-com.google-zixi9876@gmail.com
   -1">content://com.android.contacts/contacts/lookup/3657if2d9e158c157c28/1</string>
8  <string name="filter.accountType">com.kakao.talk</string>
9  <string name="filter.accountName">선생님</string>
10 <null name="filter.groupSourceId" />
11 <string name="defaultContactBrowserSelection-id">content://com.android.contacts/contacts
   /lookup/3657i60a9cbe609c4978d/12</string>
12 <string name="defaultContactBrowserSelection-2-1">content://com.android.contacts
   /contacts/lookup/0r5-AA20AA70AA92AA40AA70AA92AA38AA48AA9C/5</string>
13 <int name="groupFilterIndex" value="0" />
14 <int name="filter.type" value="0" />
15 <int name="filter.groupFilterIndex" value="12" />
16 <null name="filter.groupSystemId" />
17 <boolean name="filter.autoAdd" value="false" />
18 <string name="defaultContactBrowserSelection-15-1">content://com.android.contacts
   /contacts/lookup/0r4-AA20AA70AA92AA44AA48AA7AAA32AA62.3903i53137254/4</string>
19 <string name="filter.groupTitle">선생님</string>
20 <long name="filter.groupId" value="-1" />
21 </map>
```

국과수 포렌식 자료 중 '파일 시스템정보' 파일을 분석한 결과, 태블릿의 카톡 닉네임이 '선생님'으로 변경된 시각은 2016년 10월 22일 오후 8시 22분 30초임이 확인된다. JTBC가 밝힌 입수경위대로라면, JTBC는 2016년 10월 20일 태블릿을 입수하고, 나흘 뒤인 24일 검찰에 제출했다. 따라서 JTBC가 점유하던 시기에 카톡 닉네임이 '선생님'으로 바뀌었다고 추정할 수 있다.

JTBC가 태블릿을 입수한 시점은 2016년 10월 20일, 검찰에 제출했다는 날짜는 24일이다. "최순실 PC"라고 부르면서 태블릿 특집 보도를 처음한 날도 24일이다. JTBC가 태블릿을 입수하고 첫 보도하기 이전에 '선생님'이라는 카톡 닉네임이 새롭게 만들어졌다는 정황이다. 물론 검찰은 이를 부인하고 있다. 그럼 태블릿 본체나 사본(이미징파일)을 검증하면 간단히 확인할 수 있는 사안이나, 검찰은 이 역시 거부하고 있다.

최서원도 모르는 젊은 여성의 연락처와 사진들

검찰의 데블릿 포렌식 보고서가 2017년 8월경에 공개되었을 때, 수십여 장이나 쏟아져나온 젊은 여성의 사진이 태블릿의 진짜 주인을 밝혀줄 결정적 단서로 떠올랐다.

검찰이 박 대통령 관련 재판에 제출한 '태블릿 포렌식 보고서'에는 30대로 보이는 젊은 여성의 사진 53장이 쏟아져 나왔다.

검찰 포렌식 보고서에 따르면, 태블릿에는 30대로 보이는 젊은 여성의 사진 53장이 저장되어 있다. 최서원 씨와 일면식도 없는 이 여성은 김휘종 전 청와대 행정관과 2012년부터 최근까지도 꾸준히 연락하는 사이임이 드러났다.

조사결과, 이 여인은 2012년 가을부터 같은 해 12월까지 박근혜 대선캠프에서 일했던 김수민 씨로 밝혀졌다.

같은 시기 박 대통령 대선 캠프 홍보팀에서 일했던 신혜원 씨는 김수민 씨에 대해 "김철균 SNS본부장(전 쿠팡 부사장)이 2012년 10월 경 데려와 팀에 합류한 것으로 기억한다"면서 "팀원들과 잘 지냈고 같은 해 12월 대선 캠프가 해체될 때까지 일했다"고 밝혔다.

중요한 사실은 김 씨가 다른 팀원들과 달리 10월부터 12월까지 약 3개월간 '잠시' SNS팀에서 일했다는 점. 캠프가 해체된 이후 김한수와 김휘종(당시 SNS팀장)이 청와대로 따라간 것과 달리, 김 씨는 모 백화점 핸드백 매장 점원으로 취직했으며, 현재는 글로벌 화장품 기업에서 평범한 직장인으로 일하고 있다.

김 씨의 페이스북 아이디는 'amie kim'으로, 그녀는 대선캠프에서 이 아이디로 박근혜 후보의 SNS 홍보물을 만들어 페이스북에 공유하는 일을 했다.

김 씨의 흔적은 태블릿에 이메일로도 남아 있다. 포렌식 보고서에 따르면 태블릿에 저장된 연락처는 모두 15개다. 전화번호는 김 팀장(김휘종 전 행정관), 춘 차장(고 이춘상보좌관), 김한수, 이병헌(김한수의 친구) 4명뿐이고, 이밖에 이메일 주소가 zixi9876@gmial.com, glomex@paran.com, amy.smkim@gmail.com 등 3건이다. 나머지는 단순한 별명이거나 삭제된 연락처다.

여기서 amy.smkim 이 바로 김 씨의 이메일주소다. 이는 김 씨도 태블릿 사용자 중 하나였거나, 이 태블릿으로 연락받은 사람이었다는 의미다.

그렇다면 이 태블릿으로 김수민과 수시로 연락하고, 이메일 주소를 연락처에 저장했으며, 프로필 사진이 저장되도록 한 사람은 누구일까.

대선캠프의 SNS팀장이자 박근혜 정부에서 2급까지 오른 김휘종 전 청와대 행정관은 2012년부터 최근까지도 김수민 씨와 꾸준히 연락하는 사이다.

눈여겨볼 것은 김수민 사진 파일이 태블릿에서 수정된 날짜다. 첫 번째 사진 파일이 수정된 날짜가 2013년 11월로 대선캠프가 해단된 한참 이후다. 나머지 52장의 사진파일은 JTBC가 태블릿을 가지고 있던 2016년 10월 18~24일에 사이에 수정됐다.

최서원은 김수민과 아무런 일면식도 없다. 그렇다면 김수민의 사진이 최서원의 것이라는 태블릿에, 그것도 대선캠프가 해단된 1년 후에 저장됐다는 것은 이치에 맞지 않는다. 더구나 김수민은 대선캠프에서 잠시 일한 것이 전부이며, 2012년 당시 최서원(최순실)의 존재는 대선캠프에 전혀 알려지지도 않았다. 김수민의 사진은 결국 JTBC 태블릿이 최서원의 것일 수 없음을 보여주는 대표적인 증거다.

포렌식 전문가들은 김수민의 사진이 JTBC가 태블릿을 보관한 기간 동안 52장이 생성된 이유는 JTBC 측에서 이 사진을 클릭했기 때문이라고 보고 있다. 즉 JTBC 측은 최서원이 아닌 김한수, 김휘종 등 청와대 직원들이 사용한 태블릿이라는 결정적 증거인 김수민의 사진을 발견했으면서도, 이를 보도하지 않은 것이다. JTBC는 물론, 심지어 검찰조차도 태블릿 재판에서 김수민 사진에 대해서는 제대로 된 해명을 못하고 있다.

카톡 메시지 '하이' 수신자는 김한수가 아니라 임태희 캠프

JTBC 뉴스룸은 2016년 10월 26일, <최순실 셀카 공개… '판도라의 상자' 태블릿PC에 주목한 이유>에서 최 씨가 태블릿으로 보냈다는 카톡 대화 내용을 그래픽으로 재현한 화면을 내보냈다. 최서원을 뜻하는 닉네임 '선생님'이 김한수를 뜻하는 '한팀장'에게 "하이"라는 메시지를 보냈다는 것이다. 이 조작된 그래픽 하나가 최서원이 태블릿의 실사용자라는 이미지를 강력하게 전달하는 역할을 했다.

JTBC 뉴스룸 2016년 10월 26일자 보도 <최순실 셀카 공개… '판도라의 상자' 태블릿PC에 주목한 이유>는 최서원이 '한팀장'이라는 닉네임을 쓰는 김한수에게 카톡을 보냈다고 전했다. 하지만 두 사람은 카톡으로 연락한 적이 없다고 일관되게 밝히고 있다. 태블릿에 닉네임 '한팀장'으로 저장된 카톡 사용자는 'yimcamp'라는 카톡 ID를 쓰는 임태희 선거 캠프 관계자임이 드러났다.

보도는 상당 부분 거짓이기도 했다. "하이"라는 대화를 제외하고 거의 모든 것이 허구다. 최서원과 김한수는 카톡으로 대화한 적도 없고 그럴만한 사이도 아니라는 게 이들의 공통된 증언이다. 이는 검찰 스스로 발표한 내용이기도 하다.

2012년 12월에 이춘상 보좌관이 갑작스럽게 사망한 이후, 최서원과 처음 통화했다는 게 김한수의 주장이다. 물론 최서원은 김한수와 그런 통화조차도 한 적이 없다고 일관되게 진술하고 있다.

'선생님'이 "하이"라는 메시지를 보낸 날짜는 2012년 8월 3일 오후 5시다. 이때는 검찰 수사 발표에 따른다 해도, 두 사람이 서로 누군지 모르던 시기였다. 또한 앞서 언급했듯 포렌식 결과에서 카톡 닉네임 '선생님'이 설정된 시점은 2016년 10월 22일로 나온다. 애초 태블릿에 카톡 닉네임 '선생님'이 있었는지부터 검증이 필요하다.

심지어 "하이"라는 메시지를 받은 사람이 김한수라는 것도 JTBC의 왜곡 보도다. 2012년 8월 3일 카톡 닉네임 '선생님'으로부터 "하이"라는 메시지를 받은 카톡 사용자는 'yimcamp'였다. 이는 2012년 한나라당 경선당시 임태희 후보 캠프의 홍보용 카톡 계정이었다. 쉽게 말해서 JTBC가 그래픽까지 동원해 떠들썩하게 보도한 카톡 메시지 "하이"는, 태블릿 실사용자가 임태희 선거 캠프에 보낸 메시지였던 것이다.

17) 카카오톡-친구목록 (167)

번호	상태	사용자ID	전화번호	카카오톡 이름	카카오톡ID
1	정상	2047184	0105020▓▓▓	이병헌	iamkingkong
	- 상태메시지	: www.hot-news.kr www.jjoy.co.kr			
	- 프로필 사진 URL	: http://th-p2.talk.kakao.co.kr/th/talkp/wkbit2yynJ/j82zftN4sgSRJglVsfry00/e5cyov_110x110_c.jpg			
2	정상	4401616	01090488167	김한수	sungmin1027
	- 프로필 사진 URL	: http://th-p4.talk.kakao.co.kr/th/talkp/wkcgg2HiXK/WeqtoSXbYsj281XjRjdnq0/rgf7bg_110x110_c.jpg			
3	정상	52895563		박근혜(국민행복캠프)	ghstory
	- 상태메시지	: 꿈이 이루어지는 나라 !			
	- 프로필 사진 URL	: http://th-p52.talk.kakao.co.kr/th/talkp/wka5h2uEbw/OSFykR1VZNuDiBUIM016uk/34okyn_110x110_c.jpg			
4	정상	18295420		zeniahsecret	zeniahsecret
	- 상태메시지	: A man lives once. So live life to the fullest!^^			
	- 프로필 사진 URL	: http://th-p18.talk.kakao.co.kr/th/talkp/wkaD25IPWY/Avvwt899e0EaimkYDiZFDt1/oh1yq6_110x110_c.jpg			
5	정상	53137254		김한수	yimcamp
	- 상태메시지	: 일을 꾸미는 것은 사람이나 그것을 이루는 것은 하늘이다! 준비된 여성대통령 박근혜.			
	- 프로필 사진 URL	: http://th-p.talk.kakao.co.kr/th/talkp/wkboHfnpYe/H0e9a5I9ZMDrIaESRoXY5K/2nxk5d_110x110_c.jpg			

전화번호가 연동된 김한수의 카톡 ID는 'sungmin2017'이다. 전화번호도 없이 김한수 이름으로 등록된 카톡 ID가 하나 더 있는데 'yimcamp'다. 이는 2012년 경선 당시 임태희 캠프의 공식 SNS 계정이다. 참고로, 카톡 ID는 한 번 생성하면 변경이 불가능하며, 카톡 닉네임은 변경이 가능하다.

18	정상	수신	이병헌/0105020▓▓▓	2012-08-03 PM 05:07:00		ㅋ
	- 채팅 유형	: 문자				
	- 채팅방ID	: 20156867610260				
	- 채팅방 멤버	: 이병헌/01050201010				
	- 채팅방 멤버 ID	: 2047184				
	- 채팅방 유형	: 1:1메시지				
	- 사용자ID	: 2047184				
19	정상	수신	이병헌/0105020▓▓▓	2012-08-03 PM 05:07:58		테스트중
	- 채팅 유형	: 문자				
	- 채팅방ID	: 20156867610260				
	- 채팅방 멤버	: 이병헌/01050201010				
	- 채팅방 멤버 ID	: 2047184				
	- 채팅방 유형	: 1:1메시지				
	- 사용자ID	: 2047184				
20	정상	발신		2012-08-03 PM 05:09:07		하이
	- 채팅 유형	: 문자				
	- 채팅방ID	: 23597207354170				
	- 채팅방 멤버	: 김한수				
	- 채팅방 멤버 ID	: 53137254				
	- 채팅방 유형	: 1:1메시지				
	- 사용자ID	: 18961660				

JTBC의 보도와 달리, 태블릿에서 보낸 '하이'라는 메시지는 카톡 ID 'yimcamp'가 수신했다.

임태희 캠프는 당시 유행하던 SNS 소통을 위해 'yimcamp'라는 계정을 만들어 트위터, 카카오톡 등에 사용했다. 박근혜 캠프는 이보다 한 달 가량 늦게 카카오톡 홍보를 시작했다. 박근혜 캠프의 SNS 홍보 담당자는 김한수였다.

왜 그랬을까. 카톡 수신자가 임태희 캠프의 SNS 홍보팀이라면 당시 "하이"를 발신한 태블릿의 실사용자는 결국 김한수일 가능성이 매우 높다. 이 무렵 김한수는 임태희 후보와 경쟁하던 박 대통령 선거 캠프의 SNS 홍보담당자였다. 두 캠프는 서로 맞은편 건물에 있어 SNS 홍보담당 실무자끼리 서로 교류했을 가능성이 있다. 결국 카톡 "하이"는 당시 태블릿 실사용자가 최서원이 아니라 김한수일 가능성을 높여주는 또 하나의 결정적 증거인 셈이다. 당연히 최서원은 "임태희는 물론 해당 캠프 그 누구도 모른다"고 밝혔다.

카톡 "하이" 메시지를 마치 김한수가 받은 것처럼 카톡 사용자 'yimcamp'의 닉네임을 누가, 언제 '한팀장'으로 조작한 것인지는 추후 밝혀야 할 과제다.

아직도 나타나지 않은 승마장의 최서원 목격자

JTBC 뉴스룸은 2016년 12월 7일, <최순실, 태블릿PC 못 쓴다?… '그걸로 사진 찍고 통화도'>라는 보도를 내보냈다. JTBC의 안태훈 기자는 최서원의 지인이라는 익명 취재원을 인용해 "(최 씨가 태블릿을) 맨날 들고 다니다시피 하면서 딸 정유라 씨가 시합할 때 사진을 찍었다", "심지어 '사진이나 동영상 찍는 거면 다른 제조사 제품(아이패드)을 써보라'고 추천했더니 '그건 전화를 쓸 수 없어 별로다'라는 말도 했다"라고 보도했다. 뉴스 화면에는 승마장의 모습과 최서원, 정유라의 얼굴이 반복해서 등장했다.

이날은 최서원의 측근으로 주목받았던 고영태가 국회 청문회에서 "최순실이 태블릿PC를 사용한 걸 본 적이 없고, 쓸 줄 모르는 사람"이라고 증언한 날이었다. 최 씨의 가족과 지인으로 청문회에 출석한 장시호, 차은택, 박헌영 등도 고영태와 같은 증언을 했다.

고영태는 심지어 "태블릿과 관련해 저에게 연락을 받았다는 JTBC의 기자분이 나와서 제 전화가 맞는지, 아니면 저의 음성이 맞는지 명확하게 확인해 달라"고 황당함을 토로했다.

그러나 JTBC는 이날 조작날조 기사로 고영태를 거짓말쟁이로 몰기 위해 총력을 기울였다. 익명 취재원을 활용한 '태블릿 전화통화' 가짜뉴스도 그 중의 하나다. 다급했던 JTBC가 실수를 저지른 것이다.

"상주·과천 승마장서 익숙한 사용 목격"   타제품 추천에 "통화 안 돼 별로" 품평도

JTBC 뉴스룸은 2016년 12월 7일자 <최순실, 태블릿PC 못 쓴다?… '그걸로 사진 찍고 통화도'> 제하 보도에서 익명 취재원을 동원해 최서원이 태블릿으로 전화 통화도 하고 정유라의 승마 사진을 찍었다고 했다. 하지만 국과수 포렌식 결과, 태블릿에는 통화 기능이 없었으며, 정유라의 사진이나, 승마장 사진도 없었다.

변호인-1 (5)항 : 위 태블릿PC의 실상, 일기독한 그 녹색 기능 기타

1) 감정물 태블릿PC의 모델(SHV-E140S) 사용자설명서('http://downloadcenter.samsung.com/content/UM/201208/2012080216374857/SHV-E140S_UM_ICS.pdf')를 확인한 결과, 휴대전화 번호로 메시지와 관련된 기능은 제공하나, 통화 기능은 제공하지 않으며, 테스트 태블릿PC에서도 테스트 유심칩을 장착하여 확인한 결과 음성/영상 통화가 되지 않음(단, 카카오톡, 바이버 등과 같은 대화 어플리케이션에서 그림 11과 같이 음성/영상 통화가 가능함).

최서원 관련 재판에서 국과수는 최서원의 것으로 알려진 태블릿에 통화 기능 자체가 없다는 감정 결과를 발표했다. 카톡 채팅방 등을 열어 보면 혹시 대화 어플리케이션을 통해서 통화를 했는지 여부를 살펴볼 수도 있겠지만, 검찰은 태블릿의 카톡 채팅방 복구를 거부하고 있다.

태블릿에는 애초에 음성 통화 기능 자체가 없었다. 2017년 국과수 포렌식에서는 태블릿에 전화통화 애플리케이션을 사용한 흔적이 전혀 없다는 사실도 밝혀졌다. 따라서 최 씨에게 다른 제조사 제품을 추천했더니 최 씨가 "그건 전화를 쓸 수 없어 별로다"라고 말했다는 스토리 자체가 완전히 허구였던 것이다. 또한 포렌식 결과 태블릿에는 JTBC의 익명 취재원이 언급한 최서원의 딸 정유라나 승마장의 사진은 단 한 장도 존재하지 않았다.

JTBC 기자들은 필자의 태블릿 재판에 출석해서도 이 익명의 취재원에 대해 "기사에 나오는 태블릿 목격자는 다른 부서가 취재해서 모르겠다"고 발뺌했다. 재판부는 그런 JTBC 측에 익명취재원을 밝히라고 따져 묻지 않았다. 그렇다고 정당한 의혹을 제기한 미디어워치 측에 무죄를 선고하지도 않았다.

2018년 3월, 우종창 전 월간조선 기자는 조국 청와대 민정수석(당시)과 김세윤 국정농단 사건 1심 재판장이 저녁 만찬을 했다는 제보를 받고 이를 유튜브를 통해 보도한 일이 있다. 검찰과 법원은 우종창 기자에게 이 제보자의 신원을 밝히라고 요구했고, 우종창 기자는 취재원 보호 논리로 이를 거부했다. 법원은 가차없이 우종창 기자에게 8개월 징역형을 선고하고 법정구속까지 했다.

반면, JTBC 측은 아직도 목격자 신원을 밝히지 않고 있다. 최근 최서원 측은 이 보도와 관련, JTBC에 민사소송을 하기로 결정했다.

검찰이 태블릿 위치 추적을 했다는 JTBC의 거짓보도

손석희와 심수미는 2017년 1월 11일, <태블릿 실체 없다? 팩트 체크로 짚어 본 '7가지 거짓 주장'>에서 검찰과 특검이 통신사에게서 LTE 위치 정보를 확인해 최서원의 태블릿이라고 확정했다고 보도했다.

손석희 앵커   다섯 번째 루머입니다. 검찰과 특검, JTBC가 서로 짰다, 이런 표현이 어떤지는 모르겠습니다만 한패다, 라는 말도 나왔습니다.

심수미 기자   최순실 씨의 태블릿PC는 전원이 켜 있는 동안은 계속 자동적으로 LTE 망에 접속됩니다. 한동안 꺼져 있다가 저희 JTBC가 발견해 켠 순간부터 이동한 경로 등은 모두 통신사에서도 확인이 가능합니다. 만일 JTBC가 누군가에게 받았다, 검찰과 짰다고 한다면 **이 위치 정보를 확인해서 최 씨의 것이라고 확인한 검찰과 특검**은 물론 건물 관리인, 통신사 모두 거짓말을 해야 맞는 겁니다.

2018년 10월 1일, 심수미 기자는 필자의 태블릿 재판 1심에 증인으로 출석해 이 보도의 근거에 대해 "특수본이 언론 브리핑에서 했던 것 같은데 정확하게 기억이 나지 않는다"고 물러섰다. 하지만 거짓말이다. 검찰이 LTE 위치 정보를 확인했다는 언론 보도는 심수미가 보도한 JTBC 뉴스가 유일했다.

그도 그럴것이 검찰과 특검은 이런 내용으로 위치정보를 추적했다는 사실을 일체 발표한 바 없다. 휴대전화 위치조회는 가장 기초적인 수사 기법이다. 그런데 검찰이 태블릿 실사용자와 관련해 통신사 위치조회 기록을 공개하지 않아 오히려 의구심을 자아내던 터다.

검찰로부터 최서원 수사기록 전체를 넘겨받은 이경재 변호사 측도, 이같은 자료를 확인한 바 없었다. 오히려 이경재 변호사 측은 국과수 감정회보서를 입수한 뒤, 아래와 같이 SKT 위치정보 추적 자료를 재판부에 요구하기까지 했다.

태블릿 PC 내에 존재하는 7개의 GPS 정보만으로는 전체 동선을 확인하

'근거 없는 조작설' 팩트체크

jtbc

통신사 LTE 접속 기록으로도 확인 가능

심수미 기자는 JTBC 뉴스룸 2017년 1월 11일 <태블릿 실체 없다? 팩트 체크로 짚어 본 '7가지 거짓 주장> 제이 보도에서 검찰이 녹검이 태블릿의 LTE 위치 정보를 추적해 태블릿이 최시현의 것임을 확정했다고 허위보도를 했다. 검찰과 특검이 발표한 바도 없고, JTBC 이외에 어떠한 언론도 보도한 적이 없는 내용이었다.

25. 증 제25호증 JTBC 뉴스룸 2017년 1월 11일 2차 해명방송 (대본)

2017년 1월 11일 보도는 검찰 수사를 전한 내용으로 검찰이 태블릿에서 포털 사이트 접속 기록 등을 통해 위치 정보를 파악했고, 그 내역이 최순실의 이동 경로와 겹친 것을 확인했다는 것이 주된 내용이며, 한편 JTBC에서는 검찰 브리핑을 다소 오해하여 통신사에서 태블릿의 LTE 기지국 위치정보를 모두 가지고 있는 것으로 보았으나, 통신사와 검찰 모두 이러한 자료를 가지고 있지 않습니다.

서 울 중 앙 지 방 검 찰 청 조 사 2 부
137-741 서울 서초구 반포대로 158, 전화 : (02) 530-4125

검찰은 태블릿 1심 재판에서 검사 의견서를 통해 태블릿 LTE 위치 정보는 처음부터 존재하지 않았다고 밝혔다.

기 곤란한 부분이 있으므로, 실제 사용자를 특정하려면 해당기기가 개통된 통신회사인 SK텔레콤의 통신기록과 위치정보를 재판부에서 제출받아 전체 동선과의 일치 여부를 확인할 필요가 있습니다.

하지만 검찰은 위치정보 자료를 끝내 제출하지 않았다. 결국 미디어워치가 태블릿 재판에서 태블릿의 LTE 망 위치 정보를 확인한 사실이 있는지, 있다면 근거를 제출하라고 검찰에 요구하기에 이르렀다.

마침내 필자를 구속 기소한 홍성준 검사가 2018년 10월 25일, 검사 의견서를 통해 "통신사와 검찰 모두 갖고 있지 않은 자료"라며 LTE 위치 정보는 처음부터 존재하지 않았다고 시인했다. 결국 검찰까지 인정할 수밖에 없는 JTBC의 명백한 허위 보도로 밝혀진 것이다.

JTBC, 국과수 감정 결과도 조작하다

손석희는 2017년 11월 27일, <국과수 "최순실 태블릿PC 수정 조작 흔적 없다"> 제하 보도의 앵커멘트를 통해 "국과수는 '태블릿PC에 대한 조작과 수정은 없었다'는 결론을 법원에 통보했습니다. 최순실 씨가 실제 사용자라고 못 박았던 검찰의 결론을 국과수가 최종적으로 확인해 준 것입니다"라며 최서원 관련 재판 상황을 전했다.

하지만 국과수 보고서엔 이러한 내용들이 없다. 오히려 국과수는 다수가 공용으로 사용했을 가능성이 있다면서, 미디어워치의 청와대 공용 태블릿 주장에 힘을 실어줬다. 다만, 단수의 사용 가능성도 배제할 수 없다고 단서를 달았을 뿐이다.

변호인-9-(1)항 : 이건 태블릿PC의 실사용자 확인(단수 또는 다수인지 여부)

1) 시험고찰 '라'항의 변호인-1-(1)항 분석결과로 갈음함.

2) 감정물 태블릿PC에 등록된 구글 계정이 다수의 기기에 등록되어 사용된 점, 감정물 태블릿PC에 다수의 구글 계정으로 접속된 점을 보았을 때 다수의 사용자에 의해서 사용되었을 가능성도 있음.

3) 다만, 하나의 구글 계정을 통해 다수의 안드로이드 운영체제의 기기에 등록이 가능한 점, 단수의 카카오톡 계정 및 전화번호가 발견된 점, 특정 일자에 특정 장소에서 발견된 위치 정보(GPS)가 함께 발견된 점으로 보았을 때, 다수의 구글 계정에 접근가능한 단수의 사용자가 사용하였을 가능성도 배제할 수 없음.

4) 상기의 이유로 제시된 감정물 태블릿PC에 대한 분석 결과만으로는 사용자가 단수인지 다수인지 명확하게 판단하기 어려움.

국과수는 태블릿이 다수의 사용자에 의해 사용됐을 가능성을 제시했다. 다만 단수의 사용자일 가능성도 배제할 수 없다는 단서를 달아 이도저도 아닌 결론으로 민감한 쟁점을 피해갔다.

결국, 당시 국과수 보고서를 작성한 나기현 연구관은 2018년 5월 23일, 최서원 관련 재판에 증인으로 불려 나왔다. 이때 최서원 측 최광휴 변호사는 "JTBC는 '국과수도 최순실의 태블릿이라고 확정했다'고 대대적으로 보도하고 있는데, 국과수는 보고서에서 '최순실의 태블릿'이라고 확정한 사실이 있습니까?"라고 물었다. 나 연구관이 머뭇거리다가 "없습니다"라고 대답했다.

나기현 연구관의 이 법적 증언으로 JTBC와 검찰이 일방적으로 몰아가던 '최서원의 태블릿'이라는 여론에 제동이 걸리는 순간이었다. 검찰, 국과수 같은 권위 있는 기관이나 포렌식 전문가를 끌어들여 사실과 다른 보도를 해댄 JTBC 태블릿 보도의 실체도 발각되는 순간이었다.

그러자 검찰은 바로 다음날 필자에게 사전 구속영장을 청구했다. 그리고 "JTBC가 국과수 감정결과를 조작했다"는 미디어워치 측의 정확한 지적조차 구속사유에 집어넣었다. JTBC의 무수한 거짓, 조작 보도의 배후에는 검찰이 있었던 것이다.

탄핵 선동 당시 2016년 JTBC 태블릿PC 관련 주요 보도

일시	사건
09/20	김의겸 <[단독] K스포츠 이사장은 최순실 단골 마사지 센터장> 보도. 언론의 '최순실 비선실세' 취재경쟁 본격화
10/19	JTBC 심수미 "최순실이 제일 잘하는게 대통령 연설문 수정" 고영태 인용 보도.
10/21	이원종 청와대 비서실장 "봉건시대에도 있을 수 없는 얘기" 전면 부정
10/24 오전	박근혜 대통령, 시정연설서 개헌 제안하며 정국 돌파 시도
10/24 저녁	JTBC '최순실 PC 파일' 특집보도. 최순실이 연설문을 수정한 증거라며 '드레스덴 연설문' 수정 파일 제시
10/25 오전	박근혜 대통령, 최서원의 연설문 조언 시인하며 대국민 사과
10/25 오후	연합뉴스 "검찰이 JTBC로부터 태블릿PC 확보해 수사중" 보도
10/26	JTBC '최순실 태블릿PC'로 용어 변경. 태블릿에 들어 있는 모든 파일을 '최순실 국정농단'의 증거로 제시하며 특집보도.
10/27	최서원, "태블릿PC 내 것 아냐...쓸 줄도 몰라" 세계일보 인터뷰
11/02	김의겸 오마이뉴스TV에 출연, "손석희 브랜드 컸다", "태블릿PC는 주운 게 아니라, 받은 것" 발언
12/07	고영태, 국회 청문회에서 "최순실은 태블릿PC 사용 못 하는 사람" 증언
12/08	변희재, "태블릿PC 최순실 아닌 김한수 행정관 것이 확실, 국회는 탄핵을 멈춰라" JTBC 태블릿 조작보도에 첫 의혹 제기

3부

검찰과 특검

조작, 거짓이 수도 없이 드러난 JTBC 보도

JTBC는 태블릿 특종 보도를 한다면서, 실은 너무나 많은 오보를 내보냈다. 이것은 태블릿을 최서원의 것으로 조작했냐 여부와는 조금 다른 측면의 문제이다. 별로 그다지 중요해 보이지 않은 사안조차 무더기로 조작, 거짓 보도를 했다는 것이다. 예를 들면 JTBC 김필준 기자는 태블릿이 있었다는 더블루K 사무실 문이 닫혀있어, 관리인 노광일의 안내를 받고 들어갔다. 실제로 문이 닫혀있어 경향신문, 한겨레 등 다른 언론사 기자들은 출입을 하지 못했다.

그러나 JTBC 뉴스룸은 2016년 12월 8일자 해명방송의 <[단독 공개] JTBC 뉴스룸 '태블릿PC' 어떻게 입수했나>, <고영태가 태블릿PC 건네 줬다?…'황당' 루머 팩트체크> 제하 보도에서 출입문이 열려 있었다고 보도했다.

그런데 최 씨가 이 사무실을 떠날 때 **문을 열어두고 간 상태**였고 또 아직 임차인을, 이후에 임차인을 구하지 못해서 부동산 중개인 등 **아무나 드나들 수 있는 상황**이었습니다. 누군가 훔쳐갈 가능성도 있을뿐더러 또 최 씨가 사람을 보내서 증거인멸을 할 수 있다라는 의혹들이 계속해서 불거진 상황이었고, 실제 공소장을 살펴보면 더블루K에서 가져온 컴퓨터 5대를 망치 등을 이용해서 파기한 정황도 있습니다. 그러니까 이런 은닉되거나 파기할 우려가 너무나 컸던 상황입니다. (심수미 기자)

또 김 기자는 협조와 지원을 받았다고는 하지만 사실 그 사무실은 앞서 심수미 기자가 얘기했듯이 두 달가량이나 비워져 있었고 그렇다면 사무실이 밖에 부동산에 나와 있는 상황이었기 때문에 중개인도 들어갈 수 있는 상황이었습니다. **또 문도 잠겨 있지 않았던 상황**이었고요. 그랬던 상황이었기 때문에 이 관리인도 주인이 있는 사무실을 무리하게 문을 열어준 건 아니라는 겁니다. (서복현 기자)

언론사에서 어떤 특정한 주요 증거를 입수해서 보도한다면, 그 입수경위 자체를 정확하고 상세하게 보도해야 하며, 일반적인 경우에 이와 관련한 오보가 나올 가능성은 거의 없다. 입수경위에서 오보가 나오면 증거물의 신빙성 자체가 의심받기 때문이다. 그럼에도 불구하고, JTBC는 입수경위에서부터 너무나 쉽게 오보를 연발했다. 그냥 다른 언론사들처럼 문이 닫혀있어서 "노광일 신발관리인에게 도움을 요청, 문을 열고 들어갔다"고 바르게 보도하면 될 것을, 왜 "문이 열려 있었다"는 거짓보도를 해야만 했을까. 미디어워치의 조사 결과, JTBC의 태블릿 관련 보도가 100% 오보로 입증이 된 것만 무려 20건이 넘었다. 이 정도면 실수로 오보를 낸 게 아니라 무언가 특정한 목적에서 고의로 오보를 냈다고 봐야 한다. 그리고 이 때문에 태블릿 조작설이 끊이지 않았던 것이다.

이런 불안하기 짝이 없는 JTBC의 보도를 보완하면서 단 하나의 오류도 없던 것처럼 도우미 역할을 해줬던 게 당시 검찰과 특검이었다. 물론, 나중에 밝혀졌지만 검찰과 특검은 JTBC의 도우미 정도가 아니라, 아예 김한수와 함께 태블릿 조작의 주범이었다. 그러니, 검찰과 특검의 태블릿 관련 각종 브리핑도 JTBC 보도와 마찬가지로 대부분 거짓과 조작으로 밝혀졌다.

태블릿 독일 입수설을 흘린 노승권 서울중앙지검 1차장

노승권 당시 서울중앙지검 1차장은 JTBC로부터 2016년 10월 24일에 태블릿을 제출받은 직후, JTBC 기자와 긴밀한 문자를 주고받았던 인물이다. 노승권 1차장은 JTBC 기자에게 "잘 받았습니다. 특히 주목해야 할 사항 있는가요", "태블릿 존재 및 전달건은 절대 보안유지 부탁드립니다", "제가 잘 처리하겠습니다", "ㅎㅎ잘 관리해야죠" 같은 문자를 보냈다.

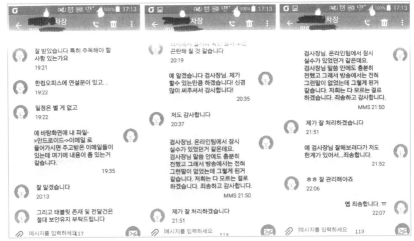

심수미 기자는 필자의 태블릿 1심 재판에 증인으로 출석해 이 화면이 2016년 10월 24일, 자신이 노승권 1차장과 주고받은 문자메시지이고, 자신이 직접 캡처한 사진이라고 증언했다.

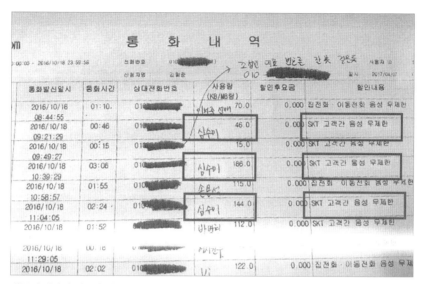

태블릿 재판에 제출된 김필준 기자 통화 내역. 심수미 기자와 통화한 내역에서 심 기자가 당시 사용하던 통신서비스가 SKT였음이 확인된다.

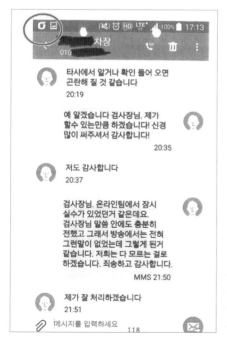

타사에서 알거나 확인 들어 오면
곤란해 질 것 같습니다
20:19

예 알겠습니다 검사장님. 제가
할수 있는만큼 하겠습니다! 신경
많이 써주셔서 감사합니다!
20:35

저도 감사합니다
20:37

검사장님. 온라인팀에서 잠시
실수가 있었던거 같은데요.
검사장님 말씀 안에도 충분히
전했고 그래서 방송에서는 전혀
그런말이 없었는데 그렇게 된거
같습니다. 저희는 다 모르는 걸로
하겠습니다. 죄송하고 감사합니다.
MMS 21:50

제가 잘 처리하겠습니다
21:51

노승권 1차장과 문자메시지를 주고받은 스마트폰은 SKT가 아니라, KT를 사용한 사실이 확인된다. 심수미 기자는 법정에서 위증을 한 것이다.

이와 관련, 손용석 JTBC 부장은 검찰 조사에서 심수미와 노승권 1차장이 주고받은 문자였다고 진술했다. 심수미 기자도 자신이 직접 자신의 휴대전화 화면을 캡처해 검찰에 제출했다고 밝혔다. 하지만 문자를 주고받은 휴대전화는 KT인데, 다른 자료에서 확인된 심수미 기자의 당시 휴대전화는 SKT였다.

태블릿 재판에서 미디어워치 측의 번호인을 맡고 있는 이동환 변호사는 태블릿 재판 1심에 증인으로 출석한 심수미 기자에게 "(증인은) 저때는 SKT 통신사를 썼던 것이 맞습니까"라고 질문했다. 심 기자는 당황한 기색이 역력했다. 심 기자는 우물쭈물하더니 더듬거리는 음성으로 "제가 저희 엄마 핸드폰을 가끔 썼는데, 저게 제 이름으로 저장되어 있던 것 같습니다. 김필준이 저를 '심수미'로 저장을 해놓은 거예요." 김필준과 통화할 때는 엄마 휴대전화를 썼다는 것인지, 노승권 1차장과 문자를 엄마 휴대전화로 했다는 것인지, 무슨 말인지 이해하기 힘든 설명이었다. 더구나 문자를 주고받을 당시 심수미 기자는 독일에 있었다.

결국 보름여 뒤 같은 재판에 증인으로 출석한 JTBC 손용석 부장은 이동환 변호사가 이 문자들에 대해 질문을 꺼내자 기다렸다는 듯 "제가 최근에 다시 확인해보니까, 그 문자는 심수미 기자가 아니라, 당시 법조팀장이던 조택수 기자가 노승권 차장과 나눴던 것"이라고 말했다. 그러면서 "제가 검찰에서 잘못 진술했고, 지금 바로잡겠다"며 기존 진술을 뒤집었다.

그렇다면 JTBC는 대체 왜 노승권 1차장과 문자를 주고받은 기자가 심수미라고 일관되게 거짓 주장을 했던 걸까. 힌트는 당시 노승권 1차장의 브리핑 발언에 담겨 있다. 노승권 1차장은 태블릿PC를 입수한 곳에 대해 "독일의 최순실 집 쓰레기통"이라고 최초 발언한 당사자다. 2016년 10월

26일, 모든 언론이 태블릿PC가 어디에서 나온 것인지 궁금해하던 때에 한 검찰 관계자가 나선 적이 있다.

> 미르재단과 K스포츠재단 관련 의혹을 수사 중인 검찰이 26일 비선 실세 의혹을 받는 최순실(60·최서원으로 개명)씨의 태블릿PC가 독일에서 입수된 것으로 보인다고 밝혔다. 검찰 관계자는 "**JTBC 취재진이 독일 현지에서 최 씨 주거지 쓰레기통에 버려진 태블릿PC 1개를 확보해 국내로 보내온 것으로 보인다**"고 말했다. 최 씨가 독일에서 집을 옮기면서 해당 태블릿PC를 경비원에게 버리라고 줬는데, 경비원이 이를 쓰레기통에 버린 것으로 추측된다고 설명했다. (연합뉴스, 2016년 10월 26일, <檢 "태블릿PC, 최순실이 독일에서 사용하다 버린 것 추정">)

연합뉴스 등이 언급한 검찰 관계자가 노승권 중앙지검 1차장이라는 사실은 인터넷언론 팩트올만이 유일하게 보도했다. 팩트올은 2016년 12월 27일자 기사 <최순실의 PC냐, 김한수의 태블릿이냐?… Jtbc 손석희 사장이 밝히라>에서 노승권의 실명을 공개하며 그 발언을 가장 상세히 보도했다.

팩트올에 따르면 노승권 서울중앙지검 1차장은 이날 출입기자들에게 "아마 독일에 간 심수미 기자가 입수한 거 같은데 최순실 독일 집의 쓰레기통에서 확보한 거 같다. 제가 추측하기로는 그렇다"라고 말했다. 브리핑에서 1차장은 "(최순실씨가) 집을 옮긴 모양이죠"라면서 "옮기면서 경비원한테 버리라고 줬는데 경비원이 독일 사람이어서 쓰레기통에 버린 거 같다. 그걸 심수미 기자가 주워서 한국에 보낸 거 같다. 독일에서 입수되다 보니까 그 경위가 파악이 안 된다"고 부연했다.

노승권 당시 서울중앙지검 1차장은 태블릿 입수경위에 혼선을 준 것은 물론, 실사용자 문제와 관련해서도 각종 거짓 브리핑을 하는 데 앞장섰다.

노승권 당시 서울중앙지검 1차장의 직속 상관들. 가운데가 김수남 당시 검찰총장, 오른쪽이 이영렬 당시 서울중앙지검장이다.

JTBC와 검찰, 사소한 사안에 대해서조차 무차별 거짓과 조작

이러한 노승권 1차장의 브리핑 내용에 대해 JTBC는 한달 반이 지난 후 해명방송을 통해 '오해'에서 빚어진 일이라고 주장했다. JTBC는 2016년 12월 8일자 1차 해명방송 중 <고영태가 태블릿PC 건네 줬다?…'황당' 루머 팩트체크>라는 보도에서 태블릿PC를 임의제출 받았을 당시에 검찰관계자(노승권 1차장)가 독일에 있는 심수미 기자에게 전화해서 태블릿을 독일에서 구한 것이 맞냐고 물었지만, 심 기자가 긍정도 부정도 하지 않았기에 태블릿 독일출처설이 생기게 된 것이라고 밝혔다.

하지만 지금까지 재판과 증인신문 과정에서 밝혀진 바에 의하면, 태블릿PC는 독일과는 아무런 상관이 없다. 또 심수미 기자도 태블릿PC 입수 과정과는 무관한 인물이었고, 파일 분석에 참여조차 하지 않았다. JTBC는 실제 김필준 기자가 태블릿PC를 입수했다고 하면서도, 마치 심수미 기자가 입수한 것처럼 연출하기도 했다.

이런 상황에서 서울중앙지검 넘버2 서열에 있는 검사가 독일에 있는 일개 기자에게 일부러 전화를 걸어 태블릿PC에 관해 이것저것 물어봤다는 것은 논리적으로 말이 되지 않는 해명이다.

결국 검찰과 JTBC가 문자메시지의 주체가 노승권과 심수미라고 거짓말을 해온 것은, 애초 헛나갔던 노승권의 2016년 10월 26일 독일출처설 허위브리핑을 JTBC가 애써 사후 합리화 해주기 위해 벌인 또 다른 조작이었다. 즉, 노승권은 태블릿PC 입수경위 문제로 곤혹스런 입장에 놓인 JTBC를 위해 허위로 독일출처설을 엉겹결에 꺼내 취재진에 혼선을 주었으며, JTBC는 이에 보답하고자 허위브리핑 문제로 곤혹스런 입장에 놓인 노승권을 위해 당시 독일에 있던 심수미를 내세워 애초부터 둘이 서로 연락을 주고받았던 사이라는 식으로 말을 맞췄을 수 있다는 것이다.

어떻게 보면 이 문제는 태블릿이 과연 최서원 것이냐와 크게 관련이 있는 건 아니다. 하지만 언론사나 검찰에서 이런 사소한 문제조차 마음대로 조작해대는 사례는 좀처럼 찾기 힘들다. 심수미는 법정 증언하는 자리에서조차 자신과 무관한 문자라는 길 뻔히 알면서도 이동환 변호사의 첫 질문에 사전에 입을 맞춘 듯 자신이 노승권 1차장과 주고받은 문자라고 태연하게 답하다가 결국 덜미가 잡혔다. 검찰 역시 거짓, 조작으로 브리핑한 사례가 너무 많다. 대체 왜 이런 짓들을 해야 했는지, 언젠가는 그 진실이 완전히 규명돼야 할 것이다.

태블릿에 정호성 문자 발견? 검찰의 거짓 조작 브리핑

국회 탄핵이 가결된 직후인 2016년 12월 11일, 검찰 특별수사본부의 서울중앙지검 노승권 1차장은 태블릿 관련 브리핑에 나선다. 이날 노승권 1차장은 태블릿PC에서 정호성 전 비서관의 문자메시지가 나왔다는 결정적인 거짓말을 했다. JTBC가 이날 이 거짓 브리핑을 기다렸다는 듯이 활용해서 '최순실의 태블릿'이라 다시 한번 우겨댔음은 물론이다. 아래는 당시 기자회견 기사들 중 관련 부분이다.

- 태블릿PC 사용자는 최 씨가 맞나.
- ▲ 맞다. 최 씨는 두 차례 독일에 가는데, 국제전화 로밍안내 등이 태블

릿PC에 저장된다. **문자메시지 발신과 정 전 비서관으로부터 "보냈습니다"라는 문자 수신 내역도 있다.** 최 씨가 제주도를 갔을 때도 장시호씨 빌라와 아주 인접한 위치에서 태블릿PC가 사용된다. 그 외에 저장된 사진도 많이 있다.

- 정 전 비서관이 보낸 문자가 맞나.

▲ 맞다. 정 전 비서관의 문자 발신 일시와 정확하다.

(연합뉴스, <노승권 1차장 "다른 고려 없이 법과 양심에 따라 수사했다">)

태블릿PC로 문자 주고받는 게 가능하다. 그 중에 아까 '보냈습니다' 라고 정호성이 보냈다고 했다. 그런 문자도 있고 하여튼 최순실이 사용한 게 맞다.

(뉴스1, <檢 특수본 수사 마무리 브리핑…재임 내내 靑문건 유출 결론>)

(태블릿 PC에) 정 전 비서관이 '보냈습니다'라고 보낸 문자 수신 내역도 있다. 정 전 비서관 발신기록과 대조해 본 결과 정확하다"

(뉴시스, ,<일문일답]노승권 1차장 "특수본 185명 투입, 최선의 노력 다했다">)

이 태블릿PC에선 정호성 전 청와대 부속비서관(47·구속기소)이 "보냈습니다"라고 발신한 문자메시지도 발견됐다. 검찰은 정 전 비서관이 최 씨에게 청와대 문건을 발송한 뒤 확인 문자를 보낸 것으로 보고 있다.

(머니투데이, <檢 "태블릿PC, 최순실과 붙어다녀…최순실 것 맞다">)

노승권 1차장의 브리핑 내용은 결국 사실이 아닌 것으로 밝혀졌다. JTBC 태블릿에는 애초에 '정호성 문자'가 존재하지 않았다. 검찰과 국과수 포렌식에서도 정호성의 문자는 없었다. 검찰이 정호성 전 비서관의 개인 휴대전화를 포렌식 했는데, 거기에서 최서원과 주고받은 문자가 발견됐을 뿐이다.

따라서 정호성이 최서원과 문자를 주고받은 사실은 정호성 개인 휴대전화로 확인되는 사실일 뿐, JTBC가 보도한 태블릿과는 관련이 없는 별개의 사안이었다. 그럼에도 노승권 1차장은 정호성 문자가 태블릿에서 발견됐다는 허위 브리핑을 한 것이다.

결론적으로 노승권 1차장은 태블릿의 실사용자가 최서원이 맞는지 어느 정도 의심을 하기 시작하던 언론들로 하여금 그 의심을 완전히 거두게 하는, 결정적인 역할을 했던 셈이다.

노승권 1차장이 사실관계를 착각했을 수는 없다. 태블릿 관련 검찰 수사보고서 어디에도 정호성의 문자가 태블릿에서 발견됐다는 내용은 없기 때문이다. 또한 이것은 검찰 포렌식 보고서에서도 분명히 확인되는 사실이기도 했다.

JTBC와 달리 검찰은 국가의 공식 기구이다. 또한 검찰은 태블릿과 관련된 모든 정보를 갖고 있었다. 이런 검찰의 공식 브리핑에 언론사들이 의혹을 제기, 새로운 진실을 밝힌다는 건 엄두도 내기 어려운 일이었다. 검찰은 이렇게 공권력을 이용해 결정적인 시점 때마다 중요 사실을 마음대로 조작해서 태블릿에 대한 의혹제기를 차단시켰던 것이다.

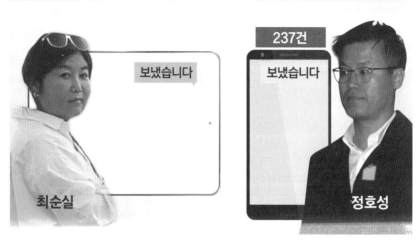

JTBC 뉴스룸 2016년 12월 11일자 <최순실에 문건 유출 경로는… "정호성, 외부 PC 반입"> 제하
보도에서는 정호성이 보낸 문자메시지가 마치 최서원의 태블릿으로 보내진 것처럼 그래픽 화면
을 내보냈다.

JTBC 뉴스룸 2016년 12월 11일자 <검찰 "최순실 태블릿PC 확실…객관적인 물증 확보"> 제하 보
도에서는 아예 태블릿에서 정호성 문자메시지가 발견됐다고 자막을 내보냈다.

검찰이 전가의 보도처럼 휘두른 '독일 카톡 메시지' 수신자는 바로 김한수

같은 날 노승권 1차장은, 독일에서 태블릿으로 발신된 카톡 메시지를 최서원의 직원이 수신했다는 내용의 확정적인 브리핑을 발표했다. 대한민국의 공식 수사기관 검찰에서 이 정도 수준의 브리핑을 했으니, 이날 태블릿은 최서원이 사용한 것으로 확정되었다고 해도 과언이 아니었다. 그러나 이 브리핑 역시 모두 거짓이란 점을 미디어워치에서 밝혀냈다.

검찰은 3건의 카톡 메시지에 대해 최서원이 독일에서 '사무실 직원'에게 보낸 메시지라고 발표했다. 이는 독일에서 태블릿과 최서원이 한 몸처럼 움직였다는 이른바 독일 동선 일치설의 근간이 되는 주장이었다.

노승권 1차장은 '태블릿PC 소유자는 최 씨가 맞나'라는 기자의 질문에 "최 씨 것이 맞다"며 "심지어는 2012년 7월 15일 이 태블릿PC에서 문자 메시지가 발송된 것도 있다. 내용은 '잘 도착했어, 다음주 초에 이 팀하고 빨리 시작해'라는 내용으로 사무실 직원한테 보낸 것"이라고 설명했다.

하지만 이같은 노승권 1차장의 거짓 발표는 최근에야 꼬리가 밟혔다. 미디어워치는 해당 카톡 메시지가 김한수의 지인이 '김한수'에게 보낸 사실을 새롭게 밝혀냈다.

노승권 1차장의 카톡 관련 거짓 발표도 역시 검찰의 단순한 착각이나 실수일 수가 없다. 실제 서울중앙지검 고형곤 검사의 2016년 10월 28일자 수사보고를 보면, 고 검사는 독일에서 보낸 3건의 카톡 메시지를 최서원이 한국의 지인에게 보낸 메시지로 규정하고 이를 최서원이 태블릿PC를 사용했다는 결정적인 증거인 것처럼 보고서를 작성했다. 실사용자를 최서원으로 처음부터 단정한 채 아무런 과학적 근거도 없이 최서원이 업무

지시를 내리는 메시지라고 허위 수사보고를 한 셈이다.

하지만 미디어워치에서 태블릿 포렌식 기록을 면밀히 분석한 결과, 해당 카톡 메시지의 수신자는 최 씨 직원이 아니라, '김한수'라는 사실이 새롭게 밝혀진 것이다. 잘 알려진 것처럼, 2012년 7월 당시 최서원과 김한수는 서로 모르는 사이였다. 특히 김한수는 최서원과는 단 한 번도 카톡 메시지를 주고받은 적이 없다고 검찰 조사 때나 법정에서 여러 차례 증언했다.

노승권 제1차장은 최서원이 독일에서 카톡으로 한국에 있는 사무실 직원에게 업무 지시를 내렸다고 수사브리핑을 했지만, 이는 거짓이었다. 미디어워치 태블릿진상규명단이 포렌식 자료를 살펴본 결과, 이는 김한수의 지인이 김한수에게 보낸 카톡이었다. 물론 여기서 '김한수의 지인'은 최서원이 아니다. 최서원은 김한수와 카톡을 주고 받은 적이 없으며 카톡으로 연결된 적도 없기 때문이다.

미디어워치 측이 카톡 수신자를 김한수로 밝힐 수 있었던 건 국과수 포렌식 보고서(파이널모바일포렌식스)가 카톡 메시지를 기록하는 한 가지 특징 때문이다.

포렌식 보고서는 태블릿에서 보낸 카톡이 발신에 성공한 경우 '채팅방 ID' 항목에 '20156867610260', '23597207354170'과 같이 정상적으로 14자리 숫자의 채팅방 아이디(ID)를 기록한다. 반면 카톡 발신에 실패한 대부분의 경우 채팅방 아이디 대신 마이너스(-) 부호와 함께 해당 카톡을 받기로 되어있던 사용자(수신자)의 아이디를 기록한다.

예를 들어 2012년 6월 25일 발신 실패한 "하이"라는 메시지에는 채팅방ID 항목에 '-2047184'가 기록됐다. 2012년 8월 3일 발신 실패한 "하이"라는 메시지에도 '-53137254'가 기록됐다. 여기서 마이너스(-) 부호를 뺀 '2047184', '53137254'는 카톡 친구를 가리키는 사용자ID이다.

미디어워치 측은 같은 원리를 적용해 2012년 7월 15일 독일에서 발신된 카톡 메시지 3건의 수신자를 밝힐 수 있었다. 당시 독일에 있던 태블릿PC 사용자는 "잘 도착했어. 담주 초에 이팀하구 빨리해서 시작해. 내가 얘기한 중요한 사항 정리해서 빨리해", "일정표 멜로 보내라고 김팀 얘기해줘", "인터넷이 잘 안돼. 거기서 어떻게 해봐" 같은 카톡 메시지를 보냈으나 현지 인터넷 사정으로 발신에 실패했다.

이 같은 흔적은 포렌식 기록에 고스란히 남았다. 이날 오후 5시경부터 발신된 3건의 카톡 메시지는 모두 사용자ID '4401616'에게 보내려던 것으로, 수신자 '4401616'은 당시 전화번호 010-9048-81**을 사용하던 김한수인 것으로 확인됐다.

카톡 메시지를 수신한 사람이 '김한수'라면, 태블릿에서 해당 카톡을 보낸 사람은 최서원이 될 수가 없다. 2012년 7월 당시 김한수와 최서원은 서로 모르는 사이였기 때문이다. 또한 둘 사이에 카톡을 한 차례도 주고받지 않았다는 것이 김한수와 최서원의 공통된 진술이다.

결국 2012년 7월, 독일에 태블릿을 가져가서 사용한 사람은 최서원이 아니라, 당시 김한수와 긴밀히 업무 협의를 할만한 '김한수의 지인'이라는 결론에 이른다. 이는 태블릿과 최서원이 한 몸처럼 움직였다는 이른바 2012년 '독일 동선 일치' 주장을 뒤집는 과학적 기록이다.

검찰 손에서 사라진 태블릿 기기내 카톡방 415개

태블릿 의혹을 제기한 측은, 검찰이 태블릿을 입수해서 카톡 대화방만 조사하면 간단히 사용자를 확인할 수 있을 거라 자신했다. JTBC 측이 공개한 카톡은 최서원이 김한수에 보냈다는 '하이' 하나였다. 물론 그것은 미디어워치 측이 김한수가 임태희 캠프에 보낸 카톡이라는 점을 밝혀냈다. 그럼 수십, 수백여개가 있을 카톡 대화방의 내용을 보면, 누가 누구에게 보낸 메시지인지 확인, 간단히 사용자를 알아낼 수 있는 것이다.

그러나 결론적으로 카톡방 415개가 검찰의 손에서 사라져버렸다. 검찰이 2016년 10월 25일자로 실시한 검찰 포렌식의 보고서 4쪽에는 카톡 채팅방 목록이 445개(정상 312개, 삭제 0개, 알수없음 133개)로 나온다. 그런데 최서원 관련 재판에서 2017년 11월 16일자로 실시한 국과수 포렌의식 보고서 5쪽에는 카톡 채팅방 목록이 30개(정상 8개, 삭제 22개, 알수없음 0개)로 나온다. 사라진 415개는 '채팅(말풍선)'도 아니고, 수많은 '채팅'을 담고 있을 '채팅방'이다.

- 증거 분석 결과

데이터 유형	정상	삭제	알 수 없음	전체
멀티미디어/문서	147	13	112	272
사진	1876	0	0	1876
설치앱 목록	105	4	91	200
앱 접속 시간	41	1	65	107
Password	0	1	0	1
폰정보	12	0	2	14
와이파이 AP	0	1	3	4
일정	18	0	35	53
연락처	13	2	0	15
통화내역	643	19	8	670
한컴뷰어-히스토리	58	3	14	75
이메일	11	1	11	23
Gmail	8	1	49	58
WebMail	8	2	0	10
구글지도	0	1	0	1
카카오톡-메시지	35	5	9	49
카카오톡-채팅방 목록	312	0	133	445
카카오톡-사용자정보	0	1	0	1
Messages Content	12	1	0	13
문자메시지	4	0	13	17
인터넷-웹히스토리	780	3	265	1048

검찰이 2016년 10월 25일에 실시한 포렌식 결과에서는 카톡 채팅방 목록이 445개(정상 312개, 삭제 0개, 알수없음 133개)로 나온다.

- 증거 분석 결과

데이터 유형	정상	삭제	알 수 없음	전체
다운로드 로그	26	17	0	43
설치앱 목록	200	0	0	200
앱 접속 시간	51	56	0	107
Password	1	0	0	1
폰정보	14	0	0	14
와이파이 AP	4	0	0	4
미디어 로그	605	31	0	636
일정	42	0	0	42
연락처	10	5	0	15
통화내역	643	108	0	751
한컴뷰어-히스토리	75	0	0	75
이메일	4	19	0	23
Gmail	3	74	0	77
WebMail	10	0	0	10
인터넷-북마크	11	3	0	14
카카오톡-사용자정보	1	0	0	1
카카오톡-친구목록	5	162	0	167
카카오톡-채팅방 목록	8	22	0	30
카카오톡-메시지	17	35	0	52
문자메시지	0	26	0	26
구글지도	0	1	0	1
인터넷-웹히스토리	438	803	0	1241
멀티미디어/문서	521	18	0	539
사진	3600	793	0	4393
sqlite	0	395	0	395

국과수가 2017년 11월 16일에 실시한 포렌식 결과에서는 카톡 채팅방 목록이 30개(정상 8개, 삭제 22개, 알수없음 0개)로 나온다. 채팅방 415개가 사라진 것이다. 보고서 본문의 카톡방 출력 분량도 검찰 보고서에서는 23페이지였으나 국과수 보고서에서는 단 3페이지로 줄었다.

참고로 검찰 보고서와 국과수 보고서 모두 카톡 내용은 알아볼 수 없는 형태로 제시됐다. 비교적 쉽게 할 수 있는 카톡 내용 복구를 일부러 하지 않은 것이다. 문제는 검찰과 국과수가 1년의 시차를 두고 실시한 포렌식 결과, 채팅방 개수마저도 큰 차이가 있다는 사실이다.

2020년 6월 18일, 필자의 태블릿 명예훼손 항소심 형사재판에 태블릿 포렌식을 담당한 송지안 수사관이 증인으로 출석했다. 당시 변호인 측은 2016년 10월 25일자 검찰 포렌식 보고서와 2017년 11월 16일자 국과수 포렌식 보고서가 똑같은 포렌식 프로그램을 이용했음에도 내용이 다른 이유를 집중 추궁했다.

송 수사관은 채팅방 수가 415개나 줄어든 이유를 제대로 답하지 못했다. '정상' 채팅방의 수가 검찰 312개에서 국과수 8개로 달라진 데 대해서는 "전원을 껐다, 켰다 한다고 해서 정상 대화방이 변경되는 건 아닙니다"라고 증언했다.

이와 관련, 태블릿 형사재판 기소·공판을 책임진 홍성준 검사는 나중에 제출한 의견서에서 "증언 후 검찰과 국과수 분석데이터 원본 확인 결과, 정상 채팅방은 검찰과 국과수 모두 8개로 동일하였으나, 검찰 포렌식 분석보고서 '요약본'에 오기(312개)가 된 것임을 확인하여 문제가 없다고 회신하였습니다"라고 답했다.

쉽게 설명해서 검찰 포렌식 보고서의 '정상' 채팅방 수가 312개라고 기재되어 있는 건 검사가 실수로 잘못 적었을 뿐이라는 거다. 그러나 포렌식 보고서는 포렌식 프로그램이 자동으로 계산한 결과만 출력되는 것으로 사람이 수기로 작성하는 게 아니다.

홍 검사의 주장과 관련, 한 포렌식 전문가는 "포렌식 보고서 '증거분석 결과 표'와 그 안의 카톡방 수는 모두 기계가 자동으로 뽑아낸 결과"라며 "홍성준을 허위공문서 작성으로 고발해야 할 사안"이라고 지적했다. 또 "홍성준이 송지안 수사관의 자문을 얻어 이런 의견서를 냈다면 송지안 도 고발해야 한다"고 조언했다. 실제로, 미디어워치 측은 송지안 수사관 을 고발했으나, 어차피 검찰이 벌인 조작 사건이라 제대로 된 수사가 진 행되지 않고 있다.

홍 검사의 주장은 카톡방 수를 집계한 요약표와, 카톡방마다 자세한 기 록을 담은 보고서 본문을 비교해서, 요약표에는 '정상' 카톡방이 312개로 나오지만 본문에는 '정상' 카톡방이 8개만 등장하므로, 결과적으로 요약 표에 기재된 312라는 숫자가 잘못 기입된 것이라는 의미였다. 문제는 '삭 제', '알수없음' 상태의 카톡방 개수도 요약표와 본문이 맞지 않는다는 점 이다. 요약표에는 카톡방 수가 '삭제' 0개, '알수없음' 133개로 나오지만, 실제 본문에서 각각의 카톡방 수를 세보면 '삭제' 437개, '알수없음' 0개 로 확인된다.

즉, 검찰 포렌식 보고서는 요약표에 나온 카톡방 집계와, 보고서 본문 에 등장하는 카톡방 수가 전혀 일치하지 않는 것이다. 미디어워치에 자문 을 해주는 한 전문가는 "한날한시에 진행한 포렌식 결과라면 절대로 요약 표와 본문이 다를 수가 없다"며 "송지안 수사관이 검사에게 넘긴 '포렌식 보고서 원본'을 제출하라고 요구해서 전면 검토해봐야 한다"고 지적했다.

L자 패턴의 비밀, 특검은 애초에 최서원의 핸드폰 압수조차 하지 않아

검찰과 특검이 태블릿 실사용자가 최서원이라며 제시하는 여러 단편적인 근거 중 하나는 JTBC 태블릿의 잠금 패턴이 L자라는 것이다. 잠금 패턴으로 실사용자를 확정한 검찰의 논리는 이렇다. 최서원이 사용한 것이 확실한 핸드폰과, 장시호가 최서원이 사용했다며 제출한 제2의 태블릿이 있는데, 이들 기기의 잠금 패턴이 전부 L자이므로, 마찬가지로 L자 패턴인 JTBC 태블릿 역시 최서원의 것이 맞다는 주장이다.

박영수 특검의 이규철 대변인은 최서원의 조카 장시호가 제출한 '제2의 태블릿'의 실물을 2017년 1월 11일에 공개했다. 이규철 대변인은 자신이 공개한 태블릿이 최서원의 태블릿이 맞다며 호언장담했지만, 그가 근거라며 밝혔던 내용들은 당시 미디어워치에 의해 대부분 논파됐다.

박영수 특검 사무실 현판식. 당시 수사4팀장을 맡은 윤석열은 장시호가 제출한 '제2의 태블릿' 관련 수사를 주도했다. 사진에서 윤석열 팀장 오른쪽으로 양재식 특검보, 박충근 특검보, 박영수 특검(가운데), 이용복 특검보, 이규철 특검보가 서 있다.

특검은 2017년 1월 11일 대대적인 기자회견을 열어 최서원이 사용한 '제2의 태블릿'이라며 장시호(최서원의 조카)가 제출한 태블릿(삼성 SM-T815NO)을 공개했다. 최서원이 2015년 7월부터 11월까지 사용한 기기라는 것이다. 그러면서 JTBC가 보도한 태블릿, 최서원으로부터 압수한 핸드폰, 장시호가 제출한 제2태블릿 모두 잠금 패턴이 L자이므로 결국 3개 모두 최서원이 사용한 기기라고 강조했다. 이러한 특검의 발표를 모든 언론이 받아썼다.

하지만 미디어워치는 최서원이 7월부터 썼다는 '제2의 태블릿'은 출시일이 2015년 8월 10일이라는 점을 밝혀냈다. 당황한 특검은 이재용 삼성전자 부회장이 박근혜 대통령과 독대하는 자리에서 출시 전 시제품 태블릿을 선물로 줬고 이걸 최서원이 썼다고 반박했다. 얼마 안 가 제2의 태블릿 뒷면에 부착된 하얀 스티커는 양산품에만 붙인다는 삼성의 해명이 나오면서 특검의 거짓말이 명백해졌다. 이후 특검은 제2태블릿에 대한 언급을 피했다.

당사자인 최서원은 필자의 태블릿 재판에 제출한 자필 진술서에 이렇게 밝혔다.

장시호가 특검에 제출했다는 태블릿PC는 전혀 모르며 사용한 적이 없습니다. 특검과 JTBC가 '제 휴대전화'와 'JTBC가 보도한 태블릿PC', 그리고 '장시호가 특검에 제출한 태블릿PC'의 잠금 패턴이 모두 'L'자라고 하였다는 사실을 전해 들었습니다. 그러나 저는 휴대전화에 잠금 패턴을 설정한 적도 없으며, 잠금 패턴을 설정할 줄도 모릅니다. 다른 태블릿PC들은 제 것이 아니고, 저는 알지도 못하고 왜 제2의 태블릿PC가 제출되었는지 궁금할 뿐입니다. 저는 전혀 사용한 적이 없는 기기들입니다.

미디어워치 측은 태블릿 명예훼손 형사재판 1심과 2심에서 특검에 대한 사실조회를 신청해 제2태블릿의 잠금 패턴이 L자라는 포렌식 보고서든, 수사 자료든 근거를 내놓으라고 요구했다. 하지만 특검은 어떠한 근거도 내놓지 못하고 있다.

미디어워치는 또한 검찰 주장대로 태블릿에 잠금 패턴이 설정돼 있었다면 태블릿을 입수한 JTBC는 어떻게 잠금을 풀었냐고 의혹을 제기했다. 그러자 JTBC는 김필준 기자의 핸드폰 잠금 패턴이 L자여서 우연히 해제했다고 주장했다. 수학적으로 김필준이 우연히 잠금 패턴을 해제할 수 있는 확률은 14만분의 1이다. 가능한 일인가. 물론 문재인이 장악한 법원에서는 가능한 일이다. 실제로 태블릿 명예훼손 형사재판 1심 박주영 판사는 "14만분의 1의 확률이라도, 그것만으로 함부로 의혹을 제기해선 안 된다"며 미디어워치 기자들에게 유죄를 선고했다.

더 큰 문제는 뒤에 터졌다. 애초에 검찰과 특검은 최서원의 핸드폰 등 스마트기기를 압수하지도 않은 사실이 뒤늦게 밝혀진 것이다. 핸드폰을 압수한 적이 없으니 당연히 최서원의 핸드폰이 모조리 L자 비밀패턴이라는 발표도 거짓이 된다.

박영수·윤석열 특검은 탄핵 정국 당시인 2017년 1월 11일 기자회견을 통해 최서원 씨의 휴대전화를 압수했고, 그 잠금패턴이 L자라고 밝힌 바 있다.

최근 이동환 변호사는 특검이 국정농단 재판에 제출한 증거목록을 입수해 조사했다. 수사 당시 특검은 최 씨의 주거지와 사무실은 물론 크게 관련 없는 장소까지 샅샅이 압수수색했다. 하지만 이 변호사가 이번에 관련 증거목록 전체를 살펴봐도 최 씨의 휴대전화를 압수한 내역은 없었다.

결론적으로 최 씨 휴대전화의 잠금패턴이 L자라는 특검의 주장은 애초에 확보하지도 않은 전자기기를 두고 벌였던 희대의 거짓말 쑈였던 것으로 판명됐다.

당시 JTBC와 특검은 최 씨의 휴대전화와 JTBC 입수 태블릿, 장시호 제출 태블릿까지 모두 다 L자 패턴이므로, 결국 최서원 한 사람의 것이라는 논리를 폈었다. 하지만 최 씨 본인은 휴대전화를 압수당하거나 제출한 사실이 없는데다, 잠금패턴 자체를 설정해본 사실이 없다고 일관되게 진술해왔다.

더불어 장시호가 제출한 제2태블릿의 잠금패턴이 L자라는 근거도 전혀 제시된 바 없다. 특검 기자회견 당사자인 이규철 특검보도 미디어워치의 취재에 답변을 회피해왔다.

결국 이규철 특검보의 거짓 브리핑을 그대로 받아쓴 국제신문과 한국경제TV는 최근 최서원의 요청에 따라 문제가 된 본문을 삭제하고 정정보도문을 게재했다. 그 외 연합뉴스, 뉴시스, 뉴스1, 경향신문, JTBC, 중앙일보, MBN, 서울신문, 국민일보, 노컷뉴스, 아시아경제, 이데일리 등 12개 언론사에 대해서는 최서원이 정정보도 청구소송을 제기했다. 그러자 뉴시스도 2022년 1월 18일부로 정정보도문을 게재했다.

[정정보도문] 본지가 2017년 1월 11일자 온라인판에 보도한 '2명 구속, 제2 태블릿 확보... 박영수 특검팀 성과 비결 뭘까?'에서 '잠금 패턴이 'L'자로 이미 압수된 다른 최 씨의 휴대전화, 태블릿과 동일했다고 특검팀은 설명했다'는 부분은 사실과 달라 삭제합니다. 최서원(개명 전 최순실) 씨는 검찰, 특검에 휴대전화를 제출하거나 압수당한 사실이 없다고 밝혔으며, 실제 확인 결과 검찰, 특검이 최 씨 재판에서 제출한 증 증거목록에는 최 씨의 휴대전화를 압수했다는 기록은 나오지 않습니다. 최 씨는 자신의 휴대전화에 'L'자 패턴을 설정한 사실도 없다고 본지에 알려왔습니다.

이미 특검 측이 아무런 반박도 못하고 있고, 3개 언론사가 정정보도를 한 마당에 다른 언론사들 역시 곧 정정보도를 할 수밖에 없을 것이다.

최서원이 L자 패턴을 쓰고 있다고 특검이 거짓 브리핑을 했다면, 대체 JTBC가 주워와서 최서원 것으로 덮어씌운 태블릿의 L자 패턴은 누가 설정했단 말인가.

주목할 것은, 태블릿에 L자 패턴이 설정된 시점이 JTBC가 태블릿을 입수한 이후였다는 사실이다. 국과수 포렌식 자료에 따르면 JTBC가 보도한 태블릿의 L자 패턴 설정 시점은 2016년 10월 24일이다. JTBC는 10월 20

일에 태블릿을 입수했다고 주장하고 있다. 이 문제는 태블릿이나 사본(이미징파일)만 제대로 검증하면 간단히 답을 낼 수 있다. 하지만 검찰과 법원은 필사적으로 검증을 회피하고 있다.

2016년 10월 31일, 검찰에서 누가 태블릿 켰나

검찰 포렌식 기록에 따르면 JTBC 태블릿은 2016년 10월 25일 오후 5시 14분 18초부터 오후 6시 29분 34초까지 포렌식을 했다. 송지안 수사관은 당시 포렌식을 마친 후 태블릿을 '정전기 방지 봉투'에 담아 봉인했다고 증언했다.

이날 포렌식 과정에서 사본(이미징파일)을 이미 만들어 놓았기 때문에, 훗날 추가 감정이 필요하다면, 이미징파일로 포렌식하면 된다. 이는 태블릿 기기라는 원 증거물이 훼손되는 것을 막기 위한 당연한 조치다. 따라서 이미징파일을 만들어놓은 태블릿 기기는 다시 켤 이유가 없는 것이다.

하지만 봉인된 봉투에서 잠자고 있어야 할 태블릿이 포렌식 일주일 뒤인 2016년 10월 31일 갑자기 구동돼 파일 수 백건이 생성, 수정, 삭제되는 일이 벌어졌다. 이는 2017년 11월 국과수 포렌식 결과에서 확인된 기록이다. 수정·삭제된 파일은 연락처와 통화기록, 문자 메시지, 메일, 맥 정보, 위치 시간 값 등 매우 광범위했다. 같은 시점에 누군가 루트 권한까지 획득한 기록도 나온다. 루트 권한을 획득하면 거의 모든 파일에 접근해서 수정할 수 있고, 그에 따른 로그 기록을 남기지 않을 수도 있다.

<표 14. 2016.10.18.자 이후 생성/수정 파일 수>

파티션25(시스템영역)			
날짜	구분	생성일시 기준	수정일시 기준
2016.10.23.	삭제	3	-
	활성	-	-
2016.10.24.	삭제	-	1
	활성	-	-
2016.10.25.	삭제	1	3
	활성	-	-
Total		4	4
파티션28(사용자영역)			
날짜	구분	생성일시 기준	수정일시 기준
2016.10.18.	삭제	62	3
	활성	147	152
2016.10.20.	삭제	1	
	활성	368	378
2016.10.21.	삭제	5	5
	활성	43	67
2016.10.22.	삭제	274	327
	활성	73	146
2016.10.23.	삭제	543	568
	활성	1	4
2016.10.24.	삭제	593	706
	활성	86	111
2016.10.25.	삭제	305	376
	활성	21	76

2016.10.31.	삭제	20	51
	활성	38	107
Total		2,580	3,079

※ 참고 8: 생성일시 기준의 파일과 수정일시 기준의 파일들 간의 중복
된 파일들이 다수 포함되어 있음.

검찰은 태블릿을 포렌식하고 6일 뒤인 2016년 10월 31일, 봉인된 채 보관되어 있던 태블릿을 밖
으로 꺼내서 무단으로 구동했다. 이날 태블릿의 파일들이 생성, 수정, 삭제된 기록이 2017년 11월
에 실시된 국과수 태블릿 감정에서 포착됐다.

2016년 10월 31일의 기록에 대해 홍성준 검사는 "태블릿의 전원을 켜면 자동으로 수정·삭제되는 파일"이라고 무조건 우기고 있다. 하지만 포렌식 종료 뒤 태블릿 전원이 다시 켜졌다는 것 자체가 증거 조작의 정황이다. 황당한 수준의 궤변은 여기서 한 발 더 나아간다. 태블릿을 누군가 일부러 켠 것이 아니라, 저절로 켜진 것이라는 주장까지 나왔다.

홍성준 검사와 송지인 수사관은 "봉투에 봉인된 태블릿도 물리적인 충격으로 켜질 수 있다"고 말했다. 그리고 그렇게 저절로 켜지는 경우가 "종종 있다"고도 했다. 이제 검찰은 불리하면 무슨 말이든 나오는 대로 우기는 지경이다.

스마트폰이나 태블릿은 의도치 않은 터치로 전원이 켜지는 것을 방지하기 위해 사용자가 최소 2초 이상 온(ON) 버튼을 누르고 있어야 작동된다. 스마트폰을 사용한다면 누구나 다 아는 사실에 대해서도 검찰은 법정에서 버젓이 거짓말을 늘어놓고 있는 것이다.

허위공문서 수준의 구속영장과 공소장을 내놓은 검찰

2018년 5월 24일, 서울중앙지검은 JTBC 법인에 대한 명예훼손 혐의로 필자에 대해 구속영장을 청구했다. JTBC가 단독 입수, 보도한 태블릿과 관련해 미디어워치가 최서원의 것이 맞는지, 증거훼손은 없었는지 검증한 내용이 명예훼손이라는 것이다. 그렇다면 JTBC가 아무리 미디어워치를 고소했다고 해도 대한민국 검사라면 공정한 입장에서 수사했어야 했다. 그러나 홍성준 검사는 마치 JTBC 측의 변호사처럼 일방적으로 한 쪽에 서 있었다.

2018년 5월 24일 오후, 서울중앙지검의 구속영장을 받아 본 미디어워치 측은 고개를 갸우뚱할 수밖에 없었다. 이 사건의 핵심 사안은 태블릿 실사용자가 최서원이 맞는지, JTBC와 검찰이 보관하던 중 태블릿을 조작한 건 없는지 여부였다. 애초부터 검찰과 JTBC가 내세운 최서원 실사용자 근거는 너무나 빈약했다. 그 근거라는게 단지 최서원의 사진 두 장이 들어 있고 태블릿의 위치 추적 중 4년간 사용하면서 독일에서 두 번, 제주도에서 한 번, 단 세 번의 위치가 최서원의 동선과 일치한다는 것뿐이었다. 그러다 보니 검찰은 국립과학수사연구원 감정서와 정호성 비서관의 판결문을 끌어들여 마치 최서원 것으로 인정된 것인 양 구속영장에 적어 놓았다. 그야말로 검찰의 허위사실 적시였다.

국과수 포렌식 결과에서는 미디어워치 측 주장과 비슷하게 다수가 사용한 공용 태블릿일 가능성을 더 높이 두고 있었다. 포렌식 보고서 어디에도 최서원의 것이라고 확정한 대목이 없었다. 정호성 판결문에는 태블릿 실사용자와 관련해선 아무런 언급조차 없다. 또한 JTBC와 검찰이 태블릿을 보관하던 중 실수든, 고의든 태블릿을 많이 건드려 증거 조작까지는 몰라도 증거 훼손의 정황은 너무 많았다. 실제로 최서원 관련 재판의 1심 재판부에 제출된 감정서를 통해 국과수도 "태블릿의 무결성이 유지되지 않았다"고 발표했을 정도였다.

검찰은 필자에 대한 구속영장과 공소장에서 23개의 사안을 정리, 모두 JTBC 편에 서서 필자의 저서인 『손석희의 저주』의 주장들과 미디어워치 기사들을 허위 사실로 단정한 범죄일람표를 만들었다. 그러나 23개의 사안은 사실상 전부 필자의 지적이 명백히 맞았거나, 최소한 의혹제기는 가능한 사안들이었다. 대표적인 사례는 다음과 같다.

> **범죄일람표(1)-1:** 손석희 사장의 JTBC는 태블릿을 조작해서 보도했다.
> 이건 의혹이 아니라 이미 사실로 밝혀졌다. JTBC는 자사의 컴퓨터에 청
> 와대 기밀문서를 삽입하여 마치 최순실의 태블릿PC인 양 조작 보도를
> 한 것이다(2016년 12월 23일 미디어워치 홈페이지).

검찰은 이것이 허위주장이라며 "JTBC는 태블릿을 취득하고도 청와대
기밀문서를 삽입하여 최순실의 것처럼 조작 보도를 한 사실이 없다"고 반
박해 놓았다. 이 건은 JTBC가 최시원의 태블릿을 보도할 때 보는 파일을
자사의 데스크톱PC로 옮겨 화면에 보여주면서 마치 최서원의 데스크톱
PC인 것처럼 시청자를 오인하게 한 사안이다.

이에 대해 JTBC조차 "시청자들에게 큰 화면으로 잘 보여주기 위한 연
출"이란 점을 스스로 인정한 바 있다. 더 큰 문제는 앞에서도 강조했듯이
JTBC가 애초에 태블릿PC가 아닌 일반 데스크톱PC를 입수한 양 보도했
다는 점이다. JTBC의 손용석·서복현 기자는 훗날 필자의 태블릿 재판에
서 "최서원이 증거인멸을 할 우려가 있어 데스크톱PC를 입수한 것처럼
보도했다"는 황당한 증언을 했다. 언론사가 검찰 수사를 위해 시청자 전
체를 속이는 방송을 했다는 것이다. 이 문제를 정확히 지적한 필자에 대해
대한민국 검찰은 이 사안을 구속사유 1순위로 걸어놓았다.

> **범죄일람표(1)-3:** 손석희의 JTBC가 국가기관인 국과수의 보고서조차 모
> 조리 거짓, 조작, 왜곡하고 나섰다. 벼랑 끝에 몰리니 이성을 상실한 상
> 황이었다. 최순실이 해당 태블릿PC에서 문서를 수정·편집했다는 손석
> 희의 보도는 조작으로 드러났다. 손석희의 JTBC는 최순실이 태블릿PC

를 사용한 아무런 증거가 없음에도 불구하고 최순실 것이라 조작한 것은 물론, 이제 국과수 보고서까지 조작에 나섰다(2017년 11월 28일 미디어워치 홈페이지).

검찰은 필자의 이러한 주장에 대해 "국과수 보고서에 최순실이 사용한 정황들이 발견되었고 JTBC는 국과수 감정 결과를 사실대로 보도하였으며 태블릿으로 직접 수정·편집했다고 단정적으로 보도한 적 없다"고 반박했다. 그러나 이 역시 미디어워치의 지적이 맞다. 국과수 보고서에서는 최서원이 태블릿을 사용했다는 대목이 전혀 없다. 오히려 다수의 메인계정을 근거로 나수의 사용자가 사용했을 가능성, 즉 미디어워치가 애초에 주장한 대로 김한수 등 청와대 직원들의 공용 태블릿 쪽에 무게를 두었다. 그럼에도 2017년 11월 27일, JTBC 뉴스룸 <국과수 "태블릿, 조작·수정 없었다"…조작설 에 '쐐기'>에서는 마치 국과수가 최서원 실사용자를 확인해 준 것처럼 보도했던 것이다.

작년(2016년)에 JTBC가 입수해 보도했던 최순실 태블릿PC에 대한국립과학수사연구원의 최종 감정 결과가 나왔습니다. 국과수는 "태블릿PC에 대한 조작과 수정은 없었다"는 결론을 법원에 통보했습니다. 태블릿PC의 동선과 정호성 전 비서관의 진술, 그리고 그 안에 있던 국가 기밀 자료를 토대로 최순실 씨가 실제 사용자라고 못 박았던 검찰의 결론을국과수가 최종적으로 확인해 준 것입니다.
법원이 JTBC가 보도한 태블릿PC에 대한 감정을 국립과학수사연구원에 의뢰한 건 지난 9일입니다. 검찰 포렌식 분석 결과, 해당 태블릿PC는 최순실 씨가 사용했던 것으로 확인됐지만 최 씨 측이 이를 못 믿겠다며 반발했기 때문입니다. 오늘 검찰이 전달받은 국과수 감정 결과는 기존 검찰의 결론과 같았습니다.

이밖에 최서원이 태블릿으로 문서를 수정했다고 '단정적으로' 보도한 바 없다는 검찰의 반박도 허위사실이다. JTBC 손석희 사장은 2016년 10월 26일 JTBC 뉴스룸 방송에서 "저희들의 그동안 보도들은 대부분 태블릿PC를 근거로 하고 있습니다. JTBC는 최순실 씨가 태블릿을 들고 다니면서 연설문도 고치고 회의 자료도 받았다고 보도해 드렸습니다"라는 멘트를 통해 정리까지 해준 바 있다. 이런 명백한 사실을 검찰이 나서서 "(JTBC는) 그런 보도를 한 적이 없다"고 JTBC를 막무가내로 비호하며 필자에 대해 사전 구속영장까지 청구했던 것이다.

앞서도 언급했지만 태블릿에는 문서를 수정하거나 편집할 수 있는 프로그램이 없었다. 논란의 핵심 사안은, 최서원이 문서를 수정할 수 없었다는 것을 뻔히 알면서도 왜 JTBC는 마치 최서원이 태블릿으로 문서를 수정한 것처럼 보도했냐는 것이다. JTBC와 검찰은 "그런 보도를 한 적이 없다"고 발뺌하는 전략을 택하고서는 이를 지적한 필자를 구속해 버린 셈이다.

이 사안과 관련해 방통심의위에서도 코미디같은 해프닝이 벌어졌다. JTBC 손용석 기자는 2017년 7월 26일 방송통신심의위원회에 출석해서 "태블릿PC를 통해서, 지금 위원님이 말씀해 주신 것처럼 태블릿PC 앱을 통해서 (연설문을 수정 또는) 작성했다는 보도는 전혀 한 적이 없습니다"라고 진술했다. 방통심의위는 이러한 손용석의 의견 진술을 청취한 후 'JTBC가 태블릿PC로 문건을 수정했다는 거짓 방송'을 징계해 달라는 민원에 대해 '문제없음'으로 의결했다.

'통해서'라는 단어를 쓰지 않았기 때문에 보도에 문제가 없다는 궤변이었다. 문재인이 장악한 방통심의위는 이 궤변에 맞춰 그대로 '문제없음'

으로 의결한 것이다.

하지만 심수미 기자는 2016년 10월 19일 JTBC 뉴스룸 <'20살 정도 차이에 반말'…측근이 본 '최순실-고영태'> 보도에서 "(최서원이) 평소 이 태블릿PC를 늘 들고 다니면서 '그걸 통해서' 그 연설문이 담긴 파일을 수정했다"고 보도했다. 그럼에도 JTBC는 방송 대본을 그대로 올리는 인터넷 기사에선 "그걸 통해서"라는 발언을 삭제했다. 결국 JTBC는 "태블릿을 통해서"란 대목을 삭제하여 방통심의위의 징계를 피해간 것은 물론, 이를 지적한 상대측 언론인을 구속시키는 증거로 악용한 셈이다.

미디어워치는 이를 증거인멸로 간주해 2019년 8월 6일 방통심의위에 재차 징계를 요청했다. 그러나 지금까지도 방통심의위는 이와 관련한 회의조차 소집하지 않고 있다. 검찰은 물론 방통심의위 역시 JTBC의 보도 중에 단 하나라도 오류가 인정되면 태블릿 조작이 모두 들통날 것처럼, 그야말로 목숨을 걸고 억지와 궤변, 거짓으로 버티고 있는 것이다. 다음은 필자에 대한 구속영장과 공소장에서 지목하고 있는 필자의 또 다른 범죄사실(허위주장)이다.

범죄일람표(2)-4: JTBC 손석희 사장의 8일 해명 방송에서 가장 의아한 점은 경향신문, 한겨레신문, 뉴스1, 포커스뉴스 등 다양한 매체 기자들이 더블루K 사무실을 찾아갔는데 모두 유리문이 굳게 닫혀 있어 사무실 밖에서 사진을 찍는데 그쳤던 반면, 유독 JTBC의 심수미 기자만 문이 열려 있어 출입이 가능했다고 밝힌 점이다(『손석희의 저주』, 211쪽).

검찰은 이에 대해 "심수미 기자는 관리자의 허가를 받고 빈 사무실에 들어갔고 외부인의 출입이 가능한 상황이었다"는 동문서답 수준의 반박을 했다.

여기서 중요한 점은 JTBC가 태블릿을 발견했다는 '더블루K' 사무실의 문은 분명 잠겨 있었다는 사실이다. 그래서 타 언론사 기자들은 해당 사무실에 들어가지도 못했다. 그런데 유독 심수미 기자만 문이 열려 있었다고 보도한 것이다. 심수미 기자만이 아니다. 서복현 기자 역시 2016년 12월 8일 방송에서 "사무실이 밖에 부동산에 나와 있는 상황이었기 때문에 중개인도 들어갈 수 있는 상황이었습니다. 또 문도 잠겨 있지 않았던 상황이었고요"라며 문이 열려있었다는 내용으로 보도했다.

미니어워지는 "문이 잠겨 있었는데 왜 열려있던 것처럼 태블릿의 입수 경위를 거짓으로 보도했냐"고 묻고 있는데, 검찰은 "관리인의 허가를 받고 들어갔다"는 동문서답을 하면서 이를 구속영장에 써놓은 것이다. 이 사안에 대해서도 필자는 2019년 8월 6일, 방통심의위에 징계를 요청했으나 현재까지 아무런 소식이 없다.

이외에도 "JTBC는 '더블루K' 사무실엔 새벽에 도착했다"고 하는, 필자로서는 단지 JTBC 보도 내용을 그대로 인용했던 사안에 대해서도 검찰은 "JTBC는 새벽에 도착했다고 주장한 바 없다"고 반박하며 구속사유 범죄일람표에 포함시켰다. 나중에 재판 과정에서 JTBC 측이 "새벽에 도착했다"고 보도한 사실이 드러나자 검찰은 공소장을 변경할 수밖에 없었다.

결국 검찰은 손쉽게 확인이 가능한 사실조차 모두 JTBC 편에 서서 오로지 필자를 구속시키기 위해 왜곡, 허위 날조하여 영장을 발부한 것이다. 이렇듯 필자에 대한 구속영장은 사실상 허위공문서 수준이었다. 이런 수준의 구속영장, 공소장을 우리법연구회 출신 1심 판사 박주영은 그대로 베껴서 유죄 판결문을 작성했다.

4부

4

김한수와 공범들

JTBC, 태블릿 개통자 알려줬다는 대리점 끝내 숨겨

거듭 지적하지만 JTBC는 2016년 10월 24일 태블릿 첫 보도를 할 때 마치 일반 데스크톱PC인양 조작, 연출을 했다. 최서원에게 혼란을 줄 목적이었다고 밝혔으나, 그보다는 태블릿 개통자 김한수를 숨기는 것이 더 큰 이유였을 것이다. JTBC가 정직하게 태블릿을 입수했다고 보도했다면, 개통자에 모든 초점이 맞춰졌을 것이다. 개통자가 김한수라는 보도가 나가는 순간, 최서원 사진 2장 외에는 최서원 것이란 증거가 없었던 JTBC로서는 "태블릿은 김한수 것이 아닌가"라는 반박 여론을 막아내지 못했을 것이다.

이런 이유로 JTBC는 이틀이 지난 10월 26일에 개통자 김한수와 김한수가 대표이사였던 마레이컴퍼니라는 회사 이름을 처음 공개했다. 하지만 검찰은 이보다 하루 늦은 10월 27일, SKT로부터 받은 공문을 통해 개통자를 처음 확인했다는 점이 문제였다. JTBC는 개통자 명의가 일반인들은 전혀 알지 못하는 중소기업 마레이컴퍼니였고, 이 회사의 대표이사가 김한수였다는 사실까지 정확히 알고 있었다. 일개 민간 언론사가 우연히 습득했다는 타인의 IT기기 개통자를 이처럼 검찰보다 먼저 알아낼 방법은 없다. 단, 김한수로부터 직접 들었으면 가능한 일이다.

이를 파악한 김경재 당시 한국자유총연맹 총재는 2017년 1월 17일 오전 11시, 한국프레스센터 19층 기자회견장에서 JTBC와 김한수 전 행정관의 유착관계 의혹을 강력 제기했다.

이날 김경재 총재는 SKT가 검찰에 제출한 태블릿 개통자 확인 공문을 공개했다. SKT 공문에 기재된 수신일은 2016년 10월 27일이었다. 앞서 말했듯이 JTBC가 개통자를 김한수의 회사 마레이컴퍼니라고 보도한 시점은 이보다 앞선 26일이었다. 이통사는 적법한 절차 없이 JTBC 같은 제3자에게 스마트기기의 개통자를 알려줄 수 없다.

실제 통신사 측이 JTBC에 개통자를 알려줬을 가능성은 희박하다. 김경재 총재는 "SKT가 보낸 공문에도 '통신비밀보호법령에 의거 수사 또는 형의 집행, 국가안전보장에 대한 위해방지 목적으로 사용하셔야 합니다'라고 공지되어있다"면서 "만약 혹시라도 SKT가 미리 JTBC 측에 이를 누설했다면 SKT 담당자는 통신비밀보호법에 의해 7년 이하의 징역, JTBC 관계자는 5년 이하의 징역형을 받게 된다"고 설명했다.

주 100-711 서울특별시 중구 퇴계로 24 SK남산빌딩 4층	Tel 02)6080-0088 Fax 02)6333-3400

제공문서번호 :	PC617705394
시행일자 :	20161027
수 신 :	서울중앙지방검찰청
담 당 :	신동현 전 화 :01027207416 회신방법 : KICS
제 목 :	제2016-12783호 요청 결과 통보

1. 기관문서번호   제2016-12783호   관련 첨부와 같이 자료를 통보합니다.
2. 회신자료는 통신비밀보호법령에 의거 수사 또는 형의 집행, 국가안전보장에 대한 위해방지 목적으로 사용하셔야 합니다.
※ 전달 사항 :

SKT가 검찰에 제출한 태블릿 개통자 확인 공문. 작성 일자가 2016년 10월 27일이다. 반면 JTBC가 김한수의 회사 마레이컴퍼니가 개통자라고 보도한 시점은 이보다 앞선 26일이었다. JTBC는 검찰보다 하루 먼저 개통자를 파악해 보도한 것이다.

손용석 당시 JTBC 특별취재팀장의 검찰 진술서. 김필준 기자가 방송사 인근의 통신사 대리점에서 개통자를 확인했다고 진술하고 있다.

결국 JTBC가 SKT로부터 불법으로 개통자 정보를 얻지 않은 이상, 태블릿 개통자 본인인 김한수로부터 정보를 얻는 수밖에 없다. 애초에 미디어워치 측은 김한수가 자신의 친구인 JTBC 홍석현 회장의 장남 홍정도 사장에게 태블릿을 넘겨주었다고 추론하고 있었다. 김한수는 국정농단의 주범 차은택의 회사에 정부 광고를 밀어주다가 배임혐의에 걸려있었다. 이런 비리혐의에도 김한수는 국정농단 관련자 중 거의 유일하게 구속은커녕 검찰의 수사조차 피해갔다. 김한수의 비리를 봐주는 대가로 JTBC, 검찰, 특검 등이 김한수로부터 태블릿을 넘겨받은 게 아니냐는 것이다.

JTBC가 검찰보다 먼저 개통자를 알게 된 경위에 대해 JTBC 손용석 팀장과 김필준 기자는 방송사 인근의 통신사 대리점에서 확인했다고 주장했다. 하지만 이는 현실적으로 불가능에 가깝다. SKT도 필자의 태블릿 명예훼손 형사재판 1심에 "제3자가 대리점에서 개통자를 확인하는 것은 불가능하다"라는 답변서를 보내왔다.

문제는 검찰이다. JTBC가 개통자를 어떻게 확인했느냐에 따라 이 사건의 본질이 결정날 사안이었다. 그럼에도 검찰은 JTBC가 인근 대리점에서 개통자를 확인했다는 김필준 기자의 진술에 대해 아무런 확인도 하지 않았다. 또한 김필준 기자는 태블릿 형사재판 1심에 증인으로 나와 "취재원 보호 문제로 답변하지 않겠다"며 이와 관련한 구체적인 경위에 대해서는 침묵으로 버텼다.

놀랍게도 태블릿 형사재판 1심에서 우리법연구회 출신의 박주영 판사는 검찰이 수사를 포기하고, 고소인 측이 증언조차 포기한 이 사안에 대해서 미디어워치 측에 유죄를 선고했다.

태블릿 조작을 주도한 검찰이 아닌, 공정한 수사기관이 재수사를 한다면, JTBC가 어떤 경로로 개통자를 알아냈는지 확인하여 이것만으로 태블릿 사건의 진상규명이 끝날 수도 있다. 만일 JTBC의 주장과는 달리 SKT 대리점에서 확인한 증거가 나오지 않는다면, 결론은 하나뿐이다. 100% 김한수로부터 태블릿과 함께, 그에 관한 정보를 넘겨받고서 모든 것을 최서원의 것으로 조작, 연출한 사건이라는 것이다.

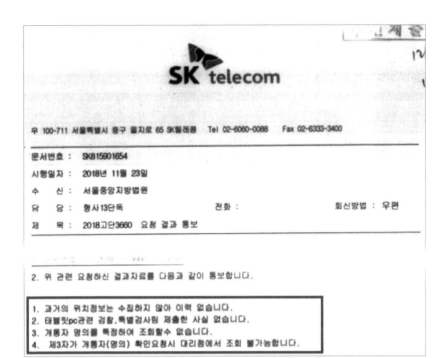

SKT가 태블릿 명예훼손 형사재판 1심 재판부에 보내온 회신. SKT는 태블릿 위치정보와 관련한 내용을 검찰과 특검에 제출한 사실이 없으며, 개통자 명의를 대리점에서 조회하는 것은 불가능하다고 밝혔다.

2013년 초 김한수가 들고 다녔던 하얀색 태블릿의 정체는?

필자는 김한수와 공적으로 알고 지내던 관계였다. 필자가 2012년 대선 직전 NLL 문제로 열린 사망유희 토론에서 진중권을 압도한 뒤, 박근혜 캠프에서는 감사의 메시지를 보내왔다. 얼마후 대선에서 승리한 뒤에도 박 대통령 측에서는 다시 자문을 요청해왔다. 필자는 "포털의 언론장악을 막아야 한다"며 관련 담당자를 소개해달라고 했고, 그때 나타난 인물이 김한수 뉴미디어 국장이었다. 이후 필자는 보수 인터넷신문사 연합체였던 한국인터넷미디어협회 회장으로서, 김한수와 한 달에 한 번 정도 간

담회를 하게 됐다.

하지만 당시 김한수는 인터넷 미디어 정책에 대해 아무런 지식이 없었고 관심도 없었다. 대체 이런 인물이 어떻게 청와대에 들어왔는지 이해가 안 되어 배경에 대해 물어봤더니, 본인의 부친과 장인이 박 대통령의 오랜 후원자여서, 그 추천으로 들어왔다고 설명했다.

당시 김한수는 하얀색 태블릿을 늘 들고 다녔다. 그때만 해도 태블릿이 보편화되지 않아 필자의 눈에 띄었다. 김한수는 저녁 식사 자리에서도 태블릿으로 카톡에 접속해 청와대 미디어팀과 업무 지시를 주고받았다. 이와 관련하여 JTBC 측은 태블릿 보도를 한지 약 2주 후인 2016년 11월 7일 <최 씨 사단 '청와대 뉴미디어실' 카톡…'극우 글' 보고>에서 다음과 같이 보도했다.

손석희 앵커   대선 캠프에서 이런 활동을 한 것도 문제의 소지는 충분해 보이는데요. 더 큰 문제는 이들이 청와대까지 들어가서 역시 비슷한 일을, 지금까지도 하고 있다는 겁니다. 이른바 최순실 사단의 핵심인물들이 모여있던 곳이 바로 청와대 뉴미디어 정책실인데요. 뉴미디어정책실의 업무내용이 담긴 카카오톡 내용을 JTBC가 입수했습니다. 극우 성향의 인터넷 게시글이 실시간으로 보고되고, 이런 글을 퍼뜨리라고 지시하는 내용까지 담겨있었습니다. 이서준 기자의 단독보도입니다.

이서준 기자   카카오톡 창에 정권 비판 인사에 대한 인터넷 기사가 올라옵니다. 기사를 확산시키라는 지시가 뒤따릅니다. JTBC가 입수한 청와대 뉴미디어정책실 인터넷 모니터링팀의 카카오톡 단체창입니다. 각종 인터넷 기사와 SNS,

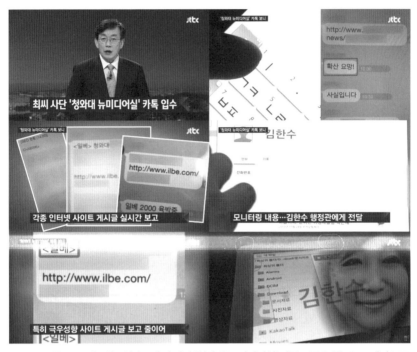

JTBC 뉴스룸 2016년 11월 7일자 <최 씨 사단 '청와대 뉴미디어실' 카톡…'극우 글' 보고>에서 보도한 채팅방 화면은 태블릿에 저장된 채팅방일 가능성이 있다.

여러 커뮤니티 사이트와 포털사이트 게시글 등을 실시간으로 보고합니다. 특히 극우 성향의 사이트 게시글이 잇따라 카톡창에 보고됩니다. 꺽쇠 표시를 하고 내용을 정리하는 등 보고 양식도 정해져 있고 관심을 끄는 글은 조회수와 함께 보고됩니다. 특히 극우 성향 사이트에 올라온 북한 관련 글들도 카톡창에 올라옵니다. 노무현 전 대통령을 희화화 하는 글까지 보입니다. 야당을 비하하는 은어와 함께 북한을 찬양하는 역적들이라고 말하는 내용도 포착됐습니다. 이렇게 카카오톡 창에 올라온 모니터링 내용을 정리한 결과는 뉴미디어정책실 선임행정관 김한수씨에게 전달됐습니다. 김 씨는 최순실씨의 태블릿PC를 개통해 준 인물입니다.

　JTBC가 화면에 소개한 카톡방 화면은, 누군가로부터 파일로 제보받은 게 아니다. 그랬다면 화면이 매우 선명했을 것이다. 흐릿한 화면이 마치 태블릿 화면을 카메라로 찍어 올린 것처럼 보였다. 즉 JTBC가 입수했다는 그 태블릿에서 카톡방을 확인, 사진으로 찍어 보도한 것일 수 있는 것이다. 그리고 그 태블릿은 2013년 박근혜 정권 초기 시절, 김한수가 늘 들고 다닌 하얀색 태블릿, 청와대 직원들과 카톡으로 업무 지시를 주고받은 그 태블릿일 것이다. 실제 JTBC가 입수한 태블릿도 하얀색임이 밝혀졌다.

2017년 11월 9일, 최서원 1심 법정에서 처음 공개된 JTBC 태블릿 실물. 이후 태블릿은 국과수 포렌식을 거친 뒤 법원에서 보관하다가, 대법원 확정 판결 이후로는 서울중앙지검이 보관하고 있다.

　청와대 뉴미디어팀의 내부 카톡은 청와대 내 기밀정보다. 이 정보가 JTBC로 새나갔다면 당연히 청와대는 기밀유출 경위를 조사해야 한다. 문제는 그 기밀유출 경위도 김한수 혹은 청와대 공범들이 조사했다는 것이다. 그들은 평소 업무지시에 불만을 품은 젊은 인턴 직원이 빼돌려 JTBC에 제보했다고 정리했다. 그러나 앞서 말한 대로, 화면의 선명도로 봤을때 캡처한 파일로 볼 수 없었다. 또한 청와대 인턴 직원이 실제 내부 정보를 빼돌렸다면, 민정수석실 차원에서 조사, 형사처벌까지 시켜야 했다. 하지만 당시 청와대는 김한수와 공범들의 일방적인 주장에 별다른 문제제기도 하지 않고 그냥 넘어간 것으로 파악된다.

당시 김한수와 함께 근무한 청와대 직원들은 해당 인턴 직원의 신원을 알고 있다. 지금이라도 인턴 직원을 조사한다면, 예기치 않은 곳으로 태블릿의 진실이 확인될 수 있다. 상식적으로 업무 지시에 불만이 있다고 해서 처벌의 위험을 감수하고 청와대 기밀자료를 언론사에 넘겨 인생을 망칠 젊은 직원이 있겠는가.

이것이 확인된다면, JTBC가 공개한 청와대 뉴미디어실 카톡방은 JTBC가 입수했다는 태블릿에서 나왔을 것이고, 그 태블릿은 2013년 필자가 목격한 김한수의 태블릿인 것으로 입증될 것이다.

2016년 12월 14일, 미디어워치의 김한수 인터뷰, 결정적 거짓말

김한수에 대해 태블릿 관련 의혹이 계속 제기되고, 국회 청문회에서도 증인으로 채택되자, 2016년 12월 14일 김한수는 필자에게 연락을 취해왔다. 그러면서 자연스럽게 전화 인터뷰를 하게 됐다.

문> (변희재) 2016년 10월 29일, 당신이 검찰에 조사받을 때 "이춘상 보좌관에게 주었다"고 진술한 것으로 보도되었다. 사실인가?

답> (김한수) 맞다. 이춘상 보좌관에 주었다고 진술했다.

문> 그럼 왜 2016년 11월 11일에 SBS 등 언론사들이 검찰발 보도로, "태블릿PC를 이춘상 보좌관에 주었다는 김한수 전 행정관의 말은 거짓말이다. 김한수 전 행정관은 2012년 6월 12일에 태블릿 개통을 했고 6월 23일에 최순실의 생일선물로 주었다"고 일제히 알렸나. 이건 어떻게 된 건가.

답> 나도 이해가 안 된다. 검찰에서 흘린 것 같지도 않다. 나는 특검에 가서 검찰에서 진술한 그대로 설명하겠다.

SBS는 김한수가 검찰 조사를 받은 이후인 2016년 11월 11일지로 기묘한 보도를 하나 내보냈다. 김한수는 태블릿을 이춘상 보좌관에 줬던 것이 아니라, 태블릿 개통을 하고서 바로 다음날 최서원에게 생일선물로 줬다는 것이다. 이 보도는 검찰에서 나름대로 다른 시나리오를 써서 방송사에 흘린 후에 아귀가 잘 맞지 않자, 그대로 폐기시킨 것으로 보인다.

문> 왜 이춘상 보좌관에게 주었나?

답> 당시 대선 준비로 다들 바쁠 때이고, 태블릿PC 정도는 필요하다고 생각해 회사인 마레이컴퍼니 명의로 구입해서 그대로 이춘상 보좌관에게 주었다.

문> 개통은 누가했나?

답> 마레이컴퍼니가 맞을 거다.

문> 그럼 이용요금도 마레이컴퍼니가 계속 냈을 것 아닌가?

답> 그걸 확인해보려 했는데 전화번호를 몰라 확인을 못했다.

하지만 김한수는 2012년 6월 태블릿 개통 시점부터, 2016년 12월 JTBC가 태블릿을 보도하던 그 순간까지 자신의 개인명의로 통신 요금을 납부하고 있었다. 이때부터 김한수는 요금납부 문제를 포함, 중요 사안에 대해 필자 등에게 거짓말을 하고 있었던 것이다.

> 문> 상식적으로 마레이컴퍼니 명의로 개통했으니 마레이컴퍼니가 요
> 금을 지불했을 것 아닌가? 그리고 이 모든 걸 다 검찰이 확인했을
> 것 아닌가.
> 답> 그건 모르겠다.

검찰은 이미 김한수를 소환 조사하면서 김한수 개인이 꾸준히 요금을 납부하고 있던 것을, 마치 마레이컴퍼니 법인에서 요금을 납부해온 것처럼 증거를 조작했고, 김한수에게 위증교사까지 했다. 김한수는 이를 뻔히 알고도 거짓말을 했던 셈이다.

> 문> 이춘상 보좌관이 태블릿PC를 받은 뒤 사용하는 걸 본 적 있는가?
> 답> 그 뒤로 본 적이 없다.
> 문> 검찰은 태블릿PC를 이춘상 보좌관은 물론, 정호성, 이재만, 안봉근
> 3인방이 함께 썼다는데 맞나?
> 답> 모르겠다.

검찰은 당시 청와대 인사들이 함께 쓴 태블릿이라는 말까지 슬쩍 흘리기도 했는데, 실제로 김한수, 김휘종 등이 썼을 증거가 워낙 많아서 검찰에서도 '최서원 것'이라기보다 '청와대 공용 태블릿'이라는 가정을 했던 것으로 보인다.

문> 이춘상 보좌관이 최순실(최서원)에게 태블릿PC를 주었나?

답> 당연히 모른다.

김한수는 검찰 수사 단계까지는 이춘상 보좌관에게 태블릿을 준 뒤에는 문제의 태블릿을 본 적이 없다고 진술했다가, 특검에 불려가서는 2012년 가을경에 이춘상 보좌관과 동행한 중식당 식사 자리에서 최서원이 그 태블릿을 가방에 넣는 것을 봤다고 말을 바꾸었다. 그러나 실제로는 그 시기에 태블릿은 요금 미납으로 이용정지 상태였고, 11월 대선기간이 되자 김한수는 이용정지된 태블릿을 다시 쓰기 위해 미납된 요금을 식섭 한 끼만에 납부한 것이 진실이었다. 당연히 태블릿은 김한수 본인이 사용 중이었다.

문> 최순실을 잘 아는가?

답> 언론에 보도된 대로, 최순실의 외조카 모씨와 친구 사이일 뿐이다.

문> JTBC는 최순실 태블릿PC에 김한수 행정관의 전화번호가 저장되어 있고, 카톡으로 연결되어있다며 친밀한 사이로 설명했다. 최순실과 전화통화나 카톡을 하는 사이인가?

답> 그런 관계 아니다.

이 역시 나중에 특검에 불려가서는, 2012년 대선 직후에 최서원이 자신에게 전화를 걸어와 "태블릿은 네가 만들어주었다면서?"라고 말했다며 또 말을 바꾸었다.

문> 그럼 최순실 PC에 김한수 행정관 전화번호가 어떻게 저장되었는가?

답> 잘 모르겠지만, 내가 이춘상 보좌관에 주었기 때문에, 이춘상 보좌관이 저장하지 않았을까 추측한다.

JTBC가 김한수의 카톡 계정이라고 보도한 닉네임 '한팀장'은 임태희 캠프의 공식 카톡으로 드러났고, 독일에서 최서원이 보낸 메시지를 받은 최서원 직원의 카톡 계정도 검찰의 발표와는 달리 실제로는 김한수가 2012년 당시에 쓰던 개인 휴대폰 번호와 연결되는 카톡 계정인 것으로 드러났다. 이처럼 태블릿에 저장된 김한수의 카톡 계정, 전화번호 등은 모두 김한수나 김한수와 관련된 인물이 태블릿을 썼다는 증거로 확인됐다.

문> 최순실과 카톡으로 연결되어있는가?
답> 잘 기억이 안 난다.

김한수는 법정 증언에서 최서원과 카톡으로 연결된 바 없다고 명확하게 진술했다. 실제 연결된 바가 없기 때문에, 연결되었다고 진술했다면 위증이 되었을 것이다.

태블릿 요금납부자, 실사용자 김한수로 밝혀져

태블릿 명예훼손 항소심 형사재판을 받던 중인 2020년 3월 24일, 필자는 국회에서 '태블릿 실사용자는 김한수 당시 청와대 뉴미디어 국장'이라는 내용으로 기자회견을 했다. 검찰이 은폐한 2012년의 수수께끼를 드디어 풀었던 것이다. 2012년 가을에 이용 정지된 태블릿의 밀린 요금을 납부하고, 이용 정지가 풀리자마자 직접 사용한 주인공은 바로 김한수였다. 김한수가 태블릿의 실사용자라는 결정적인 증거였다. 2016년 10월 24일, JTBC가 정체불명의 태블릿을 들고 나와 '비선실세' 최서원이 '국정농단'을 위해 사용한 태블릿이라고 전 국민을 속인 지 4년만이었다.

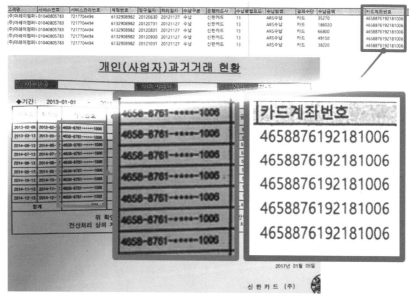

김한수가 요금미납으로 이용 정지된 태블릿을 다시 사용하고자, 2016년 11월 27일 자신의 개인카드(신한카드)로 연체 요금을 한꺼번에 납부한 사실이 SKT 사실조회로 밝혀졌다.

애초에 태블릿은 김한수가 개통자이기 때문에 김한수의 것으로 추정하는 게 상식이었다. 그러나 JTBC의 김한수 관련 보도 논조와 마찬가지로, 검찰과 특검도 태블릿을 수사하면서 철저히 김한수를 배제했다.

JTBC는 2016년 10월 26일에 자신들이 입수하여 보도한 '최순실 태블릿 PC'의 개통자가 현직 청와대 뉴미디어국 국장 김한수라고 보도했다. 최서원의 태블릿에 현직 청와대 행정관까지 연관돼 있으니 그녀는 비선 실세가 틀림없다는 논조였다. 이러한 논조는 '혹시 태블릿은 김한수가 사용한 것이 아닐까'하는 당연한 의혹을 조기에 차단하는 효과를 낳았다.

태블릿 조작의 주범은 검찰

JTBC로부터 바톤을 이어받아 이번에는 검찰이 김한수를 실사용자에서 배제하고 나섰는데, 그 근거는 태블릿 통신요금의 '2012년 법인카드 자동이체' 알리바이였다. 김한수는 2013년, 청와대에 합류하기 이전까지 대형 마트에 문구류를 납품하는 회사 마레이컴퍼니의 대표이사를 지냈다. 그는 청와대로 들어가면서 대표이사 자리를 직원 김성태에게 넘겼다.

검찰과 특검은 "마레이컴퍼니가 법인카드로 태블릿 요금을 자동이체 납부했기 때문에, 단순히 개통자일 뿐인 김한수는 요금 납부 내용을 모르고 지냈고, 태블릿PC는 죽은 이춘상 보좌관을 통해 최서원에게 전달됐다"는 알리바이를 지어냈다.

한마디로 "김한수는 개통자일 뿐 실사용자는 아니다"라는 것이다. 당시 필자는 이러한 알리바이에 의문을 제기한 죄로 언론인 최초로 사전 구속되어 1년간 구속재판을 받아야 했다.

그러나 태블릿 조작설을 퍼뜨려 JTBC의 명예를 훼손했다며 필자와 미디어워치 기자들을 기소한 태블릿 형사재판에서 거꾸로 검찰과 특검, 김한수의 거짓말은 덜미를 잡히고 말았다. 검찰 측 서류를 보니 김한수를 실사용자에서 배제한 법인카드 자동이체 알리바이의 근거라는 것이 단지 김한수의 진술과 SKT 신규계약서뿐이었다.

미디어워치는 태블릿 명예훼손 형사재판 항소심에서, 계약서에 요금납부자로 기재된 마레이컴퍼니 법인카드 운용사 하나카드(구 외환카드)에 사실조회를 신청했고, 하나카드의 답변은 예상대로였다. 마레이컴퍼니의 법인카드에서는 요금이 단 1원도 납부된 적이 없었다. 결국 SKT에 대한 추가적인 사실조회를 통해 태블릿 요금은 처음부터 끝까지 김한수의 개인 신용카드로 납부된 사실이 밝혀졌다. 태블릿 조작 사건은 단순히 언론사의 조작 보도 차원이 아니었다. 조작의 주범은 검찰이었다.

2012년 11월 27일, 태블릿 이용정지를 해제한 김한수

태블릿은 2012년 6월 22일 개통한 뒤, 한 번도 요금이 납부되지 않아 같은 해 9월부터 이용 정지가 되었다. 연체 3개월로 이용 정지된 후에도 태블릿은 80여일 더 방치됐다.

그러다가 2012년 11월 27일 오후 1시경, 이용 정지가 해제됐다. 이용 정지를 직접 해제한 사람은 다름 아닌 김한수였다. 그는 이날 태블릿의 전원을 켜고 이용 정지된 것을 확인하고는 ARS를 통해 밀린 요금 375,460원을 자신의 개인 신용카드로 일시불로 납부했다. 태블릿의 요금을 ARS로 납부하기 위해선 가입자 본인이어야 할 뿐만 아니라 가입 전화번호 등 기본 정보를 알고 있어야 한다. 태블릿을 구입하자마자 고 이춘상 보좌관에게 넘겨줘 자신은 번호조차 모른다던 김한수와 검찰, 특검의 주장은 이로써 명백한 거짓이 되고 만 것이다.

2012년 11월 27일 대선 유세 첫날, 홍보담당자 김한수의 태블릿 사용기록

시간	기록
오후 1:00경	이용정지된 채 방치된 태블릿을 3달 만에 다시 켬
1:00~1:11경	개인 신용카드로 연체요금 37만 5,460원 ARS 납부
1:11:11	태블릿으로 "정지가 해제되었습니다" 문자메시지 수신
1:13:42	태블릿으로 '1일차 대전역 유세.hwp' 문서 다운로드
1:15:23	태블릿으로 '한글뷰어' 앱 설치
1:15:50	태블릿으로 '1일차 대전역 유세.hwp' 문서 열람
1:45:23	태블릿으로 포털사이트 '다음'에 로그인 후 이메일 확인
3:27:05	동아닷컴 뉴스검색 <박근혜 눈 속속에서만 …… 눈 대변유출추>
3:27:33	한겨레 뉴스검색 <박근혜 "가계부채 우선해결"…70분동안 준비된 답변>
3:28:54	블로그검색 <박근혜 "대통령직 사퇴한다" 운명의 예고인가>
3:29:16	블로그검색 <역사상 최초 '찾아가는 법정' 전남고흥에서 오늘>
4:19:00	자신의 딸 사진1 캐시에 저장됨
4:19:12	자신의 딸 사진2 캐시에 저장됨
4:19:12	자신의 딸 사진3 캐시에 저장됨

김한수가 밀린 요금을 납부하자 SKT는 오후 1시 11분 11초에 '이용 정지가 해제되었다'는 문자 메시지를 태블릿으로 보냈다. 김한수는 문자 메시지 수신 2분만인 오후 1시 13분 42초에 '1일차 대전역 유세.hwp' 파일을 다운로드한다. 오후 1시 15분 23초에는 한글뷰어 앱을 설치했고, 오후 1시 15분 50초에 '1일차 대전역 유세.hwp' 파일을 한글 뷰어 앱으로 열람했다. 오후 1시 45분 48초에는 포털사이트 다음에 로그인한 후 이메일을 확인한 기록 등이 남아 있다.

참고로 김한수와 최서원은 한 번도 카톡이나 SNS를 통해 연락을 주고 받은 적이 없다. 김한수의 일방적 주장으로도 최서원과 처음 전화통화를 한 건 이춘상 보좌관이 사망한 2012년 12월이 되어서였다. 즉, 김한수가 2012년 11월에 태블릿을 켠 뒤 밀린 요금을 완납하고 이용 정지가 풀리자마자 2분 만에 태블릿을 사용했다는 것은, 당시 김한수의 손에 태블릿이 있었다는 의미다. 연락한 적도 없는 최서원에게 태블릿이 있었다면 불가능한 행적이다.

2012년 11월 27일은 제18대 대선 박근혜 후보의 공식 유세 첫 날이었다. 대선 캠프에서 SNS 홍보 팀장이던 김한수가, 그동안 방치하던 태블릿을 다시 꺼내 밀린 요금을 낸 뒤, 곧바로 유세 첫날 업무에 사용했다는 명확한 증거다. 박근혜 당시 대통령 후보는 이날 대전역 유세로 첫 선거 일정을 시작했다. 김한수가 태블릿으로 '1일차 대전역 유세.hwp'를 다운로드한 게 우연이 아니었던 것이다.

홍보팀장인 김한수는 이날 뉴스 검색과 동향을 파악하는 데에도 태블릿을 사용했다. 김한수는 오후 1시 45분 23초에는 태블릿으로 포털 사이트 다음에 로그인해 이메일을 확인했다. 오후 3시부터는 후보자와 관련된 뉴스와 블로그를 검색했다. 김한수는 오후 3시 27분 5초 동아닷컴의 뉴스 <'박근혜 눈 촉촉해지면…' TV토론 대본 유출?> 기사를 검색했다. 이외에도 1분 간격으로 뉴스와 블로그를 4건 더 검색했다.

이날 오후 4시 19분에는 최서원의 태블릿이라면 절대 나올 수 없는 김한수의 딸 사진 3장이 카톡 캐시에 저장됐다. 검찰은 훗날 태블릿에서 방대한 양의 카톡 흔적을 지웠지만, 김한수가 딸 사진을 카톡 프로필로 사용했던 캐시 기록은 미처 지우지 못했던 것 같다.

검찰과 김한수의 알리바이 모두 무너져

이는 그동안의 JTBC 보도와 검찰·특검의 수사 결과, 박근혜 대통령 재판 1심 판결, 태블릿 명예훼손 형사재판 1심 판결을 모두 뒤집는 사실관계였다. 태블릿은 개통 직후인 2012년 6월부터 '최서원이 실사용자'라는 것이 지금까지 법원에서 인정됐던 주장이었다.

JTBC와 검찰, 특검은 ▶최서원 셀카 사진(2012.6.25) ▶독일 영사콜 문자 메시지 수신(2012.7.15) ▶이병헌(김한수의 고교 동창)에게 보낸 '서둘러서 월, 화에 해라' 카톡 메시지(2012.7.15) ▶김한수에게 보낸 '하이'라는 카톡 메시지(2012.8.3) ▶제주 서귀포 위치정보(2012.8.14) 등을 최서원이 사용한 근거로 제시했다. 모두 2012년도 기록이다.

이를 토대로 2014년 4월까지 2년 가까운 기간 태블릿을 실제 사용한 사람은 최서원이고, 이 기간 태블릿에 저장된 모든 대선 캠프 문서와 청와대 문서, 대통령 연설문 등은 최서원이 미리 건네받은 문건으로 간주됐다. 태블릿에 다운로드된 드레스덴 연설문을 최서원이 직접 수정했다는 주장도 인정됐다. 이러한 정황들을 근거로 마치 태블릿이 청와대를 조종하는 리모컨처럼 그려졌고, 최서원은 '국정농단'을 했다는 것이 JTBC와 검찰의 논리였다.

하지만 최서원이 태블릿을 사용했다는 기간(2012년 6월~2014년 4월)에 해당하는 2012년 11월 27일, 김한수가 직접 이용 정지를 해제하고 태블릿을 사용한 기록까지 확인되면서, JTBC와 검찰이 주장했던 논리와 근거는 모래성처럼 무너지고 말았다.

김한수가 2017년 9월 29일, 박 대통령 1심 재판에서 했던 증언들도 위증(僞證)으로 결론이 났다. 당시 김한수는 "태블릿PC를 이춘상 보좌관에게 전달한 이후에는 태블릿PC 자체를 아예 인지하지 못하고 선거 기간에 너무 정신이 없었기 때문에 그와 관련된 생각(요금 납부)을 다시 해 본 적이 없다"고 주장했다. 또 "개통 이후로 (태블릿을) 만져본 적도 없고, 사용한 사실도 없다"며 "태블릿PC가 어떻게 사용되었는지 아는 바가 전혀 없다"고도 증언했다.

김한수가 "2012년 가을경 서울 압구정동 중식당에서 최서원이 흰색 태블릿PC를 가방에 넣는 것을 본 사실이 있다"고 증언한 것도 사실상 위증이다. 2012년 가을에 태블릿은 이용 정지(9월 10일~11월 27일) 상태였기 때문에 인터넷도, 문자도, 전화도 되지 않는 태블릿을 최서원이 집밖에서도 끼고 다니며 사용했다는 말은 거짓말이 된다.

김한수, 검찰과 특검이 불러준 대로 위증

이처럼 명백한 거짓으로 드러난 '마레이컴퍼니 자동이체 요금 납부' 알리바이는 2016년 10월 29일, 김한수의 제1회 검찰 진술조서에 처음 등장한다.

이날 서울중앙지검 김용제 검사는 김한수 청와대 행정관을 '최순실 국정농단 사건' 관련 참고인으로 처음 불렀다. 조사는 오후 1시 55분부터 시작해 오후 9시 15분에 조서 열람이 끝났다. 조서 열람에는 25분(오후 8시 50분~9시 15분) 밖에 걸리지 않았으므로 순수한 질의응답에만 7시간 가까이 걸렸다는 의미다.

오랜 조사 시간에 비해 진술조서는 단출하다. 조서는 총 19장이지만 검찰과 진술인의 서명 페이지와 수사 과정 확인서를 제외하면 진술 내용에 해당하는 건 17장이 전부다. 태블릿 요금과 관련된 이날 검찰과 김한수의 문답을 보면, 당시까지 김한수는 태블릿 요금 납부에 관해서는 전혀 모른다는 데 초점이 맞춰져 있었다.

김 검사는 "해당 태블릿PC는 선거가 끝난 후에도 최근까지 계속 개통상태였고 주식회사 마레이컴퍼니에서는 진술인이 퇴사한 후에도 계속 요금을 부담하였던 것으로 보인다"며 "그 경위가 어떻게 된 것이냐"고 물었다.

마레이컴퍼니가 계속 요금을 지불하고 있다는 것을 이미 검찰에서 확인했다는 뉘앙스다. 김한수는 "지노 꺼멍게 엇고 잇어서 선히 몰랏슴니다" 라며 "제가 회사를 퇴사한 후에도 회사에서 제게 해지 요청을 한 사실도 없었습니다"라고 대답했다.

이어 검사는 "마레이컴퍼니는 어떻게 운영되고 있나요?"라고 묻는다. 마레이컴퍼니가 요금을 계속 납부하고 있다는 걸 몰랐다는 김한수의 대답을 얻었으니 김한수와 마레이컴퍼니의 관계를 파악하기 위해 추가 질문을 던진 것이다.

김한수는 한마디로 '전 아무것도 몰랐어요'라는 취지로 대답한다.

저는 계속 문구류 납품업을 하고 있는 것으로 알고만 있습니다. 방송에 태블릿PC 문제가 나가기 전에 제가 그 사실을 알게 되었는데 현재 대표인 김성태에게 전화로 '태블릿을 언제 해지한 것이냐. 통신사에 확인을 해달라' 라고 요청한 적이 있는데 김성태가 확인 후 하는 말이 통신사에 알아보았더니 '전화번호를 말해야 알려줄 수 있다는데 전화번호를 알 수 없어 확인이 어렵다'고 하였습니다. 저도 그 태블릿PC 전화번호를 모르는 상태라 결국 확인할 수 없었습니다.

근무하였습니다.

문   이춘상 보좌관이 진술인이 만들어준 태블릿을 사용하는 것을 본 적 있나요

답   저는 보지 못하였습니다.

문   해당 태블릿PC는 선거가 끝난 후에도 최근까지 계속 개통 상태였고, 마레이
컴퍼니㈜에서는 진술인이 퇴사한 후에도 계속 요금을 부담하였던 것으로
보이는데, 그 경위가 어떻게 되나요

답   저도 까맣게 잊고 있어서 전혀 몰랐습니다. 제가 회사를 퇴사한 후에도 회사에서
제게 해지 요청을 한 사실도 없었습니다.

문   현재 마레이컴퍼니㈜는 어떻게 운영되고 있나요

답   저는 계속 문구류 납품업을 하고 있는 것으로 알고만 있습니다. 방송에 태블릿
PC 문제가 나가기 전에 제가 그 사실을 알게 되어 현재 대표인 김성태에게
전화로 '태블릿을 언제 해지한 것이냐, 통신사에 확인을 해달라'라고 요청한
적이 있는데, 김성태가 확인 후 하는 말이 통신 사에 알아보았더니 '전화
번호를 말해야 알려 줄 수 있다는데 전화번호를 알 수 없어 확인이 어렵
다'고 하였습니다. 저도 그 태블릿PC 전화번호를 모르는 상태라 결국 확인
할 수 없었습니다.

문   김성태는 왜 진술인이 퇴사한 후에도 계속 통신요금을 부담하고 있었다고
하던가요

답   제가 그런 질문은 하지 않았고, 김성태도 저에게 그에 대해서는 이야기하지
않았습니다.

문   김성태는 진술인과 어떤 관계인가요

(진술조서 제1회)   - 12 -

1429

서울중앙지검 김용제 검사는 검찰 조사 당시까지도 마레이컴퍼니가 요금을 계속 내고 있는 걸
확인했다는 뉘앙스로 허위의 내용으로 질문하고, 이에 김한수도 적당히 호응하듯이 답변했음을
알 수 있다.

김용제 검사는 다시 한번 김한수는 태블릿 요금과 관련이 없다고 강조하려는 듯 "김성태는 왜 진술인이 퇴사한 후에도 계속 통신요금을 부담하고 있었다고 하던가요?"라고 질문했다. 이에 김한수는 "제가 (김성태에게) 그런 질문은 하지 않았고, 김성태도 저에게 그에 대해서는 이야기하지 않았습니다"라고 답한다.

태블릿 요금은 마레이컴퍼니가 납부했으며, 김한수가 퇴사한 이후에도 계속 납부한 것으로 못을 박는 내용이다. 김한수의 1차 진술서는 이처럼 잘 짜인 각본과 같았다. 다시 강조하지만 실제로는 태블릿 개통부터, JTBC 보도 때까지 모든 통신 요금은 김한수가 개인카드로 납부했다.

검찰의 조작, 특검이 마무리

태블릿 요금은 마레이컴퍼니가 내는 바람에 자신은 전혀 몰랐다는 김한수의 입장은 두 달 여 뒤인 2017년 1월 4일, 특검 조사에서도 유지된다. 다만, 특검과 김한수는 마레이컴퍼니의 요금 납부 기간을 2013년 1월 31일까지로 한정했다. 마레이컴퍼니가 요금을 냈다는 증빙 자료는 실제로는 존재하지 않기 때문에, 개통 이후부터 국정농단 사건 때까지 꽤 오랜 기간 마레이컴퍼니가 요금을 납부하고 있었다는 허위사실을 끌고 가기는 어려웠을 것이다. 반면 김한수가 개인카드로 요금을 낸 내역은 실제 존재하는 자료이기 때문에, 이 자료를 통째로 무시할 수는 없었다. 이에 태블릿 요금은 2013년 1월까지는 마레이컴퍼니가 냈고, 그 이후에는 김한수가 냈다는, 좀더 정교하게 다듬어진 알리바이가 특검에서 완성됐다.

특검 김종우 검사는 2017년 1월 4일 김한수에 대한 두 번째 조사에서 태블릿의 SKT 이동통신 신규계약서를 꺼내 보이며 "진술인이 작성한 것이냐"고 물었다. 김한수는 "제가 작성한 문서가 맞습니다"라고 대답했다.

이어 김 검사는 "검찰에서 확인한 바에 따르면, 위 태블릿PC의 사용 요금은 2013년 1월 31일까지는 마레이컴퍼니에서 지급하다가 그 이후부터는 진술인의 개인명의 신한카드로 결제된 것으로 확인되었는데 어떠한가요"라고 물었다. 검찰이 이미 수사를 통해 그러한 내용을 다 확인했으니, 맞는지만 대답하라는 의미였다. 김한수는 "네. 맞습니다"라며 "요금 납부 부분은 제가 잊고 있었는데 (2013년 2월부터는) 제가 태블릿PC 요금을 저의 개인명의 신용카드로 납부하였습니다"라고 대답했다. 실제 이때 김한수는 자기 휴대전화로 신한카드 콜센터에 전화해 카드사용 내역까지 확인했다고 피의자 신문조서에 적혀있다.

김 검사는 또한 "태블릿PC의 개통시부터 2013년 1월 31일까지 사용 요금은 진술인이 운영하던 법인인 주식회사 마레이컴퍼니에서 지급하였고, 2013년 2월경부터 2016년 12월까지 사용 요금은 진술인 개인이 지급하게 된 이유는 무엇인가요"라고 물었다. 역시 검찰이 수사를 통해 확인한 내용인 것처럼 묻는다. 김한수는 "2013년 2월경부터 청와대 행정관으로 근무하게 되었기 때문에 2013년 1월경에 마레이컴퍼니에서 퇴사하였고, 그 과정에서 저의 필요에 의해 개통한 태블릿PC의 사용료 납부자를 변경하게 된 것입니다"라고 대답했다.

훗날 김한수는 박근혜 대통령 재판에 증인으로 출석한 자리에서도 이날 특검에서 진술한 내용들을 앵무새처럼 똑같이 반복했다.

분석한 바에 따르면, 위 태블릿 PC는 개통한 직후부터 최순실이 사용한 것으로 확인되는데, 진술인은 위 태블릿 PC를 최순실이 사용한 사실을 알고 있지 않나요

답   (이때 진술인 묵묵부답하다)

문   검찰에서 확인한 바에 따르면, 위 태블릿 PC의 사용요금은 2013. 1. 31.

까지는 마레이컴퍼니에서 지급하다가 그 이후부터는 진술인의 개인명의 신한카드로 결제된 것으로 확인되었는데 어떠한가요.

이때, 진술인은 진술인의 휴대전화로 신한카드 콜센터(1544-7000)에 전화하여 카드사용 내역을 확인한 다음,

답   네, 맞습니다. 요금 납부 부분은 제가 잊고 있었는데 제가 태블릿PC 요금을 저의 개인명의 신용카드(신한카드 ▓▓▓▓▓▓▓▓▓▓▓▓▓로 납부하였습니다.

2017년 1월 4일, 김한수 2차 진술조서. 특검 김종우 검사는 "검찰에서 확인한 바에 따르면"이라고 전제하면서, "태블릿 통신 요금은 2013년 1월 31일까지 마레이컴퍼니에서 지급하다가 그 이후부터는 진술인(김한수)의 개인명의 신한카드로 결제된 것으로 확인됐다"고 말한다. 김한수도 "네, 맞습니다"라고 맞장구를 친다.

(진술조서)
8-08-06 15:18:12 s710031   1169   91   8613   - 5 -

레이컴퍼니에서 지급하던 태블릿PC의 사용료를 개인 신용카드로 지급하

게 된 이유는 무엇인가요

답 2013. 2.경부터 청와대 행정관으로 근무하게 되었기 때문에, 2013. 1.경에

마레이컴퍼니에서 퇴사하였고, 그 과정에서 저의 필요에 의해 개통한 태

블릿PC의 사용료 납부자를 변경하게 된 것입니다.

2017년 1월 4일, 김한수 2차 진술조서. 김종우 검사는 태블릿 요금이 2013년 1월까지 마레이컴퍼니 법인카드로 납부됐다는 거짓 알리바이를 확정짓는다.

특검, 재판에서도 김한수에 위증 유도

김한수는 2017년 9월 29일, 박근혜 대통령 재판(2017고합184, 2017고합 364 병합)에 증인으로 출석했다. 당시 언론은 태블릿 개통자로 알려진 김한수의 증인 출석에 크게 주목했다. 변호인단에서도 도태우 변호사가 질문지 작성에 상당한 공을 들였다. 다만 법정에서 유영하 변호사의 저지로 도 변호사는 준비한 질문을 대거 건너뛰어야 했다.

이날 김한수는 태블릿 관련 질문에 "아는 바가 전혀 없다", "사용한 사실

이 전혀 없다", "태블릿 자체에 대한 부분을 아예 인지하지 못했다", "그와 관련된 생각을 다시 해본 적이 없다", "개통 이후로 만져본 적도 없다" 등의 위증을 했다. 2012년 자신이 요금을 납부한 사실과, 대선 캠프에서 사용한 사실을 숨기고, 거짓말을 늘어놓은 것이다.

특검은 2012년 6월부터 2013년 1월까지 태블릿 통신 요금은 마레이컴퍼니에서 지급한 것이 맞냐고 유도성 질문을 했다. 특검에서 김한수가 진술한 내용을 법정에서도 똑같이 증언하도록, 다시 말해 위증을 유도한 것이다. 실제 해당 기간에는 김한수가 개인카드로 요금을 납부하고 있었다. 하지만 특검의 질문에 김한수는 "그렇다"고 인정했다. 사전에 위증을 공모했을 가능성이 의심되는 대목이다.

특검은 이러한 김한수의 진술과 증언을, 박 대통령과 정호성의 공무상 비밀 누설죄의 증거로 적극 활용했다. 김한수는 태블릿의 개통자일 뿐, 2012년 요금은 마레이컴퍼니 법인카드에서 자동이체로 납부됐고, 따라서 김한수가 2012년 6월 개통하자마자 이춘상에게 전달한 이후 태블릿은 최서원이 사용한 것이 맞다는 거짓 알리바이를 법정 증인신문으로 공식화한 것이다. 김한수는 위증의 죄를 받겠다는 '증인 선서'를 하고도 법정에서 태연히 특검과 거짓말을 주고받았다.

문	증인은 2012. 6.경 태블릿PC를 개통하고 여의도 대하빌딩에 있는 박근혜 대통령 후보
	경선 캠프 사무실에서 이춘상 보좌관에게 위 태블릿PC를 전달한 사실이 있지요.
답	예.
문	위 태블릿PC를 개통한 2012. 6.경부터 2013. 1. 31.까지의 사용요금은 증인이 운영하던
	법인인 마레이컴퍼니㈜에서 지급하였지요.
답	그렇게 확인했습니다.
문	그 이후인 2013. 2.경부터 2016. 12.까지의 사용요금은 증인 개인 명의의 신용카드로
	지급하였지요.
답	예.
문	증인은 2013. 2.경부터 청와대 행정관으로 근무하게 된 것이지요.
답	예.
문	그래서 2013. 1.경 마레이컴퍼니㈜를 퇴사하였고, 이에 따라 위 태블릿PC의 사용요금
	납부자를 마레이컴퍼니㈜에서 증인 개인으로 변경하게 된 것이지요.
답	예, 그렇게 추후 확인했습니다.

2017년 9월 29일, 박근혜 대통령 1심 재판에 출석한 김한수의 법정증언. 특검팀에 파견된 강상묵 검사가 2012년 6월부터 2013년 1월 사이 태블릿 요금을 마레이컴퍼니에서 납부한 것이 맞냐는 허위의 내용으로 질문하고, 김한수는 "그렇게 확인했다"고 답을 한다. 위증이다.

김한수의 위증, 판결문에 그대로 인용

이날 증인신문에서 김한수는 ▶최서원이 2012년 가을 이춘상 보좌관과 만난 자리에서 흰색 태블릿을 자신의 가방에 넣는 모습을 봤다거나 ▶2013년 초에는 최서원이 자신에게 전화를 걸어와 "태블릿PC는 네가 만들어 주었다며?"라고 물었다는 증언도 했다. 역시 특검에서 진술한 내용을 법정에서 공언한 것이다.

당시 이러한 김한수의 증언은 검증이 전혀 불가능했다. 사망한 이춘상 보좌관에게 진실을 물어볼 수도 없고, 마녀로 몰린 최서원의 항변은 전혀 고려 대상이 되지 못했다.

JTBC는 이날 김한수의 법정 출입 장면을 언론사 중 유일하게 촬영해 보도했다. 모든 언론은 김한수의 법정 증언으로 태블릿 사용자가 최서원으로 확정됐다고 일제히 보도했다. 2017년 10월 9일자 JTBC 보도 <최순실 측근들이 말한 '태블릿 사용자'…법정 증언들>이 대표적이다.

법원은 김한수의 위증을 핵심 근거로 태블릿을 최서원의 것으로 판단하고, 박 대통령에게 유죄를 선고했다. 김한수의 일방적인 진술만으로 최서원의 태블릿이라고 판단한 김세윤 판사의 판결문은 훗날 두고두고 태블릿 조작 의혹에 새살을 붙이는 핵심 근거로 작용했다.

최서원이 태블릿을 가방에 넣는 모습을 봤다는 김한수의 주장을 대한민국 법원이 그대로 인정한다면, 2013년 박근혜 정권 초기부터 김한수가 똑같은 하얀색 태블릿을 들고 다니며 청와대 업무를 봤다는 필자의 주장은 무슨 근거로 무시하는 건가.

검찰이 2018년 5월, 태블릿 조작설을 제기해 온 필자를 구속 기소할 때도 김세윤의 판결문은 핵심 근거였다. 같은 해 12월, 태블릿 명예훼손 형사재판 1심에서 재판부가 필자와 미디어워치 기자들에게 유죄를 선고할 때도 김세윤의 판결문이 핵심 근거였다. 1심의 박주영 판사는, 실사용자가 누구인지 과학적으로 포렌식 검증을 해서 정말 최서원의 것이 맞다면 어떠한 중벌도 달게 받겠다는 미디어워치 측의 요구를 번번이 기각했다. 그리고는 김세윤의 판결문을 근거로 태블릿은 최서원의 것인데도 미디어워치 기자들이 허위 사실로 JTBC의 명예를 훼손했다는 것이 박주영 판결문의 골자였다. 후일 검찰은 "공소장과 판결문이 똑같다"며 박주영 판결문에 100점 만점을 주기도 했다.

애초에 김한수의 거짓말이 없었다면 헌법재판소의 박근혜 대통령의 탄핵, 법원의 박 대통령 구속, 그로 인한 종북 주사파 정권의 탄생, 언론인인 필자의 구속 등은 모두 불가능했을 것이다.

은폐한 2012년 태블릿 통신요금 납부 내역서

특검은 박근혜 대통령 재판에 태블릿 관련 증거를 제출하면서, 김한수의 진술이 거짓말이라는 것을 입증할 수 있는 '2012년 요금 납부 내역서'를 은폐했다. 2012년의 요금 납부 내역을 뺀 '2013~2016년 요금 납부 내역서'만 법원에 증거로 제출한 것이다. 김한수가 요금을 낸 기록이 남아 있는 2012년 요금 납부 내역서를 은폐, 완전 범죄를 노렸다고 할 수 있다.

차. 공무상비밀누설죄에 관한 주장에 대하여(판시 범죄사실 제9항)

1) 이 사건 태블릿PC에서 발견된 문건에 관하여 공무상비밀누설죄가 성립되지 않는다는 주장에 대하여

앞서 유죄의 증거로 거시한 증거들에 의하여 인정되는 다음과 같은 사정들, 즉 ① 이 사건 태블릿PC를 처음 개통한 김△수는 이 법정에서 "2012. 6.경 박○혜 대통령 후보의 선거캠프에서 함께 일하던 이△상 보좌관의 요청에 따라 위 태블릿PC를 개통한 후 이△상에게 이를 전달하였고, 그 이후인 2012년 가을경 이△상이 최○원을 만나는 자리에 이△상을 수행하여 함께 갔는데, 그 자리에서 최○원이 위 태블릿PC와 같은 색상인 흰색 태블릿PC를 가방에 넣는 것을 본 사실이 있다.", "2013. 1. 초순경 최○원이 전화하여 대통령직 인수위원회에서 일할 것을 권유하면서 '그런데 태블릿PC는 네가 만들어 주었다면서?'라고 이야기하였고.", "최○원의 권유에 따라 대통령직 인수위원회에서 일하기로 마음먹고 운영하던 회사(마○○컴퍼니 주식회사)를 정리하면서 위 태블릿을 최○원에게 위 태블릿PC를 사용하게 하였다면 얼마 되지 않는 요금 정도는 매월 납부해도 될 것 같아서 납부자를 변경했던 것'이다."라고 진술한 점, ② 정○성은 수사기관에서부터 이 법정에 이르기까지 일관되게 '별지 범죄일람표 4 순번 1, 35, 38 기재 각 문건을 비롯하여 이 사건 태블릿PC에서 발견된 인사 관련 문건, 연설문, 말씀자료 등을 최○원과 공유하던 이메일을 통해 최○원에게 전달한 사실이 있다'고 진술한 점 ③ 최○원으로서는 위 태블릿PC를 자신이 사용하는 등으로 위 태블릿PC가 자신과 관련 있는 물건이기 때문에 김△수에게 '이 사건 태블릿PC는 네가 만들어 주었다면서?'라고 이야기하였다고 봄이 일반 경험칙에 부합하는 점 등을 종합하면, 적어도 이 사건 태블릿PC에서 발견된 문건을 정○성이 최○원에게 전달한 기간 동안에는 위 태블릿PC를 최○원이 사용한 것으로 봄이 타당하고, 별지 범죄일람표 4 순번 1, 35, 38 기재 각 문건 또한 정○성이 최○원에게 전달한 것으로 볼 수 있으므로, 피고인과 변호인의 이 부분 주장은 받아들이지 아니한다.

박근혜 대통령 공무상비밀누설죄(태블릿 관련) 유죄 판결 사유(2017고합 364-1)는 위 내용이 전부다. (1) 이 부분은 고인이 된 이춘상 전 보좌관을 끌어들인 것으로 진위 확인이 불가능한 부분이다. (2) 당사자인 최서원이 일관되게 부정하고 있고, 객관적 입증 없이 사실로 인정된 부분이다. (3) 핵심 쟁점인 요금 납부와 관련된 내용으로, 필자의 태블릿 재판 항소심에서 모두 허위사실임이 밝혀졌다. (4) 정호성의 문건 다운로드 이메일과 관계된 것으로, 문제의 태블릿이 최서원의 것인지 여부와는 무관한 부분이다. 문건 다운로드에 활용된 이메일은 최서원이 혼자 사용한 계정이 아니라 청와대 직원 여러 명이 공용으로 사용하던 것으로, 태블릿에서 발견된 문건은 태블릿 사용자가 이메일 계정을 공유한 여러 사람 중 한 명이라는 사실까지만 증명할 뿐, 최서원이 태블릿을 썼다는 근거가 되지 못한다. 참고로, 정호성은 최서원이 태블릿을 쓰는 것을 본 적이 없다고 법정에서 공식 증언한 바 있다.

법원이 태블릿을 최서원의 것으로 판단한 근거는 '김한수의 진술조서'와 이 진술조서에 첨부된 'SKT 신규계약서', '김한수의 법정 위증', 그리고 '2013~2016년 태블릿 요금 납부 내역서'였다. 특검은 김한수가 2012년에도 태블릿 요금을 납부했던 내역에 대해서 분명히 알고 있었다. 2012년부터 2016년까지 사용된 태블릿의 요금 납부 전체 내역서를 뽑아보면서, 굳이 2012년 요금 납부 내역만 제외하고 뽑아볼 이유는 없기 때문이다. 특검은 위증교사도 모자라 증거까지 인멸하고 조작한 것이다.

1. 통신가입자조회 결과 1부(순번 38), 마○○컴퍼니(주) 등기부등본 및 건물 등기부 등본 각 1부(순번 39), 최○실 개인별 출입국 현황 1부(순번 64), 최○실 딸 정○라 주민등록등본(순번 71), 정○성 제1부속실장 가족관계증명서(순번 72), 정○성-최○실 문자메시지 송수신내역(IM-A800S) 1부(순번 369), 태블릿PC 서비스 신규계약서(순번 718), 태블릿PC 촬영 사진 3장(순번 719), 개인사업자 과거 거래현황(2013. 2. - 2016. 12.) 2부(순번 721), 2016. 10. 25.자 조선일보 기사 「박○혜 대통령 대국민 사과 전문」(순번 774)

박근혜 대통령 1심 판결문에 기재된 증거목록. 태블릿 신규계약서(순번 718)와 김한수의 요금납부 내역이 담긴 개인사업자 과거 거래현황(순번 721)이 증거로 제출됐다. 하지만 검찰은 2013년 2월부터 2016년 12월까지 요금납부 내역만 제출했다. 김한수가 2012년 요금까지 전부 납부한 사실을 증거제출 단계부터 숨긴 것이다.

상황이 이렇게 되자 태블릿 이동통신 신규계약서까지도 진위를 검증해봐야 하는 지경에 이르렀다. 특검은 김한수 진술조서 말미에 고객보관용 SKT 신규계약서를 첫 장만 첨부했다. 그마저도 팩스로 전달받아 인쇄 상태가 매우 조악했다. 또한 가입사실연락처와 신규전화번호 등은 보이지 않도록 검게 칠해져 있었다.

태블릿 재판 항소심에서 미디어워치 측 변호인 이동환 변호사는 SKT 서버에 저장된 계약서 원본 전체를 요구하는 사실조회신청서를 제출했다. 한 달 이상 뜸을 들이던 SKT는 2020년 4월 1일 '태블릿 신규계약서'와 '요금 납부 이력'을 재판부에 제출했다. 법원도 시간을 끌어, 4월 29일에야 SKT가 제출한 계약서가 공개됐다.

SKT가 제출한 태블릿 계약서는 기존 검찰의 태블릿 계약시와 완전히 같았다. 조악했던 프린트 품질이 깨끗해진 차이만 있을 뿐이었다. 또 검찰의 계약서는 첫 쪽만 있었는데, SKT가 제출한 계약서는 총 8쪽이었고, 첨부된 서류도 있었다. 미디어워치는 즉시 검증에 들어갔다. 그 결과 계약서 8쪽 안에는 위조 증거가 무더기로 담겨 있었다는 사실이 확인됐다.

한 계약서에 서로 다른 두 개의 사인

SKT가 제출한 태블릿 신규계약서는 총 8쪽이었고, 여기에 구비서류가 첨부돼 있었다. 계약서 1쪽에는 가입자 정보와 기기정보, 할부요금, 요금 납부방법 등이 종합적으로 기재돼 있었다. 특검이 박 대통령 재판에 증거로 제출한 계약서 첫 쪽과 같은 내용이었다. 2쪽부터는 '개인정보 등 수집 동의서(2쪽)', '단말기할부매매 계약서(3쪽)', 'SK플래닛 등 이용 동의서(4쪽)', 'OOO위임장(5쪽)', '약관(6~8쪽)'으로 이어졌다.

분석해보니 가장 눈에 띄는 건 계약서 1, 3쪽의 서명·사인과 2, 4, 5쪽의 서명·사인이 다르다는 점이었다. 하나의 계약서에 서로 다른 서명·사인이 공존하는 것이다. 먼저 서명(김한수)을 보면, 1, 3쪽에 기재된 '수'자의

'ㅜ'는 1획인데 2, 4, 5쪽의 'ㅜ'는 2획이다. 또 'ㅅ'도 전자는 오른쪽 사선이 왼쪽 사선의 중간 이하에서 시작되는데 후자는 꼭대기에서 시작한다. 사인은 그 모양이 완전히 달랐다. 1, 3쪽의 사인은 간단한 물결 모양인데 반해, 2, 4, 5쪽의 사인은 세로선과 가로선이 교차하며 점도 붙어 있었다.

이 계약서를 살펴본 현직 휴대전화 판매업자는 "이해할 수 없다"고 말했다. 그는 "규정 위반이긴 하지만 대리점 직원이 가입신청자의 서명과 사인을 대필하는 경우가 있긴 한데, 이런 경우에는 1~8쪽 전부를 다 하게 된다"며 "2, 4, 5쪽만 서명과 사인이 다르다는 건 정말 이상하다"고 설명했다.

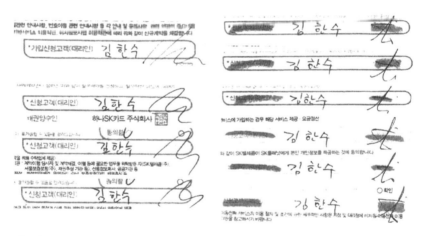

태블릿 신규계약서 1, 3쪽의 필체와 사인을 보면(좌측 그림), 2, 4, 5쪽과는 확연히 다르다는 사실을(우측 그림) 한 눈에 봐도 알 수 있다. 사인 뿐만 아니라 '김한수' 이름 표기도 특히 '수'자의 경우 명확히 다름을 알 수 있다.

SKT, 자동이체 설정도 조작, 하나카드에서 확인

필자가 특히 관심을 기울였던 건 계약서 1쪽에 기재된 '요금납부 방법'이었다. 해당 항목에는 김한수가 진술한대로 마레이컴퍼니 법인카드가 자동 이체한다는 내용이 적혀있었다. 하지만 태블릿 재판 항소심에서 사실조회를 한 결과, 해당 카드사(하나카드)는 자동이체가 설정된 사실 자체가 없다고 답했다.

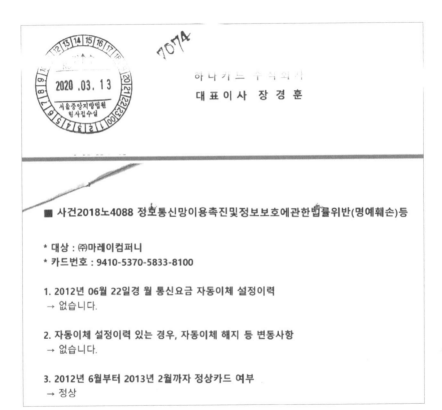

태블릿 요금을 마레이컴퍼니 법인카드에서 자동이체로 납부하는 바람에 김한수 자신은 요금 문제를 완전히 잊고 지냈다는 거짓 알리바이가 만들어졌다. 이는 김한수가 개통만 해줬을 뿐, 실제 태블릿의 사용과는 무관하다는 검찰의 수사결과로 연결된다. 하지만 필자의 태블릿 명예훼손 형사재판 항소심에서 사실조회를 한 결과, 마레이컴퍼니 법인카드사인 하나카드(구 외환카드)에는 자동이체가 설정된 이력 자체가 처음부터 없었다. 검찰과 김한수가 내세운 알리바이가 모두 거짓으로 드러난 것이다.

계약서에 기재된 마레이컴퍼니 명의 카드번호 9410-5370-5833-8100에 대해 하나카드(구 외환카드) 측은 사실조회 회신서를 통해 ▶자동이체 설정 이력이 없고 ▶자동이체 해지 등의 변동 사항도 없으며 ▶카드 상태는 2012년 6월 부터 2013년 2월자까지 '정상카드'라고 밝혔다. 당시 마레이컴퍼니 법인카드는 이용에 문제가 없었고, 계약서 내용대로 자동이체 설정이 된 거라면 요금이 미납될 일도 없었다는 뜻이 된다.

필자는 이 문제에 대해 SKT에도 사실조회를 신청했다. 하지만 SKT의 답변은 하나카드와 달랐다. SKT는 계약서에 적힌 대로 마레이컴퍼니 법인카드로 2012년 6월 22일에 개통 당시부터 자동이체가 설정됐고, 석 달쯤 뒤인 9월 28일에 요금납부자가 자동이체를 해지했다는 답변을 보내 왔다.

두 기록은 모두 법원에 제출한 공적 문서인 사실조회 회신서. 그런데도 두 대기업의 답변이 엇갈리고 있다. 물론 앞뒤가 맞지 않는 쪽은 SKT의 답변이다. SKT는 2020년 1월 20일자 사실조회 회신서에서 태블릿의 요금은 개통 이후 김한수가 이용정지를 해지한 시점까지 단 1원도 납부되지 않았다는 기록을 제출했다. 당시 연매출 20억 원 규모로 탄탄한 회사였던 마레이컴퍼니 법인카드 자동이체였다면, 태블릿 요금이 납부되지 않았을 가능성은 상상하기 힘들다. 또한 하나카드도 당시 마레이컴퍼니 법인카드는 이용에 문제가 없는 정상카드였다고 답했다. 카드 요금 연체 같은 이유로 결제가 되지 않는 카드가 아니었다는 것이다. 더구나 통신사는 요금이 이체되지 않는다고 마음대로 자동이체를 해지하지 않는다. 자동이체 해지는 가입신청자의 요청이 있어야만 이뤄진다.

상식적으로도 마레이컴퍼니 법인카드에서 돈이 한 푼도 나가지 않았으므로, 애초에 자동이체가 설정된 적이 없다는 하나카드 측의 답변이 사실과 부합한다. SKT는 자동이체가 설정됐는데도 카드에서 돈이 나가지 않은 이유에 대해 납득할 만한 설명을 해야 할 것이다. 이에 미디어워치 측은 SKT 박정호 대표이사를 고발하고, SKT 사옥에서 설명을 요구하는 집회도 열었지만, SKT 측은 입을 닫고 있다. 딱 한 번 SKT의 홍보담당자가 미디어워치에 전화를 걸어 기사에 언급된 자사 이름을 익명으로 해 달라고 부탁했다가 거절당한 일이 있을 뿐이다.

법인인감증명서가 거기서 왜 나오나

태블릿은 SKT 대리점에서 개통됐고, 법정에서 김한수는 자신이 작성한 계약서라고 인정했다. 그렇다면 왜 계약서상 '방문고객정보'에 '본인'이 아닌 '대리인'에 체크가 되어 있는지도 의문이다. 당시 마레이컴퍼니 대표이사였던 김한수가 직접 계약한 것이 맞다면 당연히 '본인'에 체크하는 것이 정상이다. 본인이냐 대리인이냐는 계약 제출서류가 달라지는 문제이기 때문에 매우 중요하다. 법인의 대표이사가 직접 계약할 경우에는 제출서류가 대폭 줄고, 직원(대리인)이 하게 되면 복잡해진다. 김한수가 본인에 체크를 했다면, 신분증과 사업자등록증 정도만 제출하면 된다. 반면 당시 직원이었던 마레이컴퍼니의 김성태가 대리인으로 계약을 했다면, 위임장과 법인인감증명서까지 추가로 필요하다.

이렇게 보면, SKT가 필자의 재판부에 제출한 태블릿 계약서는 신청자 자격에 따른 제출서류가 하나도 들어맞지 않는다. 법인 대표이사인 김한

필자의 태블릿 명예훼손 형사재판 항소심에 다시 제출된 태블릿 신규계약서. 전체 8쪽 중 1쪽.

수가 작성한 계약서라면 필요가 없는 법인인감증명서가 첨부되어 있기 때문이다. 법인인감증명서는 계약서나 첨부서류 어딘가에 인감도장을 찍어야 할 때, 그 인감이 유효하다는 걸 입증하는 서류다. 하지만 계약서 어디에도 인감도장은 사용되지 않았다. 법인 인감도장이 필요한 유일한 경우는 회사 직원(김성태)이 계약서를 작성할 때 대표이사의 '위임장'을 지참해야 하는 상황뿐이다. 결국 개통 당시의 계약서 작성자는 대표이사 김한수가 아닌, 직원 김성태라는 방증이 된다. 그런데 이 계약서에는 위임장이 없다. 수상하게도 법인인감증명서 앞쪽이 백지인데, 이 부분은 순서상 위임장이 있어야 할 곳이다.

업계 종사자들 "이 계약서는 가짜" 이구동성

미디어워치의 취재에 응한 모바일 기기 대리점 종사자들이 이 계약서를 가짜로 의심하는 결정적 이유는 의외의 지점이다. 대개 계약서의 복잡한 숫자 같은 정보는 고객이 일일이 기입하지 않는다는 것이다. 휴대전화 구입비, 통신요금 등은 직원이 계산해서 기입한 뒤 신청자로부터 사실 확인을 받고 서명을 받는 것이 일반적이다. 휴대전화 모델명과 일련번호 IMEI(단말기식별번호) 등도 마찬가지로 직원이 확인하고 기입하는 것이 보통이다.

하지만 이 계약서에서는 가입신청자가 첫 장 전체를 모두 기입했다. 동일한 글씨체라는 의미다. 진술조서 등에 기록한 김한수의 필체와 같다. 즉, 첫 장 전체를 김한수가 나중에 통째로 베껴 썼다는 의미다.

현업 종사자들이 이해하지 못하는 또 다른 부분은 계약서 하단 서명 옆에 계약을 진행한 대리점명(신청서 접수점)과 계약 날짜가 누락돼 있다는 것이다.

업계 관계자들은 상식적이지 않다는 반응이었다. 계약서에 적힌 대리점 이름과 담당자명은 해당 대리점이 본사에 실적을 증명할 수 있는 수단이다. 대리점의 이익과 직결되는 정보를 어떻게 빠뜨릴 수 있냐는 것이다.

이상한 점은 또 있다. 계약서 작성자는 '세금계산서 발행'에 체크를 하고, 그 아래 요금납부 방법에는 마레이컴퍼니 법인카드인 '외환카드'를 적어 넣었다. 이는 이중과세가 발생할 수 있어 통신사 대리점 관계자가 거의 저지르지 않는 초보적인 실수다. 한편으로는 김한수가 나중에 계약서 원본을 그대로 베껴 쓰다가 나온 실수일 수도 있다. 즉 계약 당시에 작성된 원본에는 세금계산서 발행에 체크되어 있었다는 뜻인데, 그렇다면 계약서 원본에 기재된 본래의 태블릿 요금납부 방법은 계좌이체와 같은 현금 거래였다는 의미가 된다. 김한수가 계약서 1쪽을 통째로 베껴 쓰는 과정에서 검찰이 원하는 대로 요금납부 방법만 마레이컴퍼니 법인카드로 고쳐서 적긴 했지만, 이 경우 세금계산서 발행에는 체크하지 않아야 한다는 걸 놓친 것일 수 있다.

실제 계약서 작성자가 누군지 확인할 수 있는 중요한 정보인 '가입사실확인 연락처'가 검게 칠해져 있는 것도 이해하기 어렵다. 실제 개통자가 개통사실을 연락받는 전화이므로 가입사실 확인 연락처에는 계약서 작성자 본인의 번호를 적는다. 즉 김한수가 개통했으면 김한수, 김성태가 개통했으면 김성태의 휴대폰 번호가 적혀있어야 한다. 이에 미디어워치는 이 부분과 관련한 추가 사실조회를 태블릿 명예훼손 형사재판 항소심 재판부에 신청했다.

누가 베꼈나

미디어워치는 계약서상 검게 가려진 '가입사실확인 연락처'의 주인을 알려 달라는 사실조회 신청서를 법원에 보냈다. 2020년 12월 1일, SKT의 답변을 확인하니 예상대로 '가입사실 확인 연락처'는 김한수의 부하 직원 김성태의 전화번호였다. 즉, 개통 당일 대리점에 가서 계약서를 작성한 사람은 김한수가 아니라 김성태였다는 사실이 확실시되는 것이다.

이처럼 마레이컴퍼니 직원 김성태가 대표이사의 위임장을 갖고서 대리점을 방문해 계약서를 작성했다고 한다면, SKT 신규계약서를 둘러싼 모든 의문이 풀린다.

결론적으로 2016년 10월 29일, 김한수의 첫 검찰 조사 무렵 어느 시점에 김한수와 검찰이 함께 머리를 맞대고 앉아 김성태의 2012년 진본 계약서를 옆에 두고서, '마레이컴퍼니 법인카드 자동이체' 내용을 써넣기 위해 계약서를 새로 작성하는, 가공할 위조를 한 것으로 추정된다.

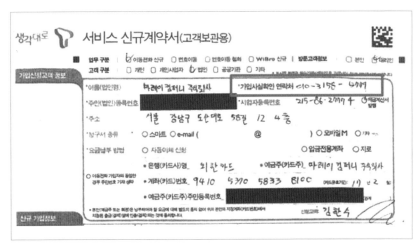

김한수가 대리점을 방문해 직접 작성한 계약서인데도 '가입사실확인 연락처'는 김한수의 전화번호가 아니었다.

접수번호: 법2020-1112-0063

- 별첨 -

04389

◎ 자료 추출 건수가 일정 건수 이상인 경우 기본적으로 정지 및 해지 상태인 건은 제외하고 회신
   되오니 문의사항이 있는 경우 연락 주시기 바랍니다.
◎ 개인정보보호차원에서 6개월 이상된 해지 고객에 대한 정보는 제공되지 않습니다.

업체	순번	성명	주민등록번호	전화번호	주소
LG U*	1	김성태			

필자가 SKT에 사실조회를 한 결과, 가입사실확인 연락처는 김성태의 전화번호로 밝혀졌다.

태블릿 신규계약서에 김한수 사인이 두 개였던 이유도 그 때문일 것이다. 김한수와 검찰은 '법인카드 자동이체' 정보를 조작하는 것이 목적이었으므로 1쪽만 위조하면 그만이었다. 여기에 요금과 관련된 필수 정보 몇 가지를 기입해야 하는 3쪽 단말기 할부매매계약서도 만일에 대비해서 위조했을 것이다. 김한수와 검찰은 약관을 읽고 사인만 하면 되는 2, 4, 5쪽은 위조하지 않았을 가능성이 높다. 법원에는 계약서 1쪽만 증거로 내면 되기 때문이다.

계약서 위조가 이뤄진 뒤 SKT는 김한수가 새로 쓴 1, 3쪽을 검찰로부터 넘겨받고는 나머지 부분은 김성태가 작성한 원본과 뒤섞어 보관했을 것이다. 이런 이유로 개통 시점에 김성태가 기재한 사인(2, 4, 5쪽)과, 나중에 김한수가 위조하면서 서명한 사인(1, 3쪽)이 함께 들어가면서, 하나의 계약서에 두 개의 사인이 공존하는 희한한 현상이 발생한 것이다. 개통 당시 김성태는 신청고객 이름을 적는 자리에는 대표이사 김한수를 기재하고, 사인할 자리에는 대리라는 뜻에서 '대리할 代'를 사인한 것으로 추정된다.

실제 1, 3쪽과 2, 4, 5쪽은 필체와 사인만 다른 것이 아니라, 형광펜 가이드가 전자에는 없고 후자에는 있다. 대리점에서는 고객 편의를 위해 서명, 사인을 할 자리에 형광펜으로 표시해준다. 따라서 계약서 2, 4, 5쪽은 개통 당시 대리점에서 작성된 것이 맞다. 반면 계약서 1, 3쪽에만 형광펜 가이드가 없다는 것은 검찰과 김한수가 위조할 때 이러한 세밀한 부분을 놓쳤다는 뜻이 된다. 이는 계약서 1, 3쪽과 나머지 페이지가 같은 날, 같은 장소에서 작성된 것이 아니라는 결정적인 증거라고 볼 수 있다.

두 번째로 1쪽 상단의 방문고객정보에 '대리인'으로 체크되어 있는 것 역시, 김성태가 체크한 진본을 김한수가 의심없이 그대로 베끼다가 남긴 실수로 보인다. 대표이사인 김한수는 위조를 할 때 '본인'에 체크했어야 했다.

세 번째, 계약서 3쪽 필수기재사항인 '연락받을 번호' 미기재는 김성태의 진본 계약서가 따로 있다고 생각하면 의문이 해결된다. 계약서 3쪽 '단말기 할부매매계약서'에는 '연락받을 번호'가 별표(*)로 표시되어 필수 기재사항이었다. 필수 기재사항이 비어있으면, 대리점에서나 본사에서 계약서로 등록할 수 없다. 하지만 계약서에 대한 세밀한 주의가 없는 검찰과 김한수는 중요하게 생각하지 않고 넘어갔을 것으로 보인다. 증거로 제출한 것은 계약서 1쪽이기 때문이다.

네 번째, 구비서류로 '법인인감증명서'가 첨부되어 있는 이유도 설명이 된다. 당시 김성태는 직원이었으므로, 김한수의 위임장을 가져가야 마레이컴퍼니 명의로 계약할 수 있었다. 법인인감증명서는 바로 그 위임장에 찍힌 인감이 진짜라는 것을 보증하기 위한 서류다. 때문에 위임장과 인감증명서는 항상 한 세트로 필요한 서류라는 점은 회사 생활을 해본 사람이라면 누구나 아는 상식이다.

다섯 번째, 법인인감증명서는 있는데 위임장이 없었던 이유도 추정 가능하다. SKT가 제출한 계약서의 구비서류를 보면 한 장이 백지였다. 계약서 작성자가 누구인지 직관적으로 알려주는 위임장을 SKT 측에서 백지로 처리했을 가능성을 추정할 수 있다.

여섯 번째, '대리점 이름'이 누락된 것도 설명이 된다. 김한수와 검찰은 여기에 날짜도, 대리점 이름도, 담당자 이름도 적을 수 없었을 것이다. 추후 증거로 제출되면 이 부분이 변호인에게 공개되는 것이고, 만일 변호인 측에서 대리점에 사실조회를 한다면 조작이 들킬 수도 있기 때문이다.

일곱 번째, '세금계산서 발행' 체크 부분도 의문이 풀린다. 김한수와 검찰은 1쪽을 위조하면서 '세금계산서 발행'에 체크해 놓고 그 아래 요금 납부 방법에는 마레이컴퍼니의 법인카드인 외환카드를 적어 넣었다. 카드 거래에 세금계산서를 추가 발행하면 이중과세가 된다. 결국 진본 계약서에는 법인카드 자동이체가 아닌, 다른 방식의 요금납부 방법(지로, 은행계좌)이 적혀 있었음을 추정할 수 있다. 판매업자가 아닌 김한수와 검찰은 이런 부분까지 세심하게 챙기지 못했을 가능성이 높다.

여덟 번째, 현직 판매업자들이 가장 수상하게 여기는 점도 의문이 풀린다. 바로 계약서 1쪽의 모든 정보가 한 사람의 필체로 작성된 이유다. 김한수와 검사는 김성태의 진본 계약서를 베끼는 데 급급한 나머지, 휴대폰 출고가, 할부원금, 월 납부액, 요금제, 월 정액요금, 월 요금할인액, 모델명, 일련번호, USIM 일련번호, 약정기간, 약정위약금 같은 복잡한 항목들은 가입 고객이 직접 작성하지 않기 때문에, 서명란의 필체와 달라야 한다는 점까지 미처 생각하지 못했을 것이다.

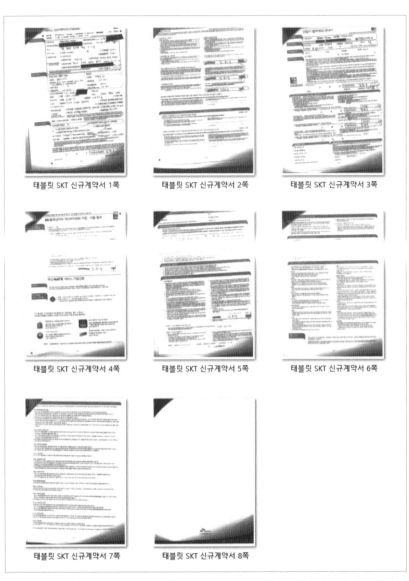

태블릿 재판 항소심에서 8쪽 전체가 제출된 SKT 신규계약서. 계약서 전체 검토 결과, 1, 3쪽의 서명·사인과 2, 4, 5쪽의 서명·사인이 다르다는 사실이 확인됐다. 이외에도 여러 위조 정황이 드러났다.

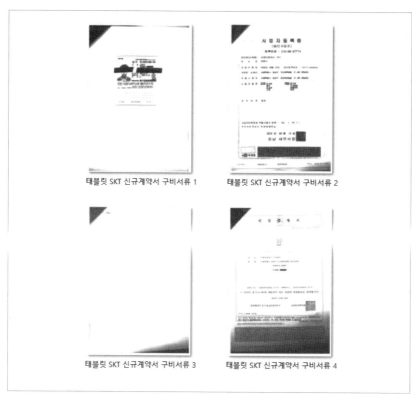

태블릿 SKT 신규계약서 구비서류 1 · 태블릿 SKT 신규계약서 구비서류 2

태블릿 SKT 신규계약서 구비서류 3 · 태블릿 SKT 신규계약서 구비서류 4

SKT 신규계약서의 구비서류. 법인인감증명서가 있지만 정작 위임장이 없다. 신규계약서와 구비서류 어디에도 법인인감을 날인한 흔적도 찾아볼 수 없다.

변명 한 마디 못하는 SKT, 서버 검증 시간문제

이로써 SKT도 계약서 조작에 가담한 혐의에서 자유로울 수 없게 됐다. SKT가 진본과 위조본을 섞어서 보관해둔 계약서를 검찰이 넘겨받아 박근혜 대통령 재판은 물론 필자의 태블릿 재판에도 제출했을 가능성이 높다.

이에 미디어워치는 2020년 6월 11일, SKT 최태원 회장과 박정호 대표이사 등을 모해증거 위조, 사문서 위조 등으로 마포경찰서에 고발했다. 이 사안은 SKT의 계약서 보관 서버를 수사하여, 재판부에 제출된 SKT 계약서가 실제 계약일인 2012년 6월 22일에 입력된 것이 맞는지, 아니면 탄핵 사태가 벌어진 2016년 말인지, 그것만 확인하면 되는 일이다. 물론 SKT 측에서 서버도 조작할 수 있으나, 대부분의 컴퓨터 전문가들은 설사 SKT 가 서버를 조작해도 그 흔적은 남게 된다고 주장한다. 하지만 검찰은 계약 서 위조를 함께 해서인지 이러한 기초적인 수사도 하지 않았다.

반면, SKT는 경찰과 검찰 측에 사인이 다른 이유에 대헤, "김한수와 김 성태 둘이 함께 대리점에 가서 번갈아가며 사인했을 것"이라는 궤변을 늘 어놓았다. 8페이지짜리 한 계약서에 사장과 직원 둘이서 각기 다른 사인 을 하고 있는 데노, 대리섬 측에서는 빙아니 보고만 있었던 말인가. 이런 효력없는 계약서를 대리점과 본사 모두 확인하지 않고 계약서 서버에 넣 었다는 점에 대해 판매업자들 누구도 납득하지 못하고 있다. 더구나 대리 점 직원이 계약서 2, 4, 5쪽에 표시해준 형광펜 가이드라인이 유독 계약 서 1, 3쪽에만 없다는 사실은 이 계약서가 같은 날, 같은 장소에서 작성된 것이 아니라는 걸 말해주는데, 김한수와 김성태가 함께 대리점에 왔다는 SKT의 해명과도 앞뒤가 맞지 않는다.

미디어워치 측에서는 결국 SKT에 대해 2억원대 손해배상 청구 소송을 진행하기로 했다. 공범인 검찰이 수사를 하지 않으니, 민사소송을 통해서 라도 SKT 서버를 검증해서 진실을 밝히겠다는 것이다.

국가 허가 사업인 이동통신사업자가, 국민이 선출한 대통령의 탄핵에 가담하고, 이를 밝히려는 언론인을 구속시키기 위해 고객의 정보를 조작, 날조했다면 세계 토픽감이며, SKT는 이동통신사업 허가권을 국가에 반 납해야 할 것이다.

김한수 실사용자 밝혀내니, '변희재 죽이기'로 돌변한 가세연

미디어워치에서 김한수가 실사용자라는 증거를 공개한 것은 2020년 3월 23일이다. 이 당시 미디어워치와 가장 가까운 노선의 유튜버는 가로세로연구소였다. 강용석 변호사는 필자가 사전구속될 당시 변호인으로 활동하기도 했고, 필자가 1년간 수감생활을 하고 보석으로 출소한 뒤에는 태블릿 진실규명 기자회견에도 같이 참여했다. 이들도 표면상으론 박 대통령에 대한 탄핵 무효를 주장하고 있었다는 말이다. 김세의 대표 역시 MBC 시절부터 필자와 잘 알고 지내서 아무런 의심도 할 수 없었다.

2020년 3월 24일, 국회 정론관에서 열린 '태블릿 실사용자는 김한수'라는 주제의 기자회견

필자는 당연히 이날 김세의 대표에게 연락하여 "태블릿 실사용자, 조작범 김한수를 밝혀냈으니, 같이 방송을 준비하자"고 알렸다. 그러나 김세의는 "유영하 변호사와 상의해야 한다"며 전화를 끊고는 더 이상 연락이 없었다. 그러더니 하루이틀 후, 이른바 가세연의 하청 유튜브 채널이라고 할 수 있는 고릴라상념TV, 전략TV 등에서 무차별적으로 필자와 미디어

위치를 음해하는 방송을 개시했다. 전략TV는 가세연과 원수지간인 신혜식 대표 측의 유튜버 닉네임 '토순이'라는 여성을 음해, 비방한 혐의로 나중에 구속까지 된 인물이다.

강용석 본인은 "태블릿에 대해서는 내가 가장 잘 안다. 더 이상 태블릿 이슈 꺼내지 말라"며 잘라버렸다. 태블릿 진실을 함께 찾아가는 동지, 동맹의 관계에서 한순간에 적으로 돌변한 것이다.

김한수 실사용자를 공개하기 약 두 달 전, 필자는 강용석, 김세의에게 "김한수 사용 증거를 조만간 공개하게 될 것"이라고 알려준 바 있다. 반갑게 환호할 줄 알았던 필자의 생각과 달리 저 둘의 얼굴은 그야말로 잿빛으로 변했다. 강용석은 "유영하 변호사와 만나 상의를 했으면 한다. 유 변호사가 김한수를 데리고 있었던 것은 김한수가 박 대통령 대선 과정에서 드루킹과 같은 댓글 조작을 한 것이 있어, 이 폭로를 막기 위한 것이다. 지금 김한수를 건드리면 위험하다"는 말을 했다.

유영하 변호사는 박 대통령 재판 당시 태블릿 조작의 주범으로 의심받던 김한수와 함께 사무실을 쓰면서 다른 변호사들로부터 항의를 받은 바 있다. 또한 김한수가 박 대통령 재판에 증인으로 출석하자, 미디어워치로부터 자료를 받아 상세 심문하려던 도태우 변호사를 방해한 바도 있다. 이 때문에 필자는 애초에 유영하 변호사를 믿을 수 없었다. 반면 김세의는 "태블릿 조작이, 다른 사람도 아닌 박 대통령 부하의 짓이라는 게 알려지게 되면 박 대통령 명예가 크게 실추된다"며 덮으라는 요구까지 했다.

이 당시만 해도 저들이 김한수와 한 배를 탄 정도로 유착됐으리라고는 상상도 하지 못했다. 무언가 오해를 하고 있으니 나중에 다시 이야기하면 풀릴 것으로 기대했다.

그러다 이들은 2020년 2월 24일, 강남팔레스호텔 일식집에서 유영하 변호사와 함께 하는 점심 자리를 필자에게 마련해주었다. 주로 총선 관련 이야기를 했는데 유 변호사는 필자에게 "김한수와 술 한번 하면서 다 풀어버립시다"라고 제안했다. 필자가 "김한수에게 따져 물을 것이 많다"며 거부하니, 유 변호사는 "김한수에게 물을 것 있으면 나에게 물으라"고 다시 제안했다. 유영하 본인이 김한수를 대리할 수 있을 정도의 관계라는 것이다.

유튜브 채널 가로세로연구소의 강용석 변호사와 김세의 대표가 유영하 변호사를 초대해 방송을 하고 있는 장면. 이들은 태블릿 실사용자가 김한수라는 사실이 밝혀지자 태블릿 진실 규명을 필사적으로 방해하고 나섰다.

그러다 약 두 달이 지난 2020년 5월경, 보수성향의 한국인터넷미디어협회 강길모 초대 회장에게서 연락이 왔다. 그는 "지금 유영하와 만나고 있는데, 유영하가 변희재 대표 당신 욕을 엄청하고 있는데 왜 그런 거야"

라고 물었다. 필자는 "아마 태블릿 조작의 주범 김한수를 잡았기 때문일 것"이라고 알려주니, 강 회장은 "유영하 본인이 해야 할 일을 변 대표가 대신 해줬는데 왜 욕을 해?" 하고 반문하면서 전화를 끊었다. 단지 태블릿 조작 주범을 잡았다는 이유로 저들은 수단과 방법을 가리지 않고 필자와 미디어워치를 음해하고 있었다.

이제와서 보니, 강용석 변호사가 필자의 사전구속 때 변호인으로 참여한 것부터 이상했다. 강용석 변호사는 박원순 아들 병역비리 문제를 제대로 풀지 못하고 도도맘과의 스캔들로 필자와는 근 5년 이상 연락을 하지 않던 관계였다. 그런데 검찰의 필사에 대한 구속영장 청구 기사가 나오자 여러 차례 필자에게 전화와 문자를 넣어 자신이 반드시 무료 변론이라도 하겠다고 청해왔다.

필자가 구속된 뒤에는, 구속 심사에서 무료 변론을 해준 것도 고맙고 해서 강용석 변호사에게 정식 수임료를 주고 필자를 제외한 미디어워치 기자들을 변호하도록 했다. 그러나 재판이 다가오면서 미디어워치 기자들의 반발이 일어났다. 강용석 변호사 측이 진실투쟁을 하려는 기자들을 상대로 "무조건 변희재가 시켰다고만 해라"며 검찰과 야합을 시도하는 행태를 보였다는 것이다. 무성의한 재판 준비도 큰 문제였다고 한다. 결국 미디어워치 기자들은 1심 첫 공판 전날에 강용석 변호사의 해임을 결정했다. 물론 강 변호사는 의견서 한 장 재판부에 제출한 바 없이 수임료 대부분을 그대로 챙겨갔다.

강용석은 초선 국회의원 당시 여성 아나운서에 대한 성적 비하 발언으로 한나라당에서 출당조치를 당했다. 그 뒤 박원순 시장 아들 박주신에 대한 병역비리 의혹 몰이로 주목을 받았으나 박 시장의 세브란스 검증 한번에 백기 투항, 총선에서 참패하는 등 정치생명이 사실상 끝장났다.

여성 비하와 서울시장에 대한 허위비방으로 정치생명이 끝난 인물을 JTBC는 '썰전'이란 중요 프로그램에 스카웃해 강용석에게 재기의 길을 터준다. 실제 강용석은 자신의 책 『강용석의 직설』에서 홍석현 회장과 당시 막 부임한 손석희 사장으로부터 극진한 대우를 받은 점을 자랑스럽게 알려놓았다. 신임 사장이 취임했다고 해서 외부 패널에 불과한 인물에게 인사 전화를 한다는 건 방송계 상식으로는 매우 이례적인 일이다. 실제 JTBC는 '썰전'뿐만 아니라 각종 예능프로에서 강용석의 가족까지 불러 와더라게 그늘 부활시켰다. 이렇게 상용석은 도도맘 스캔들이 터지기 직전까지 JTBC의 '썰전' 등 각종 프로그램에서 맹활약했다. JTBC의 힘으로 기사회생한 인물이, 과연 JTBC의 태블릿 조작을 밝히기 위해 필자 옆에 다가왔던 걸까?

강용석, 김세의와 함께 가로세로연구소에 참여한 김용호는 한때 필자를 찾아와 "나는 태블릿 관련해 처음부터 김한수를 의심했다. 그런데 강용석, 김세의는 이상할 정도로 유영하, 김한수만 나타나면 벌벌 기어서, 이해할 수가 없다"며 저들의 유착관계를 알려주기도 했다.

강용석은 태블릿의 진실을 밝히려고 필자에게 다가온 것이 아니다. 그 당시에도 그는 JTBC의 네트워크에 포섭돼 있었다. 필자의 변호사로 침투해서 염탐을 하며 진실투쟁의 대오를 무너뜨리려고 한 것이다.

분명히 말해두지만 필자는 2018년 5월, 구속영장 실질심사 때도 '김한수 실사용자론'을 강하게 주장했다. 강용석 변호사는 그때는 무슨 논리로 의뢰인인 필자를 변호했던가. 자신의 의뢰인이 1년 동안 수감생활을 했고 항소심에서 보석으로 석방된 뒤, 무죄의 결정적 증거가 될 김한수 실사용자 증거를 찾아 공개했다. 그런데 옛 변호인이 갑자기 음해비방에 나선다?

변호사가 아니라 스파이로 볼 수밖에 없고, 이에 대해선 변호사협회 윤리위에도 조사를 요청할 생각이다.

특검에 불려간 뒤, 태블릿 감정 포기한 정호성

정호성은 이른바 박 대통령의 '문고리 3인방' 중에서도, 가장 충성도가 높다고 외부에 알려진 인물이다. 실제 정호성은 탄핵 당시 안종범과 함께 가장 먼저 구속이 됐고, 헌법재판소에 증인으로 나와서 박 대통령의 결백을 주장했다. 그러나 이런 정호성의 행태를 하나하나 따져보면, 강용석 만큼이나 이상한 구석이 발견된다.

검찰·특검 수사 당시 JTBC가 보도한 태블릿PC에 대한 감정을 요구할 수 있는 사람은 '공무상 비밀누설죄'가 적용된 박근혜 대통령과 정호성 비서관, 둘 뿐이었다. 검찰 측은 최서원의 직접 검증을 막기 위해 최서원을 공범에서 제외시켰다. 똑같이 공직자에게 해당되는 뇌물죄에서는 최서원을 박 대통령과 공범으로 엮은 것과 비교하면, 검찰의 의도는 뻔한 것이었다. 특히 검찰과 특검은 태블릿 포렌식을 할 때 최서원 측의 참관도 허용하지 않았고, 그 이후 실물조차 보여주지 않았다. 그 정도로 검찰과 특검은 최서원의 검증을 철저히 막은 것이다. 뒤에서 상세히 설명하겠지만, 재판이 다 끝나고 최서원이 "검찰과 법원이 내 것이라 했으니 내가 직접 돌려받아서 검증해보겠다"고 태블릿 반환소송을 내자, 기겁한 검찰은 "최서원은 소유자도, 사용자도 아니다"라며 180도 말을 뒤집으면서 태블릿을 돌려주지 않고 있다. 즉 처음부터 검찰은 태블릿이 최서원의 손에 들어가면 죽는다는 자세로 버텼던 것이다.

반면, 박 대통령은 더 중대한 혐의에 대응하기에도 시간이 턱없이 부족한 데다, 탄핵이 끝난 이후에 재판이 시작됐다. 그 재판조차 후일 불법적인 추가 구속 문제로 보이콧했다. 결국 태블릿을 검증할 수 있는 인물은 정호성이 유일했다.

그러던 차에 정호성 전 비서관은 2017년 1월 10일 특검에 출석했다. 이 날은 두 가지 이유에서 중요한 시기였다.

우선 정 전 비서관은 공무상 비밀누설 혐의로 2016년 11월 5일 구속됐다. 정 전 비서관이 재판에 넘겨진 이후 변호인으로 선임된 차기환 변호사는 2017년 1월 5일, 제1차 공판기일에 출석하여 검찰 측 태블릿의 증거능력에 동의하지 않고 감정을 요청했다. 또한 손석희 등 JTBC 측 기자들도 증인으로 신청했다. 여론을 동원해 태블릿을 최서원의 것으로 찍어누른 뒤 대충 넘어가려던 검찰의 계획에 차질이 빚어진 순간이었다. 탄핵세력으로선 이 때가 최대의 위기였다.

정 전 비서관은 원래 이날 박근혜 대통령 탄핵심판 제3차 변론기일에 증인으로 채택돼 헌법재판소에 출석하도록 돼 있었다. 그러나 정 전 비서관은 전날(9일) 돌연 불출석사유서를 내고 탄핵심판 변론기일에 나오지 않았다. 그 대신 특검으로 불려갔던 것이다.

이렇게 결정적인 시점에 특검에 다녀온 이후 정 전 비서관은 이상한 행보를 보였다. 정 전 비서관은 본인 재판의 2차 공판기일(2017년 1월 11일)과 3차 공판기일(2017년 1월 13일)에 연속으로 출석하지 않았다. 그러다가 4차 공판기일(2017년 1월 18일)에 출석해 느닷없이 "태블릿PC 감정이 필요없다"고 선언했다.

그래놓고 그는 2017년 1월 19일, 박 대통령 탄핵심판 제7차 변론기일에 증인으로 출석해 "대통령 말씀자료를 최 씨에게 보내 의견을 참고했다"고 증언했다. JTBC의 태블릿PC가 최서원의 것이 맞는지에 대한 감정을 포기한 채, 최 씨에게 연설문을 보냈고 의견을 참고한 것은 사실이라고 증언한 것이다. 사실상 언론과 검찰의 '태블릿PC를 통한 최순실 국정농단' 프레임을 인정, 대통령을 궁지로 몰아넣고서 자신의 선처만을 바란 꼴이다.

물론, 정 전 비서관이 법정에서 정확한 워딩으로 "태블릿은 최서원 것"이라고 증언한 적은 없다. 평소 최 씨가 태블릿을 사용하는지도 알지 못한다고 증언했다. 하지만 정 전 비서관은 태블릿 감정을 포기하면서 사실상 태블릿은 최서원의 것이라던 검찰 주장을 추인한 셈이 됐다. 그런 상황에서 검찰이 태블릿에서 나왔다고 일방적으로 제시한 문건에 대해, 자신이 최 씨에게 보낸 것이 맞다고 인정해버렸다.

정 전 비서관을 부른 건 특검의 문지석 검사였다. 정 전 비서관은 2017년 1월 10일 오후 2시 특검에 출석해서, 다음날인 11일 새벽 2시 40분까지 조사를 받았다. 정 전 비서관이 조서를 모두 열람하고 귀가한 시간은 새벽 3시 16분이었다. 조서열람 시간까지 포함하면 무려 14시간 동안 조사를 받은 것이다. 원칙적으로 재판이 진행되는 상황에서 수사기관이 피고인을 불러서 수사할 수는 없다. 특검은 정 전 비서관을 불법적으로 부른 셈이다. 정 전 비서관은 중차대한 헌법재판소 증인 출석까지 취소한 뒤, 특검이 부르자 순순히 따라간 것이다.

정 전 비서관이 문지석 검사에게 14시간 조사를 받은 결과물은 고작

27쪽짜리 진술조서가 전부다. 이날 진술의 핵심은 초반 3~4쪽에 나온다.

문> 언론기사를 보면 진술인은 최초 공판준비기일에서 공소사실을 모두 인정하는 취지로 진술하였다가, 다음 공판준비기일에서는 JTBC에서 입수한 태블릿PC의 증거능력을 문제 삼으면서 대통령과의 공모관계도 부인하는 취지로 진술하였다는 기사가 확인되는데, 그 경위가 어떻게 되는가요.

답> 사실은 제가 재판과정에서 제 공소사실에 대한 입장을 밝히는 문제 때문에 그동안 너무 괴로웠습니다. 저는 처음에는 공소사실을 모두 인정하려는 방향으로 입장을 정했는데, 제2회 공판준비기일 전후에 대통령과의 공모관계를 너무 쉽게 인정하는 것이 아니냐', 'JTBC에서 입수한 태블릿PC의 문제점을 다퉈보지도 그대로 인정하면 대통령의 최측근으로서 배신자가 되는 것이 아니냐'라는 생각 등으로 많은 고민을 했습니다.

그리고 여기저기서 "현재 JTBC에서 입수한 태블릿PC에 대하여 법정에서 다툴 수 있는 사람이 정호성 비서관밖에 없는데, 태블릿PC를 제대로 확인도 하지 않고 넘어가 버리면 어떻게 한단 말이냐?"는 취지의 이야기도 들려 입장을 정리하지 못하였습니다.

저는 그동안 이 문제에 대해 고민하다가 지난 1월 5일~6일 무렵 완전히 제 입장을 정리했습니다. 저는 1월 18일에 있을 제 공판기일에 검찰에서 진술한 내용을 모두 인정할 것입니다.

(2017년 1월 10일 정호성 진술조서 3~4쪽)

이 대목에 대해 우종창 전 월간조선 기자는 『대통령을 묻어버린 거짓의 산 1권』 195쪽에서 "정호성은 문지석 검사에게 자기 죄를 스스로 인정하고, 태블릿의 위법성을 법정에서 다투지 않겠다고 진술했다"며 "정호성이 사실상 '항복선언'을 하자 문지석 검사는 그 이후부터 사건과 무관한 내용을 신문했다"고 지적했다.

실제 정호성이 태블릿 진상규명 포기를 선언한 이후 검사는 "진술인의 학력은 어떻게 되는가요", "가족관계는 어떻게 되는가요" 등 기초적인 질문으로 전환했다. 이때는 이미 13차례나 검찰·특검에 출석해 조사를 받은 이후였다. 사실상 의미 없는 문답을 주고받은 것이다. 누구라도 4쪽 이후의 진술서를 읽어보면, 필요한 답을 이미 얻었으니 불필요한 의심을 받지 않기 위해 억지로 지면을 채운다는 느낌이 강하게 들 것이다.

이후 검찰과 법원, JTBC는 정 전 비서관의 태도를 아전인수로 해석해 "정호성도 최서원의 태블릿이라고 인정했다"고 주장했다.

정 전 비서관이 침묵하는 사이 2017년 10월 23일, 윤석열 당시 서울중앙지검장은 국정감사에 출석해 "정호성은 그 태블릿이 최순실 씨가 쓰던 태블릿이 맞다고 인정하면서 증거 동의를 했다"며 대놓고 거짓 증언을 하기에 이르렀다. 이외에도 익명의 검찰 관계자들이 정호성을 인용해 거짓말을 한 사례는 부지기수다.

2017년 10월 23일, 윤석열 당시 서울중앙지검장은 국정감사에서 "정호성은 그 태블릿이 최순실 씨가 쓰던 태블릿 맞다고 인정하면서 증거 동의를 했다"는 허위사실을 증언했다. 같은 날 JTBC 는 <"최순실 쓰던 태블릿 맞다"…검찰, 국감서 '조작설' 반박> 제하 보도를 통해 이러한 윤석열의 발언을 그대로 보도했다

JTBC는 정호성의 진술과 증언, 판결문에 대해 보도할 때마다 무조건 태블릿은 최서원 것이라고 전제한 뒤 "정호성의 진술로 태블릿은 최서원의 것임이 더욱 확실해졌다"는 식으로 왜곡 보도를 일삼았다.

하지만 이상하게도 정호성 전 비서관은 당시에는 물론 현재까지 단 한 번도 이러한 검찰과 법원의 왜곡된 판단이나, JTBC의 허위 보도에 대해 전혀 이의를 제기하지 않고 있다.

필자와 미디어워치 기자들이 태블릿은 최서원의 것이 아니라고 주장했다가 기소된 사건에서도, 검찰과 법원은 정호성의 판결문을 전가의 보도처럼 휘둘렀다. 심지어 검찰은 필자의 구속영장에도 정호성 판결문을 그대로 게재했다.

여전히 태블릿은 최서원 것이라 우기는 정호성

2019년 5월 17일, 필자가 보석으로 석방되자 정호성 전 비서관이 바로 연락해왔다. 이에 필자는 미디어워치 이우희 선임기자(당시)와 함께 강남 까페에서 그를 만났다. 그는 "이춘상 전 보좌관으로부터 '최서원에게 태블릿을 한 대 만들어 주었다'는 말을 들었다"면서 검찰에 이 말만큼은 끝까지 하지 않았다고 했다. 즉, 문제의 태블릿이 최서원의 태블릿이란 걸 알았기 때문에 검증을 포기한 것이지, 특검과 야합을 한 게 아니라는 점을 필자에게 구태여 말하고자 했던 것이다.

놀라운 것은 이런 태도를 보이는 박 대통령 주변 인사가 정호성 한 사람만이 아니라는 점이다. 태블릿 진실규명을 방해하는 박 대통령 주변 인사 전체가 "태블릿은 최서원 것이 맞지만, 공개적으로 말하지 않겠다"는 식으로 나오고 있는 것이 작금의 상황이다.

이들의 태도는 탄핵 진실규명 이전에, 윤리적으로 절대 있을 수 없는 일이다. 만약 이들이 최서원의 태블릿이란 확신을 갖고 있었다면, 오히려 공개적으로 그 근거를 제시하면서 입장을 분명히 밝혔어야 했다. 그랬다면 최소한 필자가 감옥까지 갈 일은 없지 않았겠는가. 최서원의 것이 정말 맞다면, 과연 이를 숨겨서 박근혜 대통령이나 탄핵무효를 확신하는 사람들이 얻는 이익이란 게 뭐란 말인가. 태블릿이 진짜 최서원의 것이라면, 그것을 인정한 뒤에 다음 주제로 넘어가는 게 상책이 아니던가. 하지만 이들은 무려 5년째 이런 식으로 시간을 흘려보낸 셈이다.

그러면서 정호성은 필자에게 "재판에서 태블릿 검증을 제외시키면서, 태블릿은 시민사회 차원에서 투쟁하는 게 맞겠다는 판단을 했다"고 부연했다. 필자를 비롯한 시민사회에서 태블릿 진실투쟁을 한 것은 재판에서 진위여부를 과학적으로 명확히 가려달라는 것이었다. 정호성은 본인의 역할을 방기한 것을 넘어, 시민사회가 헛된 노력을 하도록 방치했다고 고백한 셈이다.

하지만 진짜 심각한 문제는, 이들이 태블릿이 최서원 것이라고 주장하면서도 단 한 가지의 객관적 증거를 필자나 어느 누구에게도 제시하지 못하고 있다는 점이다. 정호성의 경우처럼 "이춘상에게 들었다", 이런 수준의 근거들이 전부다. 김한수 역시 자기 논리가 막히면 수시로 이춘상 보좌관을 팔아댄다. 태블릿 이용정지를 해제하고 요금을 납부한 이유도 이춘상 보좌관이 시시했기 때문이라고 변명하고 있다. 그럼 애초에 검찰과 김한수는 요금납부 사실 자체를 왜 은폐했는가. 태블릿 사건이 이춘상 쪽으로 넘어가면 답이 나오지 않는다. 그는 대선 전에 불의의 교통사고로 사망했기 때문이다.

미디어워치가 무려 5년간 태블릿 진실투쟁을 이어갈 수 있었던 것은, 태블릿을 쓰지 않았다는 최서원의 말을 그대로 신뢰했기 때문이 아니다. JTBC든, 검찰이든, 특검이든 간에 최서원이 썼다는 명백한 증거를 내놓지 못했고, 내놓는 증거마다 대부분 조작된 정황이 드러났기 때문이다. 검찰과 국과수가 태블릿을 검증한 포렌식 보고서와 원 데이터가 모두 공개되어 있다. 최소한 최서원이 태블릿을 썼니, 안 썼니 논의에 참여하려면, 이 과학적 데이터를 근거로 해야 한다. 그럼에도 정호성 전 비서관은 지금 이 시간까지 이 사람, 저 사람 찾아다니며 "최서원의 태블릿이 맞다"고 속삭이고 있다. 정작 공개적으로는 입 한번 열지 못하는 자가 말이다.

정 전 비서관은 필자에게 "검찰 측에서도 나의 억울함을 워낙 잘 이해하고 있어서 중형을 선고하지 않았다"고 자랑스레 말하기까지 했다. 그는 최서원에게 청와대 자료를 넘겨줬다는 공무상 비밀누설죄로 검찰에서는 2년 6개월형을 구형받고, 법원에서 1년 6개월형을 선고받아 만기 출소했다. 그 이후 국정원 특활비 뇌물 사건에서는 집행유예로 소위 '문고리 3인방' 중에 혼자만 구속을 피했다.

박근혜 정권과 연관되어 구속된 약 200여 명의 인사 중에서 정호성 전 비서관만큼 억울하지 않은 인사가 있었을까. 검찰과 특검이 그 억울함을 이해하고 저렇게 경미한 형량을 내려준 인사가 또 있었을까. 다른 인사는 떠나서, 필자는 단순히 태블릿은 최서원 것이 아니라고 주장했다는 이유로 사전구속까지 됐고 1년을 복역했다. 필자는 현재 정호성의 형량보다 높은 5년 구형(검찰)에, 2년 선고(법원)를 받은 상황이다.

"최순실이 태블릿 쓰는걸 봤다는 주장, 착각이었다" 입장 번복한 김휘종

김휘종 전 청와대 행정관은 김한수와 함께 대선 캠프와 청와대에서 함께 홍보 업무를 한 인물이다. 앞서 말했듯이 필자는 2013년도에 김한수를 만날 때마다 김한수가 하얀색 태블릿을 들고 다니는 것을 확인했다. 그렇다면 김한수 옆에서 함께 일하던 김휘종이 이를 모를 수가 없을 것이다. 그러나 그는 오히려 정반대의 주장을 한다. 당시 청와대에서 태블릿 사용을 금지시켜 누구도 태블릿을 갖고 다닐 수 없었다는 것이다. 그런 그는 같은 방송에서 자신은 아이패드를 사용했다는 모순된 발언을 하기도 했다. 이런 김휘종을 보고 필자는 태블릿 진실규명을 방해하기 위해 닥치는 대로 주장한다는 인상을 받을 수밖에 없었다.

김휘종은 2019년 10월 9일 펜앤드마이크 유튜브 방송에 출연해 최서원 씨가 태블릿을 쓰는 걸 직접 봤다고 주장해 엄청난 파장을 일으켰다. 당시 필자는 보석으로 석방된지 얼마 안 된 시점으로 '태블릿 특검'을 추진하고 있었고, 최서원 씨도 태블릿과 관련해 사실과 다른 보도를 한 JTBC와 언론들을 상대로 전방위 소송을 제기하면서, 보수 진영에서 태블릿 진상규명의 여론이 들썩이던 때였다. 태블릿 진상규명을 위한 중요한 고비에 또다시 김휘종이 전면에 등장해 혼란을 부추긴 것이다. 참고로, 김휘종의 상관이던 전영식 전 청와대 홍보기획비서관은 이후 2020년 6월 펜앤드마이크 대표이사로 취임하게 된다.

당시 김휘종은 특검이 필요하다면서도 최서원은 태블릿을 사용한 게 맞다는 주장을 반복해서 떠들었다. 그러면서 "태블릿이 최서원의 것이냐, 아니냐는 중요하지 않고, 어떻게 문제의 태블릿이 JTBC의 손에 들어갔는지가 더 중요하다"는 이른바 물타기식 주장을 하기 시작했다.

김휘종   어, 사실 저는 최순실 씨가 그거를 뭐 하루가 됐든 열흘이 됐든 쓰긴 썼다고 생각을 하거든요.

정규재   아, 쓰긴 썼다?

김휘종   예, 왜냐면은 이춘상 보과관님께서 뭐 김한수를 통해서든 이제 만들어서 전달을 했다는 얘기를 그때 당시에도 들었고 그리고 그 월간조선에도 얘기를 했지만 이후에 한 번 정도는 태블릿PC를 쓰는 걸 보긴 봤어요. 근데 그거를 최순실 씨가 어떻게 생각해서 그거를 안 썼다고 얘기하시는지는 잘 모르겠지만.

정규재   예.

김휘종 그때 제 기억으로는 그 같이 이렇게 뭐..뭘 영상 같은 걸 보는... 때가 있었어요, 그 태블릿PC로. 그러면서 영상이 거기서(태블릿)도 소리가 나오긴 하겠지만 블루투스 스피커를 누가 가져온 걸로, 이걸로 보면 소리가 더 좋으니깐 그거를 인제 연결하고 뭐 그런 과정에서 태블릿PC를 사용했다고 저는 기억을 합니다.

정규재 최순실 본인이 블루투스를 연결하고.

김휘종 블루투스는 인제 저희들이 연결을 했죠, 같이 있던 사람들이.

정규재 블루투스는 같이 있던 사람들이 하고.

김휘종 네 근데 그 태블릿PC는 본인 거...로 저는 기억하고 있습니다.

(2019년 10월 9일 펜앤드대석 <김휘종 청와대 前 행정관 − 태블릿 방의 기록> 9분 27초 ~ 15분 9초)

김휘종의 발언에는 또 다시 이춘상 보좌관에게 들었다는 대목이 있다. 김한수, 정호성, 김휘종 등은 마땅히 내세울 만한 근거가 없을 때는 늘 고인이 된 이춘상 보좌관을 내세운다는 공통점이 있다.

다행히 당시 최서원 측의 변호인인 정준길 변호사가 김휘종을 상대로 고소장을 작성하는 등 법적 조치를 준비하며 강하게 압박했다. 그러자 김휘종은 펜앤드마이크에서 한 태블릿 발언은 착각이었다고 말을 뒤집었다. 김휘종은 2019년 11월 28일자로 자기 발언이 착각이라는 내용으로 진술서를 작성, 정준길 변호사에게 전달했다.

확인서

성 명 : 김휘종
주민번호 :
주 소 :
연락처 :

본인은 2019. 7. 월간조선 최우석 기자, 2019. 10. 8. 펜앤드마이크와 인터뷰를 한 적이 있습니다.

본인이 위와같이 인터뷰를 한 이유는 본인이 박 대통령 대선 당시 본인이 신혜원으로부터 받았다는 태블릿PC를 비롯한 고 이춘상 보좌관의 유품 중 사모님께 드리고 남은 물건을 약 2년 정도 보관하다가 더는 보관할 필요가 없어 2014년 말경 파주에 있는 공사장 부근에서 본에 태워 버린 적이 있습니다.

그런데, 그로 인해 마치 본인이 문제가 된 태블릿PC를 JTBC에 넘겨준 장본인인 것으로 오해를 받아 그동안 수많은 네티즌 등으로부터 근거 없는 비난을 받았고, 이로 인해 제 자식들과 가족들도 곤란한 일을 지금까지 당하고 있습니다.

(...중략...) 그러한 오해가 여전히 남아있어 본인과 가족들이 여전히 어려움에 처해있는데, 최근 월간조선과 펜앤드마이크에 본인에게 인터뷰 요청이 와서 본인의 억울함을 묻고, 특히 가족들의 피해를 막고자하는 마음으로 출연하여 이에 대한 발언을 하게 되었습니다.

그런데, 그 과정에서 본인이 해명해야 할 일과 직접 관련이 없고, 본인이 정확히 알지 못하는 내용에 대한 질문도 받았는데, 본인이 미리 충분히 준비하거나 생각하지 않은 상황에서 그에 대해 답변한 내용도 있습니다.

특히, JTBC가 입수한 태블릿PC를 망 이춘상 보좌관이 김한수 전 행정관에게 시켜 개통한 후 최서원에게 주었는지에 대해 정확히 알지 못하고, 박근혜 대통령 선거 과정에서 동영상을 볼 당시 최서원이 태블릿PC를 사용하였는지에 대해 정확한 기억이 없는데도, 이춘상 보좌관이 김한수 전 행정관에게 시켜 개통한 후 최서원에게 주었고, 대선 초기 최서원이 동영상을 보면서 최서원의 태블릿PC에 블루투스로 연결해서 사용하였다고 단정적으로 잘못 진술한 것 같습니다.

본의 아니게 본인의 억울함을 해명하는 과정에서 그와 직접적이 관련이 없는 최서원과 태블릿PC 관련 상황을 정확히 알지 못하면서 추측이나 막연한 기억으로 발언하게 된 것에 대해 유감스럽게 생각합니다.

2019. 11. 28.

확인자 김휘종

김휘종

서울중앙지방검찰청 귀중

- 1 -   - 2 -

김휘종은 2019년 11월 28일 "최서원과 태블릿PC 관련 상황을 정확히 알지 못하면서 추측이나 막연한 기억으로 발언하게 된 것에 대해 유감스럽게 생각한다"는 내용의 진술서를 작성했다. 정준길 변호사는 이를 태블릿 항소심 재판부에 제출했다.

김휘종은 진술서에서 "본인은 2019년 7월 월간조선 최우석 기자, 2019년 10월 8일 펜앤드마이크와 인터뷰를 한 적이 있다"며 "그 과정에서 본인이 해명해야 할 일과 직접 관련이 없고, 본인이 정확히 알지 못하는 내용에 대한 질문도 받았다"고 했다.

이어 "JTBC가 입수한 태블릿PC를 망 이춘상 보좌관이 김한수 전 행정관에게 시켜 개통한 후 최서원에게 주었는지에 대해 정확히 알지 못하고, 박근혜 대통령 선거 과정에서 동영상을 볼 당시 최서원이 태블릿PC를 사용하였는지에 대해 정확한 기억이 없는데도, 이춘상 보좌관이 김한수 전 행정관에게 시켜 개통한 후 최서원에게 주었고, 대선 초기 최서원이 동영상을 보면서 최서원의 태블릿PC로 블루투스 스피커에 연결해서 사용하였다고 단정적으로 잘못 진술한 것 같다"고 하면서 입장을 번복했다.

또 "최서원과 태블릿PC 관련 상황을 정확히 알지 못하면서 추측이나 막연한 기억으로 발언하게 된 것에 대해 유감스럽게 생각한다"고 밝혔다.

실제 포렌식 결과, 김휘종의 블루투스 연결 주장은 객관적 근거가 없는 진술로 확인됐다. 포렌식 전문가들과 미디어워치 태블릿진상규명단은 4년간 국과수 포렌식 보고서를 샅샅이 분석했지만, 태블릿을 블루투스 스피커에 연결한 기록은 찾아 볼 수 없었다.

최서원이 블루투스에 연결해서 태블릿을 쓰는 걸 김휘종이 목격한 게 확실하다면, 착시 현상이 아닌 바에야 사실이어야 한다. 그래서 포렌식 기록에 정확한 시간과 함께 블루투스에 연결된 기록이 나와야 한다. 하지만 그런 기록은 없고, 최서원 측이 명예훼손으로 고소할 것을 경고하자 김휘종은 180도 말을 바꾼 것이다.

이처럼 김휘종이 펜앤드마이크에 나가 아무런 근거도 없이 떠든 영상은 조회수 약 20만회를 넘기며 여전히 서비스되고 있다. 게다가 여전히 많은 사람들은 김휘종이 이날 방송에서 떠든 주장을 철회하는 진술서를 쓴 것도 모르고 있다. 이런 김휘종의 진술서는 필자의 태블릿 항소심 재판부에도 제출되어 있다.

김한수, JTBC 관계자와 만났다고 실토

필자가 김한수 실사용자 증거를 밝힌 이후, 유영하 변호사와 정호성, 김휘종 등 김한수의 주변 인물들은 이렇듯 모두 '쉬쉬'하며 이를 부정했다. '

쉬쉬' 했다는 의미는 누구 하나 미디어워치가 찾아낸 근거와 논리의 문제점을 공개적으로 문제삼지 않았다는 것이다. 사석에서 돌아다니며 미디어워치와 필자에 대한 음해비방을 하며, "태블릿은 최서원 것이 맞으니 더 건드리면 큰일난다"는 식으로 협박한 게 전부이다.

청와대 참모들뿐만 아니라, 이들과 유착해서 활동한 강용석 변호사와 문갑식 전 월간조선 기자도 마찬가지다. 이들은 유튜브를 통해 시사 논평을 하는 논객으로서, 늘 모든 문제에 대해서 공개 발언을 한다. 그런데 유독 태블릿만큼은 "내가 잘 알지만 말을 할 수 없다"는 식으로 발뺌한다.

미디어워치의 김한수 실사용자론에 대해 정작 당사자인 검찰과 JTBC는 태블릿 재판에서 단 한번도 반박하지 못했다. 그런데 오히려 박 대통령 참모들과 그와 유착된 논객들이 사적 네트워크를 이용해 진상 규명을 가로막고 있는 것이다.

유영하 변호사와 연세대 대학동기라고 자랑해온 문갑식 전 월간조선 기자는 2020년 4월 2일, 김한수와의 인터뷰를 자신의 유튜브 채널에 공개했다. 이 인터뷰 열흘전에 김한수의 태블릿 실사용자 증거가 공개됐지만, 문 전 기자는 김한수에게 요금납부 위증 등 중요한 질문은 던지지 않았다.

그나마 유영하와 대학동기인 문갑식 전 기자가 김한수와 전화 인터뷰한 내용을 2020년 4월 2일에 공개했다. 하지만 미디어워치가 밝힌 김한수 실사용자 증거를 반박하는 내용은 전혀 없었다.

이날 통화에서 문 전 기자는 김한수에게 홍정도와의 관계에 대해 물었다. 앞서 필자는 김한수가 2013년 5월경 "JTBC 홍정도 사장이 내 친구"라고 필자에게 말한 사실을, 2016년부터 현재까지 일관되게 강조해왔다.

김한수는 문 전 기자와의 통화에서 홍정도를 "그 친구"라고 칭하며, 세간에 거의 알려지지 않은 홍정도의 출신 중고교와 학창시절을 보낸 지역에 대해서도 자연스럽게 언급했다. 김한수가 홍정도의 친구임을 대놓고 자백한 건 아니지만, 설명이 뭔가 부자연스럽고 숨기는 듯한 인상을 풍겼다.

문갑식 그 누구야, 홍정도하고 우리 저..김국장은 전혀 관계가 없는거죠?

김한수 1도 없습니다.

문갑식 그..홍정도는 제가 찾아보니까 구정고를 나왔던데.

김한수 아아..현대고등학교가 구정고등학교 옆에 있거든요. 그러면 아마 그 친구도 아마 잘못 알았던가 보네요 흐흐흐..

문갑식 아, 그럼 현대고 나왔어요?

김한수 아뇨. 저는 그걸...말씀드렸다시피 얼마전에 제 친구한테 들었거든요. 그래서 저는 그 친구가 확실히 알고 있는 줄 알아서 (홍정도는) 현대고등학교다라고 (기자님께) 말씀을 드렸던거고. 구정고등학교는 그런데 현대고등학교 바로 옆에 붙어있지 않습니까. 전 뭐 그쪽 근처에서 나온 친구인가 보다라고 인제..그런거 같네요, 근데 인제, 현대인지 구정인지 저는 모르겠어요.

문갑식 아니 그럼 저 김국장, 김한수씨는 저기 저...상문나오셨고.

김한수	(작은 소리로) 상문고등학교죠.
문갑식	네?
김한수	상문. 경원중학교.
문갑식	예.
김한수	저는 경원중학교에서도 그 친구랑 같이 뭐 겹치거나 그런 적도 없어요.
문갑식	(놀란듯) 그 친구도 경원중학교를 나왔어요? 홍정도?
김한수	아니요. 저랑 초중고도 같이 나온 게 없는 거 같은데. 왜 그러냐면 경원중학교는 반포에 있는 학교고 그 친구는 아마 압구정 쪽에서 쭉 살았던 거 같네요. 그 학교 나온거 보니까...

(2020년 4월 2일 문갑식의 진짜TV <태블릿 2대의 진실, 하나는 고 이춘상 부좌관 것, 둘째는 최순실이 쓴 것, 김한수는 만들어줬을 뿐이다!> 6분30초 ~ 7분50초)

필자가 국회 정론관에서 김한수 실사용자론을 공표한 게 2020년 3월 24일이니, 약 열흘 만에 나타난 김한수는 이 이상 말을 하지 못했다. 아무런 반박도 못하고 오직 홍정도 하나만 이야기한 것이다.

참고로 홍정도를 자기 친구라고 말한 김한수의 발언을 필자가 강렬히 기억하는 이유가 있다. 박근혜 정권 초기부터 JTBC는 악랄한 수준으로 정권을 공격하고 있었다. 그래서 필자가 "김국장 같은 사람이 몸으로라도 들이받아서 막아야 되는 것 아닌가" 하고 따졌더니, 김한수는 "홍정도가 제 친구입니다"라고 답한 것이다. 그래서 필자는 "잘 됐네, 옛날 박지원처럼 양주병 들고 가서 한번 던져버려", 이렇게 문답을 주고받았던 것이다.

오히려 김한수는 문갑식과의 인터뷰에서 원치 않은 폭탄을 터뜨려버렸다. JTBC 관계자와 만난 사실이 있다는 걸 실토해버린 것이다.

문갑식 변희재가, 그 우리 김한수 씨가 지난번에 자기한테 말했을 때는 (홍정도와) 무지하게 친하게 지냈다고 얘기했다라고 주장하더라고요.

김한수 흡...글쎄요, 저는 왜 그런...그때 제가 아까 오늘 낮에 잠깐 만났을 때, '그런 일'로 인한 거를 갖다가 오해해가지고 아마 지금 뭐 얘기 하...잘못 이해하고 설명을 하고 있는 것 같긴 한데. 저는..그때 말씀드렸던 그 JTBC 무슨 그나마 누군가도 그날 딱 한 번 본 거고, 홍정도하고는 일면식도 없는 사람입니다.

문갑식 아, 그래요.

(앞 유튜브 영상 7분53초 - 8분30초)

하지만 김한수는 2017년 9월 29일, 박근혜 대통령 1심 재판에 증인으로 출석해서는 "저는 태어나서 단 한 번도 JTBC 언론인과 관련된 인터뷰를 나눈 적이 없습니다"라고 증언했다. 이는 당시 박 대통령 변호인단의 도태우 변호사가 '태블릿PC 개통자 명의가 마레이컴퍼니라는 사실을 알려준 적이 있느냐'는 취지로 질문하자 김한수가 극구 부인하면서 답했던 진술이다.

이에 도 변호사는 "증인은 JTBC 관계자 누구와도 태블릿PC와 관련해서 통화한 사실이 없다는 것이지요" 하고 재차 물었다. 김한수는 "예"라고 대답했다. 결국 문갑식 탓에 김한수는 위증죄가 하나 더 추가된 셈이다.

정작 이날 인터뷰에서 문갑식은 가장 중요한 요금납부 위증 문제에 대해서는 한마디도 묻지 않았다. 인터뷰 당시는 김한수의 검찰·특검 진술과 법정 증언이 모두 거짓이었음이 새롭게 드러난 상황이었다. 김한수는 "2012년 6월 개통한 태블릿은 법인카드로 자동이체 돼 있었다", "이춘상 보좌관에게 전달한 이후부터는 태블릿에 대해 전혀 모른다", "요금은 2013년 청와대에 들어갈 때 내 개인카드 결제로 변경했다"고 허위사실을 주장한 바 있다. 그럼에도 40년 기자 경력을 자랑하는 문 전 기자는 이에 대해 전혀 질문하지 않은 것이다. 고의로 묻지 않았다고 해석할 수밖에 없다.

필자는 정호성, 김휘종은 물론 같은 논객인 강용석, 문갑식에게 태블릿 진실을 놓고 공개토론하자고 수십 차례 제안했다. 그러나 저들은 지난 3년간 무응답으로 일관했고, 사적인 술자리를 돌아다니며 필자와 미디어워치를 음해, 비방하고 있을 뿐이다.

저들은 어떻게 박 대통령을 속이려 했나

저들은 미디어워치와의 공개토론을 피해다니면서도 한 가지 궤변을 만들어 퍼뜨린 적이 있다. 바로 태블릿 USB설이다. USB설은 문갑식이 월간조선 편집장 당시 2017년 월간조선 2월호에, 친박 현역 정치인의 인터뷰에서 처음 제기했다.

- 최순실 국정농단 파문의 와중에서 주목받는 게 최순실이 사용했다는 태블릿 PC입니다.
"태블릿 PC는 제가 좀 알아요. 원래 이춘상 보좌관이 살아있을 때 지금의 문고리 3인방하고 이춘상 보좌관 것 해서 모두 4개를 김한수 행정관을 시켜서 사오게 한 것입니다. 이 네 사람이 서로 정보를 교환하고 했으니 아이디도 공유한 거지요. 이춘상 보좌관이 대선 직전에 사망했는데, 그때 최순실을 수행하는 사람들에게 넘어간 것으로 저는 알고 있습니다."

– jtbc가 입수했다는 태블릿 PC에 대해서는 어떻게 생각하나요.

"고영태는 각종 정보를 USB에 담아가지고 다녔습니다. 전 jtbc가 받은 것이 태블릿 PC가 아니라 USB라고 생각합니다. jtbc는 그걸 입수해 놓고 있다가 방송할 때 그림이 필요하니 어디서 태블릿 PC를 하나 구해 거기에 USB의 내용을 심은 게 아닌가 싶습니다."

2017년 2월호에 게재됐으니 문갑식은 1월 중순 쯤에 인터뷰를 했을 것이다. 1월 중순이면 정호성 전 비서관이 특검과 야합, 태블릿 심증을 포기한 그 무렵이다. 당시 정호성 측은 태블릿 검증을 회피한 것에 대한 알리바이를 만들어야 하는 입장이었다. 이 친박 정치인이 주장하는 대로 이춘상 보좌관이 태블릿 4개를 사오게 해서 그 중 하나가 최서원에게 넘어갔다는 시나리오는 정호성이 필자에게 주장한 내용과 매우 흡사하다.

그런데 USB설은 왜 나왔을까. 참고로 국과수 포렌식 기록에는 JTBC가 USB를 꽂아 청와대 문서를 대량 집어넣었다는 기록은 전혀 없었다. 태블릿에 저장된 문건은 모두 이메일을 통해 다운받았다는 것이 포렌식에서 밝혀진 객관적 사실이다. JTBC 입장에서는 김한수의 태블릿을 최서원의 것으로 잘못 보도했다는 미디어워치의 주장보다, 어쩌면 저들의 주장이 더 심각하게 명예를 훼손하는 사안일 것이다. 그럼에도 JTBC는 허무맹랑한 USB설을 유튜브에서 대놓고 주장하는 강용석 등에 대해서는 아무런 법적 조치를 취하지 않았다.

박근혜 대통령은 태블릿과 관련해 정규재 한국경제신문 주필과의 인터뷰에서 "최서원의 것이라기엔 청와대 자료가 너무 많다. 단지 연설문 수정만 요청했는데 그럴 리가 없다"는 취지의 입장을 밝혔다. 만약 김한수와 유착된 청와대 참모들이 박 대통령을 속이려 했다면, 박 대통령이 의문을 가질 수밖에 없는 이 문제를 풀어야 하는 것이다. 그 해답이 바로 USB 설이다. "JTBC에서 최서원의 태블릿을 입수한 것은 맞으나, 별 내용이 없어서 청와대 기밀문서 200여 개를 USB로 심어버린 겁니다", 이렇게 박 대통령을 속이려 들지 않았겠냐는 것이다.

박 대통령을 속여야 할 사안은 또 있다. 박 대통령은 본인의 1심 재판 당시 김한수가 증인으로 출석했을 때, "나는 최서원이 태블릿을 쓰는 걸 본 적이 없다"고 말했다고 한다. 박 대통령과 최서원은 1975년도에 처음 만났다. 무려 40년을 알고 지냈기에 박 대통령은 최서원이 태블릿을 못 쓰는 것은 물론, 컴맹에 가깝다는 사실도 알고 있었을 것이다. 만약 최서원이 태블릿을 들고 다니는 것을 봤다면, 박 대통령은 "최서원은 태블릿을 사용했다"고 있는 그대로 진술할 인물이다. 본인이 못 봤기 때문에 못 봤다고 말했을 것이다.

특히 최서원과 최 씨의 측근들로 지목된 고영태, 차은택, 유석준, 그리고 딸 정유라까지 모두 최서원이 태블릿을 쓰는 걸 본 적이 없다고 진술했다. 이들 중 고영태와 차은택은 최서원을 공격하는 입장에 서 있던 인물들이었다. 최서원의 편을 들어줄 이유가 없는 자들인 것이다. 그런데 유독 김한수, 김휘종, 정호성 등 김한수와 그 주변 인물들만 최서원이 태블릿을 쓰는 걸 봤다고 주장하는 셈이다.

그래서 튀어나온 게 최서원의 하루, 혹은 열흘 사용론이다. 김휘종과 정규재의 인터뷰를 다시 보자.

김휘종   어 사실 저는 최순실 씨가 그거를 뭐 하루가 됐든 열흘이 됐든 쓰긴 썼다고 생각을 하거든요.

정규재   아, 쓰긴 썼다?

김휘종   예, 왜냐면은 이춘상 보좌관님께서 뭐 김한수를 통해서든 이제 만들어서 전달을 했다는 얘기를 그때 당시에도 들었고 그리고 그 월간조선에도 얘기를 했지만 이후에 한 번 정도는 태블릿PC를 쓰는 걸 보긴 봤어요. 근데 그거를 최순실 씨가 어떻게 생각해서 그거를 안 썼다고 얘기하시는지는 잘 모르겠지만.

왜 저들은 하루나 열흘을 상소하고 있을까. 김휘종 본인이 최서원과 매일 같이 다니는 사이가 아닐 바에야, 본인이 딱 하루 봤다고 해서 최서원이 단 하루만 썼다고 단언할 수 있는 것인가. 본인이 최서원이 쓰는 걸 봤으면 그냥 봤다고 이야기하면 그만이다. 그러나 김휘종뿐만 아니라 이들 모두 "최서원이 하루나 열흘 정도 썼을 것"이라고 자기들 마음대로 상상해낸 주장을 떠들고 있는 것이다.

JTBC와 검찰은, 태블릿이 개통된 직후인 2012년 6월 25일부터 드레스덴 연설문을 다운받은 2014년 3월 말까지, 최서원이 태블릿을 사용했다고 주장해왔다. 실제 태블릿 사용기록을 보면, 김한수가 밀린 요금을 납부해서 이용정지를 해제시킨 2012년 11월 27일부터, 인수위를 거쳐 박근혜 정부가 출범하는 이듬해 2월 말까지 집중 사용되었음이 확인된다. 대선캠프나 인수위, 청와대의 각종 문서도 모두 이 시기에 태블릿에 저장됐다. 그러니 그냥 아무 때에 최서원이 태블릿을 썼다고 떠들어선 안 되고, 분명히 저 기간 동안에 최서원이 태블릿을 썼음을 입증해줘야 최소한의 국정농단 시빗거리라도 잡을 수 있는 것이다.

그러나 검찰과 JTBC 주장대로 약 2년, 사용내역 기준으로 약 4개월 정도, 그것도 한창 바쁜 대선기간과, 인수위, 청와대 출범 때, 최서원이 태블릿을 들고 다니며 박 대통령을 도왔다는 주장을 해보자. 박 대통령이 이를 인지하지 못했겠냐는 것이다. 최서원이 태블릿을 쓰는 걸 지난 40년간 본 적이 없다고 확신하는 박 대통령을 속이려면, 결국 최서원의 사용기간을 하루 혹은 최대한 길게 잡아도 열흘이라고 할 수밖에 없었던 것이다. 즉 아무런 기록도, 근거도 없는 'USB 삽입설', '최서원 하루 사용설', 모두 박 대통령을 속이기 위한 고육지책으로 만들어낸 억지와 궤변일 가능성이 높은 것이다.

다시 지적하지만, JTBC는 김한수의 태블릿을 최서원의 것으로 둔갑시켜 보도했다고 지적한 미디어워치에 대해 두 명의 언론인을 구속시키는 징벌을 가했음에도 불구하고, "JTBC가 USB로 청와대 문서를 심었다"고 대놓고 주장한 강용석, 문갑식에 대해서는 일체 법적 대응을 하지 않고 있다. 이는 박 대통령을 속여 태블릿의 더 큰 진실을 파묻겠다는 JTBC에 대한 그들의 충정을, JTBC가 정확히 이해하고 있다는 신호가 아닐까.

박 대통령이 태블릿의 진실을 정확히 파악하고 김한수, 정호성, 김휘종 등을 다그쳐서 진실이 폭발할 위험보다는, 차라리 아무런 과학적 근거도 없는 USB 삽입설이 시중에 나돌고 있는 게 JTBC 입장에서도 더 안전하다고 판단하지 않았겠는가.

왜 저들은 김한수의 공범이 되었는가

필자가 김한수 실사용자론을 처음 공개했을 때, 청와대 관계자들 다수가 "김한수가 그럴 인물은 아니다"라는 반응을 보였다. 여기에 정호성, 김휘종까지 김한수와 손발을 맞추니까 당연히 "정호성, 김휘종은 그럴 인물들이 아니다"라는 똑같은 반응이 잇따랐다.

검찰은 피의자 신문 당시 필자에게 김한수가 대체 왜 그런 짓을 저질렀는지, 그 동기에 대해 물은 비가 있다. 필자는 "질은 모르지만, 차은택의 회사에 창조경제센터 홈페이지 사업권을 몰아준 배임죄 등 약점이 잡혀있는 것 같다"고 답변했다. 하지만 검찰은 필자의 답변 앞부분만 따서 "모른다"라고 답변했다면서, 이를 구속사유로 강하게 주장하기도 했다.

원칙적으로 언론은 수사기관이 아니기 때문에 김한수가 태블릿을 사용한 증거를 찾아내고, 김한수와 검찰, 특검이 증거를 은폐했다는 점만 밝혀내면 되는 것이다. 김한수가 왜 그랬고, 정호성이 왜 그랬는지, 동기까지 일일이 밝힐 필요는 없다.

하지만 이와 관련해 워낙 질문을 빙자한 음해성 공격을 많이 당한 터라 이 자리에서 간략히 정리해보겠다. 김한수, 정호성, 김휘종, 유영하는 도대체 왜 저러는 것인가.

먼저 김한수의 동기다. 김한수는 배임 혐의가 포착된 적이 있는데, 검찰이 이를 봐준 것에 대한 반대급부로서 검찰의 조작 수사에 협조하는 것일 수 있다.

2016년 11월 22일자 조선일보에는 <"창조경제센터 홈페이지 구축사업 수의계약에 김한수 전 행정관 개입">이란 특종 보도가 나갔고, 이를 20여 개 언론사가 인용 보도했다.

국정농단 비선 실세 최순실에게 태블릿PC를 건네준 것으로 알려진 김한수 전 청와대 행정관이 창조경제혁신센터 홈페이지 용역을 수의 계약으로 진행하고 차은택 씨 회사인 모스코스가 일감을 수주하도록 영향력을 행사한 정황이 확인됐다.

관련 업무를 담당했던 한 관계자는 "김한수 당시 청와대 미래전략수석실 뉴미디어 담당 행정관이 온라인 전문가임을 자처하면서 모스코스와 창조경제사업추진단의 홈페이지 개설 계약 시점에 나타나 다른 전문가들이 해당 업무에 관여하지 못하게 했다"고 22일 밝혔다.

이 제보자는 "창조경제사업추진단은 17개 센터 홈페이지 하나당 약 2000만원, 총 사업비는 약 3억4000만원을 책정했다"며 "17개 홈페이지가 거의 똑같은 데 3억4000만원은 과도한 금액이었다"고 말했다. 그는 "다른 행정관이 모스코스가 제안한 홈페이지의 질이 떨어진다며 다른 곳에 조언을 요청했지만, 김한수 행정관은 전문가들이 홈페이지 작업에 자문하지 못하도록 막았다"고 말했다.

이 관계자는 "결국 김한수 행정관과 창조경제추진단은 문제를 제기한 다른 행정관과 전문가들이 홈페이지 개설 작업에 개입할 수 없도록 이들을 배제하고 업무를 추진했다"고 덧붙였다.

이 당시는 최서원과 조금이라도 관련된 인물이라면 검찰이 닥치는 대로 구속시킬 때였다. 최서원의 태블릿을 만들어주고 차은택의 자회사에 일감을 몰아준 혐의가 이렇게 뚜렷한데도, 검찰과 특검은 구속은커녕 김한수를 수사에서조차 배제시켰다는 것은 무엇을 의미할까.

흥미로운 점은 저 기사의 날짜가 이미 김한수가 검찰에서 10월말 조사를 받은 이후인 11월 22일이라는 점이다. 검찰 수사 단계에서 김한수는 태블릿을 이춘상 보좌관에게 넘겨준 이후로, 그 행방을 전혀 모른다고 진술했다. 또 최서원과는 통화도 해본 적이 없다고 진술했다. 그러나 이 협박성

기사가 나간 뒤에 김한수는 특검에 출석해서는 검사가 원하는 대로 "최서원이 가방에 태블릿을 넣는 것을 봤다", "최서원이 전화를 걸어왔다" 같은 거짓 답변을 해주었다.

검찰이 김한수의 부정비리와 관련해서 약점을 쥐고 있다면, 태블릿 조작에 참여시킨 뒤 나머지 범죄를 눈감아주는 것은 아무 일도 아닐 것이다.

정호성의 경우는 어떠한가. 그도 역시 검찰과 플리바게닝 혐의가 짙다.

정호성은 태블릿 검증을 회피한 대가로 충분히 짐작할 만한, 1년 6개월이란 경미한 형을 받아 만기 출소했다. 그는 최서원과 직접 소통한 유일한 인물로, 검찰과 특검이 만약 공범으로 엮어버리면 10년 이상의 징역형도 각오할 처지였다. 이런 점에서 충분히 특검과 태블릿을 놓고 자신의 형량을 거래했을 거라 짐작할 수 있다.

실제 검찰은 드레스덴 연설문을 포함한 청와대 문건을 최서원에게 전달한 혐의로 2016년 11월 정호성을 긴급체포했다. 이후 정호성은 구속 상태에서 검찰·특검 수사와 국정농단 재판을 받으면서 시간을 보냈다. 그러다가 2018년 4월, 대법원이 가벼운 1년 6개월 형을 확정하자마자 곧바로 출소할 수 있었다. 정호성은 나머지 혐의에 관해선 불구속 재판을 받았다. 정호성이 온전히 '감옥생활'을 한 기간은 얼마 되지 않는 것이다.

또 정호성의 만기 출소는 언론의 스포트라이트를 받기도 했는데, 이때 정호성은 탄핵이 잘못되었다거나 박근혜 대통령은 잘못이 없다는 등의 언급을 전혀 하지 않았다. 대신 "막중한 책무를 맡아서 좀 더 잘했어야 했는데 여러 가지로 부족했습니다, 죄송합니다"라고 말했다. 정호성은 거짓 탄핵에 맞서지 않고 자기만 살겠다며 사과를 한 셈이다.

김휘종의 경우는 태블릿 조작 문제와 관련, 적어도 방조를 한 것에 대한

두려움이 동기일 수 있다.

사실 김휘종은 김한수가 태블릿을 쓰는 걸 충분히 봤을 법한 위치에 있었다. 박근혜 정권 1년 차에 한 달에 한 번 정도 김한수와 만났던 필자도 봤는데, 매일 함께 일한 그가 못 봤을 리가 없다. 그는 청와대 참모였으면서도 탄핵 당시부터 태블릿 진실에는 애초에 눈을 감고 있었다. 그래서 나중에 진실이 드러나면 그 자체만으로 정치적으로 심판받게 된다. 김휘종은 김한수나 정호성처럼 적극적인 동기까지 아니더라도 이대로 태블릿 사건이 묻혀지는 게 훨씬 유리한 입장이다.

유영하의 경우는 금전 등의 문제로 김한수에게 포섭됐을 수 있다.

유영하는 박 대통령 1심 재판 도중 김한수와 같은 사무실을 쓰고 있다는 점이 뒤늦게 드러나서 다른 변호사들이 불만을 제기하기도 했다. 이와 관련해 강용석은 필자에게 "김한수가 박 대통령 대선 때 했던 드루킹 같은 댓글공작을 폭로할 수 있어서, 이를 막기 위해 데리고 있는 것"이라 설명했다. 검토할 가치조차 없는 궤변이다. 박 대통령에게 그런 추가 비리가 있었으면 특검이 수사를 안 했을 리가 있는가.

박 대통령 변호인 발언 논란

jtbc

유영하 대통령 변호인

대통령께서는 그동안 개인적 부덕의 소치로
주변 사람들을 제대로 관리하지 못해, 엄청난 국정 혼란을 초래하고

JTBC 뉴스룸 2016년 11월 15일자 <"사생활"까지 꺼내며…대통령 변호인, 앞뒤 안 맞는 발언> 제하 보도에서 손석희는 "유영하 씨도 최순실 씨가 잘못한 것이지, 대통령 잘못이 아니다는 취지의 발언을 거듭하고 있다"고 말했다. 실제 유영하 변호사는 청와대 침모들과 입을 맞춰 '최서원 책임론'을 부각시켜온 핵심 인물로 의심받고 있다.

오히려 정반대로 생각해볼 필요가 있다. 김휘종 등 탄핵 이후 일부 청와대 행정관들은 극심한 생활고에 시달리고 있었다. 탄핵당한 박근혜 정권의 행정관이라면 마땅히 취업할 곳이 없었을 것이다. 그러다보니 김휘종 같은 경우는 '밝은해광장'이란 유튜브 채널을 만들어 자신이 관리하던 청와대 영상과 사진들을 활용해서 방송하고, 박 대통령을 상징하는 각종 뱃지나 컵 등을 과도하게 비싸게 팔아 물의를 빚기도 했다.

이런 청와대 행정관들 가운데 유일하게 풍족하게 돈을 쓰며 해외여행을 다녔던 인물이 김한수다. 김한수는 이혼을 한 뒤 원래 거주지였던 분당이 아니라 경기도 광주의 한 신축아파트에 거주하고 있다. 과연 그는 무슨 돈으로 풍족한 생활을 하고 있는 걸까. 태블릿 문제를 처리해준 사례금이라고 해석하면 되는 걸까.

유영하의 경우, 변호사로서 박 대통령을 접견하는 일 외에 다른 수임 사건은 맡은 바 없다고 밝혔다. 그래서 유영하의 활동비를 가세연 측에서 대주기도 했다. 이런 유영하가 자기 사무실에 김한수를 데리고 있었다? 사건 수임도 하지 않는 유영하가 무슨 돈으로 김한수에게 급여를 주겠는가. 오히려 반대로 김한수가 데리고 있으면서 유영하를 챙겨준 거라고 한다면 그럴 듯하다. 최소한 유영하는 박 대통령 1심 재판 과정에서 김한수에 대한 도태우 변호사의 송곳 질의를 저지하고, 미디어워치의 김한수 실사용자 규명도 전방위로 방해하는 등 태블릿 진실 은폐를 위해서는 뭐든 다 해왔으니까 말이다.

이런 개인적인 사리사욕 문제 외에도, 탄핵 당시의 청와대 근무자들은 청와대 내에 배신자가 나와서 탄핵을 성사시켰다는 시나리오를 믿고 싶어 하지 않는 경향이 있다. 지금껏 청와대 참모들은 최서원 한 사람이 모든 일을 망쳐놨다며 스스로 자위하고 있었다. 하지만 앞서 언급했듯이 청와대 참모들은 탄핵을 막기 위한 그 어떤 대비책도 만들어놓지 않았다. 그런 그들의 실책을 최서원 한 사람에게 뒤집어 씌워놓고, 자위를 하며, 변명도 해왔던 것이다.

그런데 탄핵의 실체가, 민간인 최서원의 국정개입이 아니라, 사실은 청와대 내부 인사인 김한수, 그리고 그 주변 인물들이 태블릿 조작에 가담해서 일으킨 정변이라면, 그들의 자위용 알리바이도 무너진다. 진실을 보여줘도, 진실을 보려고 하지 않는 정서가 팽배한 것이다.

실제로 김한수는 미디어워치의 실사용자 폭로 보도 이후에도 과거 청와대 동료들과 스스럼없이 만나고 있다. 김한수로부터 용돈을 받는 경우도 있을 것이다. 하지만 그보다는 원천적으로 자신의 동료 김한수가 태블릿 조작의 주범이라고 믿고 싶어 하지 않는 것이다.

이들이 박 대통령 석방 이후에도 박 대통령의 눈과 귀를 막아서 태블릿 진실을 접하지 못하게 스크럼을 짠다면, 박 대통령의 명예회복은 더디게 진행될 수밖에 없다. 탄핵의 첫 단추를 태블릿 조작으로 채웠다면 태블릿의 진실부터 바로 잡아야, 탄핵과 관련된 수많은 사기와 조작도 잡을 수 있다. 그런 점에서 필자는 사면 석방된 박근혜 대통령이 하루라도 빨리 미디어워치의 자료를 확인한 뒤, 직접 김한수, 김휘종, 정호성 등을 불러서 신문(訊問)을 하고 진실게임을 마무리해주기 바란다. 필요하면 필자가 언제라도 대질로 나설 것이다.

김한수만 건드렸던 창조경제 홈페이지 작업, 태블릿에 담겨

김한수가 창조경제센터 홈페이지 사업을 혼자만 독점하려 했다는 진술이 나온 만큼, 태블릿에 관련 작업의 흔적이 담겨있는 것도 김한수 실사용의 유력한 증거가 될 수 있다. 아무리 JTBC와 검찰이라도 60대 컴맹여성이 청와대 공식 사업의 홈페이지를 직접 제작, 관리했다는 주장은 하지 못할 것이다.

김한수가 작업했을 창조경제 홈페이지 문제에 대해서는 필자의 변호인 차기환 변호사가 2019년 8월 7일, 태블릿 명예훼손 형사재판 항소심 재판부에 제출한 의견서에 잘 정리돼 있다.

차 변호사는 의견서에서 "이 사건 태블릿은 박근혜 전 대통령의 대통령 선거캠프의 직원으로 활동하던 김한수가 2012. 6.경 자신이 운영하던 ㈜

마레이컴퍼니의 명의로 개통한 것"이라며 "태블릿에 대한 국과수의 파이널 모바일 포렌식 보고서(증제67호증), 파일정보시스템(증제68호증), TAB감정회보(증제130호증)를 검토하면, 김한수가 2013. 9.경 자신이 담당했던 창조경제타운 홈페이지 작업을 위하여 사용한 증거들이 쏟아져 나옵니다"라고 말했다.

우선 국과수 포렌식 자료를 분석한 결과, 총 8건의 창조경제타운 홈페이지 캐시 파일이 태블릿에서 발견됐다. 차 변호사는 "이 캐시 파일들은 2013. 9. 10. 수신된 이메일에 첨부된 이미지들의 캐시 파일로 창조경제타운 홈페이지 제작을 앞두고 제작한 시안을 보여주는 이미지들"이라고 설명했다. 이어 "이미지 원본 파일은 존재하지 않는 것으로 보아 사용자가 임의로 삭제한 것으로 판단된다"고 덧붙였다. 창조경제타운은 박근혜 대통령의 주요 정책 중 하나로 추진된 사업이었다. 이 사업 홍보를 위한 '창조경제타운 홈페이지' 시안 8개가 만들어졌고, 태블릿에 저장된 홈페이지 캐시 파일은 청와대 내부 담당자가 이메일로 공유하던 과정에서 생겨난 것으로 볼 수 있다.

차 변호사는 "검찰 및 특검이 수개월에 걸쳐 최순실 및 관계인들을 철저하게 수사하였으나 최순실이 창조경제타운 홈페이지 제작에 관여했다는 증거는 없다"며 "오히려 청와대 행정관 김한수가 뉴미디어 국장으로서, 창조경제 홈페이지 사업을 독식하려 했다는 진술이 나왔고, 위 창조경제타운 홈페이지 작업을 하였을 가능성이 높은 증거들이 있다"고 설명했다.

차 변호사는 "이처럼 김한수가 차은택에게 창조경제센터 홈페이지 제작계약을 몰아주기 위해 다른 행정관들이나 전문가가 관여하지 못하게 사실상 단독으로 처리한 점 등에 비추어 보면, 김한수가 2013년 9월경 이

사건 태블릿을 사용하고 있었다고 보는 것이 합리적이라고 하지 않을 수 없습니다"라고 강조하기도 했다.

물론 검찰은 이 건을 포함, 김한수가 태블릿을 사용했다는 증거들은 모조리 숨겨왔다.

543	정상	멀티미디어로 그	/mnt/sdcard/Android/data/com.android.email/cache/D0401.jpg		image/jpeg	527240	2013-10-02 AM 10:48:38	2013-09-10 PM 02:46:10	
544	정상	멀티미디어로 그	/mnt/sdcard/Android/data/com.android.email/cache/C0302.jpg		image/jpeg	647969	2013-10-02 AM 10:48:38	2013-09-10 PM 02:48:21	
545	정상	멀티미디어로 그	/mnt/sdcard/Android/data/com.android.email/cache/A-more01.jpg		image/jpeg	543941	2013-10-02 AM 10:48:39	2013-09-10 PM 02:48:34	
		디어로 그	ata/com.android.email/cache/A0103.jpg		g		AM 10:48:40	PM 02:49:00	
547	정상	멀티미디어로 그	/mnt/sdcard/Android/data/com.android.email/cache		image/jpeg	555570	2013-10-02 AM 10:48:39	2013-09-10 PM 02:49:19	

Mobile Forensics
DIGITAL MOBILE EVIDENCE ANALYSIS RESULT

FINAL
MobileForensics

		그	/cache/A0104.jpg						
548	정상	멀티미디어로 그	/mnt/sdcard/Android/data/com.android.email/cache/B0201.jpg		image/jpeg	475948	2013-10-02 AM 10:48:37	2013-09-10 PM 02:49:51	
549	정상	멀티미디어로 그	/mnt/sdcard/Android/data/com.android.email/cache/C0301.jpg		image/jpeg	653503	2013-10-02 AM 10:48:37	2013-09-10 PM 02:50:01	
550	정상	멀티미디어로 그	/mnt/sdcard/Android/data/com.android.email/cache/A-more02.jpg		image/jpeg	555726	2013-10-02 AM 10:48:38	2013-09-10 PM 02:50:16	

국과수 포렌식 감정 결과, 창조경제타운 홈페이지 시안이 담긴 총 8건의 캐시파일이 태블릿에서 발견됐다.

202 변희재의 태블릿, 반격의 서막

태블릿에 저장돼 있는 창조경제타운 홈페이지 디자인 관련 이미지들. 창조경제타운 홈페이지 제작은 김한수가 독점해서 추진한 사업으로 알려졌다. 따라서 태블릿에 저장된 관련 캐시 이미지 파일들은 당시 김한수가 태블릿을 사용했다는 결정적인 증거가 된다.

5부

5

법원

구속영장 실질심사 판사 이언학, JTBC 사설 변호인 수준

태블릿 문제와 관련, JTBC의 고소에 따른 검찰 조사는 1년 가까이 미뤄지다가 담당 검사가 홍성준 검사로 바뀌면서 빠르게 진행되었다. 홍 검사는 수사 첫날인 2017년 말 어느 날 필자에게 "수사 결과를 보니 어차피 JTBC나 미디어워치나 안 받아들일 테니 차라리 공개 토론으로 붙어보는 게 맞지 않겠냐"는 의견을 제시했다. 맞는 말이었다. JTBC나 미디어워치나 다 같은 언론사로서, 얼마든지 공개토론, 또는 전문가 패널 토론으로 진실에 다가갈 수 있었다. 그러나 JTBC 측은 그 어떤 토론도 응하지 않고 있었다.

이에 필자는 2018년 신년부터 JTBC 앞에서 "손석희 사장은 토론에 응하라"는 내용의 집회를 개최했다. 홍 검사의 의견을 그대로 반영한 것이다. 하지만 홍성준 검사는 훗날 자신이 애초 제안했던 내용으로 열었던 집회이자 합법적으로 신고된 집회를 구속의 사유로 악용하고 나섰다.

검찰이 2018년 5월 24일, 필자에 대한 사전 구속영장을 신청하자, 필자는 그때부터 직접 법원과 상대하게 됐다. 당시 필자는 JTBC의 심부름센터 역할을 하던 검찰과는 상대할 가치가 없다고 봤기에, 차라리 법원이 최소한의 공정성은 지켜줄 것으로 기대했다. 그러나 대한민국의 법원은 검찰보다 한술 더 떠서, 수단과 방법을 가리지 않고 진실을 은폐하는 데 급급했다. 검찰이 JTBC의 사설 변호인이었다면, 법원은 검찰의 사설 변호인이었다. 이들은 이렇게 스크럼을 짜고, 태블릿 진실이 터져나올 것을 막기 위해 온갖 편법과 불법을 동원했다.

2018년 5월 24일 필자는 서울중앙 지방법원에서 사전 구속영장 실질 심사를 받았다. 당시 기자들 앞에서 태블릿 조작 의혹을 제기한 경위, 구 속영장 내용의 부당성에 대해 설명 할 기회가 있었지만, 말을 끝내기도 전에 수사관들에 의해 제지되어 법 정으로 끌려갔다.

단 한 번에 구속여부를 결정하므로, 피고인의 입장 개진은 충분히 들어 준다고 알려져 있는 구속영장 실질심사에서조차 필자의 방어권은 전혀 보장되지 못했다. 당시 서울중앙지법 영장 담당 이언학 판사는 검사보다 더한 수준으로 마치 JTBC 측 사설 변호인처럼 필자에게 설교를 늘어놓았 다. 필자가 발언하려고 하면 "법원을 무시하는 것이냐"며 말을 끊었다. 더 구나 다른 중대한 정치적 사건의 영장실질심사는 점심시간을 넘겨 서너 시간씩 이어지는 경우가 많음에도 불구하고, 태블릿 명예훼손 사건에서 필자의 영장 심사는 단 15분 만에 끝나버렸다.

특히 홍성준 수사검사는 영장에도 없던 내용, 가령 필자가 CJ그룹을 협 박해 돈을 갈취했다거나 "손석희의 목을 따버리겠다"고 발언했다면서 추가 증거를 제출했다. 정말로 그런 증거가 있었다면 수사 당시나 영장에 첨부했어야 하는 게 아닐까? 필자는 이언학 판사에게 검사가 제출한 증거자료를 확인하겠다고 요구했다. 하지만 이언학 판사는 "증거가 맞으니 제출했겠지"라며 필자의 항변을 가볍게 묵살했다. CJ그룹을 협박해 돈을 갈취했다는 증거와 관련해서 필자는, 태블릿 명예훼손 형사재판 항소심에서 증거를 모두 제출하라고 검사에게 요구하기도 했다. 하지만 지금껏 무소식이다. 이와 관련, 필자는 사건과 관계없는 민간인 사찰을 한 혐의로 홍성준 검사를 국가인권위에 제소했다.

이언학 판사는 마지막으로 "바깥에서 떠드는 사람들, 피고인이 데리고 왔나요?"라고 질문했다. 필자는 이 질문을 알아듣지 못해 무슨 말인지 재차 물었다. 결국 이언학 판사의 질문은 필자의 구속반대 성명서를 발표하며 집회를 하던 미디어워치 독자들을 겨냥했던 것이다. 나중에 알았지만 이언학 판사는 문재인 지지 성향의 우리법연구회 출신이었다.

손석희도, 태블릿도, 최서원도 나오지 않았던 태블릿 1심 재판

태블릿 1심 단독재판부 박주영 판사의 경우, 과학고 출신에 서울대 산업공학과 출신이라 과학적 마인드로 태블릿 사건을 접근해주기를 내심 기대했다. 그러나 나중에 알게 된 사실이지만 정의로운 판결은 나올 수가 없는 상황이었다. 왜냐하면 박 판사도 우리법연구회 출신이기 때문이다.

우리법연구회 출신 판사는 전체 판사 2,000여명 중 100여명에 불과하다. 그런데 필자는 구속영장 판사, 1심 판사 모두 우리법연구회 출신을 만났다. 후일 항소심 재판부에도 우리법연구회 판사가 끼어있었다. 항소심 재판부가 필자와 미디어워치 기자들의 방어권을 마구 짓밟기에 법관기피 신청을 했더니, 그 신청사건을 담당한 대법원의 대법관 또한 우리법연구회 출신이 섞여 있었다. 네 번째 우리법연구회 판사였다. 태블릿 사건과 같이 중차대한 재판에서 어떻게 건건이 친-문재인 성향의 우리법연구회 판사들만 만나는 것인지, 이 자체만으로도 특검수사 대상이다.

1심에서 박주영 판사의 행태 역시 상상을 초월했다. 이 사건은 허위사실에 의한 명예훼손이기 때문에, 피고인의 주장이 허위사실인지 판단하는 게 우선이었다. 즉 JTBC 손석희 사장이 보도한 태블릿이 최서원의 것이 맞는지부터 가리는 게 쟁점이었다. 그렇다면 당연히 손석희 사장과 최서원부터 증인으로 나와야 하고, 물증인 태블릿에 대해서도 과학적인 검증이 이뤄져야 할 것이다. 박주영 판사는 이 모든 것을 거부했다. 1심 내내 재판부가 받아준 증인은 JTBC 기자 5명(김필준, 심수미, 손용석, 서복현, 조택수)이 전부였다. JTBC의 주장을 뒤집을 최서원, 김한수, 노승권 등 핵심증인에 대한 신문부터, 실사용자 판단을 위한 태블릿 검증까지 우리법연구회 판사가 원천적으로 틀어막아버린 것이다.

2018년 12월 5일, 1심 결심공판에서 홍성준 검사는 필자에게 5년형을 구형했다. 당시 기준으로 명예훼손 사상 최고 신기록이라고 한다. 미디어워치 기자들의 경우도 황의원 당시 대표이사 겸 편집국장에게 3년, 이우희 당시 선임기자에게 2년, 오문영 당시 기자에게 1년을 각각 구형했다. 미디어워치 전체가 도합 11년의 징역형을 구형받은 것이다. 박주영 판사는 그 5일 뒤인 12월 10일에 선고하겠다고 선언했다. 미디어워치 측은 그날 약

150페이지 분량의 최종 변론서를 준비해서 제출했다. 이걸 5일 만에 읽고, 판결문을 쓰겠다는 것이다. 사실상 판결문을 다 써놓았다고 선언한 것이나 마찬가지였다. 역시 예상대로 박주영 판사의 판결문은 검찰의 공소장을 그대로 베꼈다. 검찰도 만족했는지 항소심 때 이 부분을 강조하기도 했다. 그러니 애초에 JTBC의 고소장에 담겨있던 거짓, 허위 사실들이 검찰 공소장을 거쳐, 1심 판결문에도 그대로 복사되었다.

1심 판결문에서 가장 어처구니 없는 부분은 JTBC 측이 태블릿의 L자 비밀패턴을 우연히 풀었다는 것과 관계된 부분이다. 태블릿 비밀패턴을 우연히 한 번에 풀 수 있는 확률은 14만분의 1이나. 미디어워치 측은 우연을 가장하기엔 수학적으로 불가능에 가깝다는 근거로서 이러한 확률 문제뿐만 아니라, 당사자인 최서원이 자신은 L자 패턴을 설정한 바 없다고 작성한 자술서를 선고 전에 재판부에 제출하기도 했다. 또한 특검에는 최서원의 핸드폰에서 L자 패턴을 확인했다는 포렌식 증거 제출을 요구하는 사실조회도 신청했다. 그러나 박주영 판사는 이런 기초적인 사실조회조차 선고 전에 모조리 기각시켰다.

> 문   위 태블릿 PC의 잠금장치는 어떻게 풀었는가요
>
> 답   저의 전화기가 삼성 갤럭시 노트5이고 1년 전부터 'L'자 패턴(왼쪽 가장자리 부분과 아래 부분 전체를 연결)을 사용하고 있는데 혹시나 해서 같은 'L'자 패턴을 해보니 열렸습니다. 저도 스스로 놀랐습니다.

태블릿을 발견했다고 알려진 JTBC 김필준 기자의 검찰 진술조서. 우연히 L자 패턴을 열었고 본인도 놀랐다고 진술했다.

L자 패턴 문제와 관련 필자의 태블릿 명예훼손 형사재판 1심에 제출된 최서원의 자필 진술서. 최씨는 휴대전화 등에 L자 패턴은 커녕 잠금패턴 자체를 쓴 적이 없다고 밝히고 있다. 특검은 애초 최서원의 스마트폰을 압수한 적도 없으면서, 자신들이 압수한 최서원의 휴대전화와 태블릿들이 모두 L자 패턴인 것으로 확인됐다는 내용의 허위 발표를 하기도 했다.

그러더니 박주영 판사는 2018년 12월 10일자 판결문에서 "김필준은 당시 본인이 사용하던 L자 모양의 패턴을 입력하였더니 잠금장치가 해제되었다고 진술하고 있다"며 "김필준의 휴대폰 포렌식 결과도 위 진술에 부합한다"며, "피고인들(변희재 외3)은 김필준이 잠금장치를 해제하는 과정에서 패턴이 일치할 확률이 수학적으로 희박하다는 등의 이유를 들어 이 사건 태블릿 입수 경위에 대한 JTBC의 보도는 허위라고 주장하고 있다"고 지적하면서, 피고인 전원 유죄를 선고했다. 정작 비밀패턴을 우연히 한 번에 풀었다는 JTBC 측은 검찰 수사과정에서 "믿기지 않겠지만"이라는 표현을 썼을 정도로 이례적인 일이라는 점을 인정한 바 있다. 최소한 태블릿 사건에 대해선 JTBC 보다는 검찰, 검찰보다는 법원이 한술 더 떠서 진실을 파묻으려 했던 것이다.

홍석현과 윤석열의 만남 이후, 파행되는 태블릿 재판

그런데 진실은 영원히 덮을 수 없다는 말처럼, 훗날 추미애의 법무부와 윤석열의 검찰이 갈등을 빚다가 뜻하진 않은 진실이 폭로됐다. 필자의 태블릿 형사재판 1심 선고를 앞두고 있던 시기에, 검찰 수뇌부와 언론사 사주 간에 부적절한 만남이 있었다는 것이다.

검찰이 명예훼손 사건으로는 파격적인 5년형을 필자에게 구형하고, 결심 5일만에 법원의 선고가 나오는 등 재판이 망가지기 직전인 2018년 11월 20일경 JTBC의 실질적인 오너로 중앙홀딩스 회장인 홍석현과, 당시 서울중앙지검장으로 태블릿 형사재판을 관리하던 윤석열이 서울 인사동 모처에서 심야 만남을 가졌던 사실이 뒤늦게 밝혀졌다.

이 '부적절한 만남'은 2020년 말 추미애 당시 법무부 장관이 윤석열 검찰총장을 징계하기 위한 사유 1순위로 내세우며 널리 알려지게 됐다. 당시 법무부는 이들 만남의 이유로 'JTBC 태블릿 사건'이라고 분명히 적시했다. 태블릿 사건을 관리하던 검사가, 사건 당사자인 언론재벌의 오너를 사적으로 만난 것이 검사 윤리에 어긋났다는 것이다. 추미애의 문제 제기에 비상이 걸린 JTBC 측은 즉각 뉴스 보도를 내면서 미디어워치에 대한 기소가 이미 이뤄진 상태였기 때문에, 둘의 만남이 재판에 영향을 미치지 않았다며 윤석열 대신 변명하고 나섰다.

하지만 당시 태블릿 형사재판 1심은 2018년 6월에 이뤄진 검찰의 기소 이후 다섯 달이 지나면서, 점차 피고인 측으로 전세가 역전되고 있던 형국이었다. 두 사람이 만나기 바로 직전까지 말이다. 특히 2018년 10월 이후에는 JTBC 기자들이 줄줄이 불려나와 태블릿PC 가짜뉴스에 대해 모르쇠로 일관하거나, 위증을 시도하다 적발되기 일쑤였다. 그러다보니 미디어워치는 이들의 거짓을 확인하기 위한 사실조회 신청을 여러 기관에 수시로 넣고 있었다. 그중 하나만 공식적으로 확인돼도 JTBC는 무너질 수밖에 없는 상황이었다.

또한 태블릿이 조작됐다는 디지털 증거가 속속 발견되면서, 태블릿 조작 진상규명을 응원하는 시민단체들이 신문광고를 내고, 기자회견에 나서기도 했다. 이처럼 재판이 검찰 구형을 앞두고 JTBC 측에 크게 불리하게 돌아가고 있었던 것이다.

특히 필자에 대해선 구속 6개월 만기가 다가오고 있었다. 검찰의 특단의 조치가 없다면 필자는 구속만기로 출소하는 상황이었다. 2018년 10월 1일부터 홍석현과 윤석열이 만나던 11월 20일까지의 재판 상황은 다음과 같았다.

태블릿 명예훼손 형사재판 1심에서 필자가 5년형을 구형받기 며칠 전인 2018년 11월 20일경, 윤석열과 홍석현이 인사동 모처에서 심야 회동을 한 사실이 2020년에야 뒤늦게 밝혀졌다.

10월 1일, JTBC 심수미 기자와 김필준 기자가 증인으로 출석했다. 심수미는 이날 노승권 서울중앙지검 1차장과 태블릿에 관해 문자메시지를 주고받은 주인공이 바로 자신이라고 위증했다가 현장에서 적발됐다. 심수미의 휴대전화는 SKT였는데 문자메시지 캡처에는 KT 마크가 선명했던 것. 다급해진 심수미는 "독일에서 어머니의 휴대전화로 한국의 노승권 검사와 문자메시지를 했다"는 구차한 변명을 늘어놓았다. 김필준은 시종일관 답변을 거부했다. 필자의 변호인이 "태블릿PC 개통자 정보를 인근 SKT 대리점에 물어봐서 알아냈다"는 JTBC 주장이 사실이냐고 묻자, 김필준은 일체의 답변을 거부했다. 제3자가 태블릿 개통자 정보를 알아냈을 경우, 알려준 자와 알아낸 자 모두 중형에 처하도록 되어 있다.

10월 11일, 미디어워치는 JTBC와 삼성전자, 특검, 한국디지털포렌식학회, 구글, 법원(등기소), 출입국관리소 등에 대거 사실조회를 신청했다.

10월 12일, 홍성준 검사는 미디어워치 측 변호인(이동환 변호사)의 '태블릿PC 감정신청'에 강력히 반발하는 서류를 제출했다. 이에 우리법연구회 출신 박주영 판사는 태블릿 감정신청을 기각했다.

10월 24일, 노승권 검사가 2016년 12월 11일, 기자들에게 "태블릿에서 정호성의 '잘 보냈습니다'라는 문자가 나왔다"는 결정적 거짓브리핑을 한 사실이 뒤늦게 적발됐다. 미디어워치는 이 사실을 보도하고, 시민단체들이 신문에도 관련 의견광고를 냈다.

10월 25일, 국내 항공사들을 상대로 김한수 전 청와대 행정관, 이병헌(최서원의 조카이자 김한수의 절친), 장시호(최서원의 외조카이자 김한수와도 친할 가능성이 있는 인물)의 항공편 탑승내역에 관한 사실조회를 신청했다.

10월 28일, 2017년 당시에 윤석열 서울중앙지검장이 국감에 출석해 "정호성도 최서원의 태블릿이라고 인정했다"며 위증한 사실도 뒤늦게 적발됐다. 미디어워치는 이를 즉각 기사화했다.

10월 29일, 손용석 JTBC 특별취재팀장 증인신문. 손용석은 "심수미 기자의 지난번 증언은 착각이며, 노승권 검사와 문자메시지를 나눈 사람은 조택수 당시 법조팀장"이라고 증언했다. 심수미의 위증이 확정됐다. 손용석은 "고영태가 심수미와 만난 적이 없다는 내용의 보도자료를 뿌렸다"는 위증도 했다.

11월 7일, 필자와 미디어워치의 진실투쟁을 지지하는 시민들이 서울역 대회의실에서 태블릿 카톡 메시지가 대량 삭제되는 등의 디지털 조작 증거가 발견됐다는 내용으로 기자회견을 열었다. 이날 도태우 변호사는 JTBC가 태블릿을 입수한 이후, 태블릿에서 연락처DB와 통화기록 등이 삭제된 포렌식 기록을 제시했다. 실제 사용자가 누군지 알아볼 수 있는 결정적 단서를, 태블릿 입수 이후 누군가 건드렸다는 증거다. 태블릿 진상규명을 위한 시민단체를 이끌어온 오영국 태블릿특검추진단 대표는 "심수미 기자의 '노승권 문자메시지 위증'은 처음부터 검찰이 태블릿PC 조작 사건에 깊이 개입돼 있었을 가능성을 보여주는 사례"라고 강조했다. 검찰의 태블 릿 조작 개입을 처음으로 공론화한 장면이었다.

11월 9일, 미디어워치 측은 위치정보를 확인했다는 JTBC의 보도를 근거로, SK텔레콤에 LTE 위치정보, 위치정보 검찰제출 내역, 개통자 명의 조회 내역 등을 사실조회해줄 것을 신청했다. 더불어 변호인은 "최서원이 태블릿으로 딸 정유라의 사진도 찍고, 통화도 했다"는 기사를 비롯한 JTBC 가짜뉴스의 취재원과 근거자료에 대한 사실조회를 신청했다. 하지만 법원은 이를 모두 기각했다.

11월 20일, 미디어워치 측이 두 번째 태블릿 감정신청서를 제출했다. JTBC 기자들의 위증과 구체적으로 드러난 태블릿 파일 삭제 정황을 대폭 보강해서 재신청한 것. 이 같은 감정 신청서와 함께 미디어워치 측은 그동안 드러난 조작 증거와 증인들의 위증을 종합하여, 최서원, 김한수, 노승권 등에 대한 증인 신청을 하면서 승부수를 던졌다. 재판부가 이 중에서 한두 가지만 들어주면, 필자는 12월 초 구속만기로 출소해 방어권을 확보한 상태에서 재판에 임할 수 있었다.

그런데 바로 이날 야밤에 홍석현과 윤석열이 만났던 것이다. 이 둘의 만남 이후, 검찰은 무차별적으로 사실조회와 증인신청을 모두 반대했고, 박주영 판사는 검찰이 시키는대로 움직였다. 박주영 판사는 결국 JTBC 측의 시나리오만 읊어대는 JTBC 기자 두 사람(서복현, 조택수)만 추가 증인으로 부른 뒤, 12월 5일 결심 이후 5일만에 선고, 태블릿의 진실을 파묻어버린 것이다.

박주영 판사는 필자에게 2년형(사전구속), 황의원 대표에게 1년형(법정구속)을 선고하고 감옥에 가뒀다. 또 이우희 기자에겐 6개월 징역(집유 2년), 오문영 기자에겐 500만원 벌금을 선고하면서, 기소된 언론인 전원에게 유죄를 선고했다.

JTBC 뉴스룸의 2018년 12월 10일자 <'태블릿 조작설' 변희재 징역 2년… "사회 불신·혼 란 키워">제하 보도에서 JTBC는 마치 자신들이 승리했다는 듯이 태블릿 재판 1심 판결 내용을 자세히 보도했다.

태블릿 항소심 재판, 증거 확보에 총력전

필자가 1심에서 재판부 기피신청 등을 불사하며 강하게 맞붙지 못한 이유는, 설마 그래도 OECD 주요 국가인 대한민국 법원이 무차별적으로 권력에 줄서서 조작, 날조 판결을 할 수 있겠는가 생각했기 때문이다. 하지만 저들은 끝내 그렇게 하고야 말았다. 항소심에서 필자는 다음과 같이 주장할 수밖에 없었다.

"저는 옥중에서 100년 전 김구 선생의 안악사건(1910년 11월 안중근 의사 동생 안명근이 무관학교 설립자금을 모으다 황해도 신천지방에서 관련 인사 160명과 함께 검거) 재판에 대한 책을 읽었습니다. 김구 선생은 모의현장에 자신이 없었다는 증거와 증인을 신청했으나 일제의 검찰과 법원은 모두 기각했고, 두 번의 공판 끝에 15년 형을 선고했습니다.
100년이 지난 피고인 재판에서도 태블릿PC, 손석희 등 핵심 증거와 증인 채택을 요구할 때마다 대한민국 검찰은 100년 전 일제의 검찰과 똑같이 '아직도 반성하지 않는다'며 중형 구형의 근거로 악용했습니다...... 기창하게 들리겠지만, 제가 항소심에서 요구하는 것은 소박합니다. '최순실의 태블릿PC' 재판에 최순실도, 태블릿PC도 없는 일제, 북한, 미얀마 같은 재판이 되지 않았으면 좋겠습니다."

이런 필자의 호소가 먹혔는지, 아니면 필자의 변호인들이 1심 재판 막판에 발견된 디지털 조작 증거를 잘 강조해서였는지 보석 출소가 이뤄졌고, 이후 항소심에서는 1심과 비교하면 사실조회를 통한 증거확보를 더 수월하게 해나갈 수 있었다. 특히 미디어워치는 검찰과 국과수 포렌식 과정에서 태블릿 내용물 전체를 복사한 이미징 파일 확보 문제에 사활을 걸었다. 이것만 확보하면 JTBC와 검찰이 태블릿을 어떻게 건드렸는지 손쉽게 파악할 수 있기 때문이다. 반대로 JTBC와 검찰, 그리고 법원은 이를 내주지 않기 위해 역시 목숨을 걸었다고 해도 과언이 아닐 정도로 나오기 시작했다.

무수히 삭제되고 수정된 파일

JTBC가 보도한 태블릿은 총 두 번의 디지털 포렌식(digital forensic, 전자법의학) 감정을 했다. 2016년 10월 25일에 검찰에서 한 번, 2017년 11월 16일 국과수에서 또 한 번 했다. 이중 검찰 포렌식 결과는 종이로 인쇄된 보고서만 재판부에 제출됐고, 국과수 포렌식 결과는 보고서와 함께 태블릿에서 추출한 파일까지 제출됐다.

2017년 11월부터 익명의 포렌식 전문가가 분석을 도와줬다. 2018년 5월, 필자가 구속된 이후에도 전문가의 도움으로 검찰이 조작한 흔적들을 찾아냈다. 익명의 전문가는 현직 포렌식 전문가들과 교차 검증을 하며 열성으로 포렌식 분석을 주도했다.

이들의 도움으로 JTBC가 태블릿을 입수한 이후 수천 개의 파일이 수정·삭제되었으며, 여기에는 카톡 채팅방, 연락처 DB와 통화내역, 이메일 헤더 등 실사용자를 식별할 수 있는 파일들이 대거 포함됐다는 사실을 알아냈다. 또 일부러 접근하지 않으면 수정될 수 없는 영역의 파일까지 수정된 사실을 찾아내 태블릿이 조작된 증거로 제시할 수 있었다.

이에 대해 검찰의 입장은 하나였다. 이 모든 파일들은 자동으로 수정·삭제 됐을 뿐 JTBC나 검찰에서 고의로 조작한 바가 없다는 주장이었다. 불가능을 넘어 코미디에 가까운 황당한 주장이었지만, 검찰이나 국과수 포렌식 담당자들은 파일의 변개(變改)가 있었다는 사실만 인정하고, 원인에 대해선 판단을 보류했다.

검찰의 주장이 틀렸다고 감히 말할 수 있는 포렌식 수사관은 없는 듯 보였다. 1심 판사는 검찰의 주장을 그대로 인용하며 미디어워치의 태블릿 감정신청을 번번이 기각했다. 홍성준 검사는 우리가 태블릿 재감정을 요구할 때마다 "이미 검찰과 국과수에서 두 번이나 포렌식을 했고 그 포렌식 보고서로도 충분하다"며 강력히 반대했다. 결국 태블릿 감정은 해보지도 못한 채, 미디어워치 기자들은 모두 1심에서 유죄를 선고받고 말았다. 최서원 재판에서 국과수는 오히려 "조작의 고의성을 밝히려면 보다 정밀한 감정이 필요하다"는 의견을 냈는데도 말이다.

이미징 파일 확보가 관건

2020년 4월, 필자는 우연히 포렌식 전문가인 김인성 전 한양대 컴퓨터공학과 교수의 유튜브 방송을 보게 됐다. 김 교수는 방송에서 여러 사람의 사인이 적힌 해시값 확인서를 보여주며 그 중요성에 대해 설명했다. 그는 "디지털 데이터가 올바른 것이라는 판단의 근거는, 결국 이 아날로그 종이 한 장"이라고 강조했다.

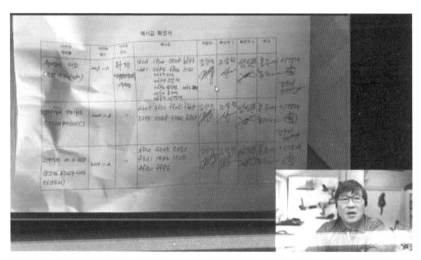

해시값 문제를 지적하고 있는 김인성 M포렌식 센터장 유튜브 방송. 검찰과 경찰, 국정원 등 국가 기관의 디지털포렌식 보고서 조작을 여러번 잡아냈던 포렌식 전문가 김인성 센터장의 등장은 태블릿 항소심 재판의 중요한 분수령이 되었다.

미디어워치는 3년째 재판을 받으면서 한 번도 검찰의 해시값 확인서를 본 일이 없었다. 또한 검찰은 태블릿 압수와 포렌식 과정에서 당연히 작성해야 하는 각종 확인서와 봉인지, 사진, 참관인 확인서 등을 일체 증거로 제출하지 않았다. 검찰과 국과수의 이미징 파일 해시값을 비교하면 총 5개 중 4개가 일치하지 않는 것도 이례적이었다. 김인성 교수는 우리와 만나 설명을 듣더니 대뜸 "검찰과 국과수가 보관하고 있는 이미징 파일을 무조건 받아내야 한다"고 조언했다. 분석이야 얼마든지 검사가 원하는 방향으로 할 수 있기 때문에 사본(이미징 파일)을 입수해서 직접 분석해야 한다는 것이었다.

김인성 교수는 디지털 포렌식 전문가이지만 독립적 성향이 강한 흔치 않은 케이스다. 그는 M포렌식 센터 대표를 맡고 있지만, 다른 포렌식 업체와는 달리 정부기관 포렌식을 의뢰받아 사업을 영위하는 이해관계에서 자유롭다. 또한 기존 포렌식 전문가들의 네트워크에도 얽매이지 않는 독특한 위치를 유지하면서 최고의 지식과 경험을 법정에서 증명해 왔다.

그는 디지털 포렌식을 통해 최열 환경재단 대표 횡령조작 사건, 통진당 경선부정 의혹 사건, 유우성 서울시 탈북간첩 조작 사건, 드루킹과 김경수의 온라인 여론 조작 사건 등 수많은 사건의 해결에 기여했다. 그중에서도 최열 사건과 유우성 사건은 국가 권력기관에 의해 포렌식 증거가 조작된 사례였다. 포렌식 보고서 조작에 가담한 유우성 사건의 국정원 직원은 2년 6개월의 실형을 선고받기도 했다.

송지안 수사관의 자백

2020년 6월 18일, 필자가 김인성 교수를 만난 지 얼마 지나지 않아 열린 태블릿 명예훼손 형사재판 항소심 제7차 공판에서, 증인으로 나온 검찰 수사관이 충격적인 증언을 했다. 2016년 10월 25일 당시에 포렌식을 수행한 송지안 서울중앙지검 첨단범죄수사 제2부 디지털포렌식센터(DFC) 수사관은 JTBC가 제출한 태블릿을 포렌식하면서, 대검찰청의 포렌식 관련 규정을 모두 어겼다고 자백한 것이다.

대검찰청 예규 제805호 '디지털 포렌식 수사관의 증거 수집 및 분석 규정'에 따르면 수사관은 디지털 증거물의 무결성을 지키기 위해 다양한 절차를 준수해야 한다. 규정에서는 검사가 직접 '디지털수사통합업무관리시스템(이하 통합관리시스템)'을 통해 포렌식 담당 부서에 지원을 요청하도록 되어 있다. 이 때 검사는 증거물에 관한 정보와 분석을 요하는 내용, 지원 요청 일시 등을 기재해야 한다.

송 수사관은 "통상적인 경우에는 그렇게 하지만 일부 '보안상 필요한 경우'에는 검사가 직접 구두로 지원 요청하기도 한다"며 "이 태블릿의 경우 통합관리시스템에는 지원 요청이 등록되지 않았다"고 말했다. 이에 필자의 변호인이 규정 위반이 아니냐고 추궁하자 송 수사관은 "보안을 요하는 경우에 그러한 일이 있고, 중앙지검에서는 종종 있는 일"이라며 "태블릿PC에 대해서는 보안 문제 때문에 그렇게 해달라고 검사가 부탁했다"고 해명했다.

낭시 검찰과 송 수사관은 태블릿 증거 사본(이미징 파일)을 통합관리시스템에 남겨야 한다는 규정도 위반했다. 송 수사관은 "태블릿 이미징 파일도 시스템에 등록하지 않았다"며 "검사의 요청에 따라 '오프라인'으로 진행하고 이미징 파일도 '오프라인'으로 전달했다"고 증언했다. 송 수사관은 '오프라인'의 의미에 대해선 "하드디스크"라고 설명했다. 결국 포렌식 당시 검찰은 지원 요청뿐만 아니라 이미징 파일, 봉인 절차를 촬영한 인증사진 등 태블릿과 관련해서 반드시 등록해야 하는 자료들을 통합관리시스템에 하나도 등록하지 않았다는 것이다.

이 증언이 사실이라면, 일국의 대통령 탄핵에 결정적으로 기여한 증거물을 검찰은 관련 규정을 통째로 위반하며 사실상 불법으로 비밀리에 포렌식한 셈이다. 심지어 그 과정을 되짚어볼 근거 자료조차 통합관리시스템에 저장하지 않은 채, 불법 보관하고 있는 상황이라고 할 수 있다.

송 수사관은 '오프라인'으로 진행한 결과물과 증거물들을 "하드디스크에 담아 검사실에 전달했고, 현재는 서울중앙지검 포렌식팀에 보관되어 있을 것"이라고 말했다.

태블릿 실사용자가 누군지 분석도 안했다고?

필자는 "당시 검사가 포렌식 분석을 요청하면서 태블릿의 '실사용자'가 누구인지 가려달라고 했느냐"고 물었다. 송 수사관은 "그런 요청은 없었다"면서 "저는 단지 자동분석 보고서와 위치 정보에 관한 구두 요청을 받아 분석해 준 것"이라고 말했다. 송 수사관은 담당 검사가 분석을 요청하면서 제공한 정보에 대해선 "(검사는) JTBC가 전달한 태블릿인데 빨리 분석헤야 한다는 정도만 설명했다"며 사전에 최서원의 것이라는 식의 설명은 전혀 없었다고 증언했다.

'최서원이 사용한 것이 명백하다'고 단정한 검찰 보고서 6건에 대해서도 "검찰 수사팀에서 작성한 것"이라며 자신은 "전혀 모른다"고 말했다. 송 수사관의 증언이 사실이라면, 검찰은 애초에 태블릿의 실사용자가 누구인지 가리기 위한 포렌식 분석은 의뢰조차 하지 않은 셈이다. 그런 가운데 최서원의 것으로 무작정 결론을 내는 여러 보고서를 작성한 것이다. 실제 2016년 10월 28일부터 11월 초까지 작성된 서울중앙지검 검사들의 수사보고를 보면, "태블릿PC는 최순실 씨가 사용한 것으로 명백히 확인", "최순실이 태블릿PC를 이용하여", "최순실이 사용한 태블릿 PC", "최순실이 태블릿PC로 G메일 계정에 접속하여" 같은 확정적 표현들이 나열돼 있다. 증인신문을 진행할수록 검찰의 포렌식 절차 위반 실태는 점입가경이었다.

봉인지도 서명도 없어

미디어워치 측 변호인 이동환 변호사는 송 수사관에게 태블릿의 봉인 상태에 대해 질문했다. 태블릿을 전달받을 때 봉인이 돼 있었는지, 봉인지에 서명은 있었는지 등을 물었다. 송 수사관은 "통상은 봉인이 돼 있지만 이 태블릿 같은 경우에는 그냥 봉투 안에 들어있었다"며 "봉인은 안 되어 있었다"고 말했다. 또한 송 수사관은 거듭 "피압수자의 서명은 없었다"면서 "통상적으로 봉인지에 서명이 없으면 저희가 검사에게 연락해 서명해달라고 요청하는데 이번에는 긴급하다고 해서 그냥 진행했다"고 증언했다.

홍성준 검사와 JTBC는 김필준이 입수한 태블릿을, 법조팀장이던 JTBC 조택수 기자가 건네받아 노승권 당시 서울중앙지검 1차장 검사실에 전했다고 주장하고 있다. 임의제출자는 조택수라는 것이다. 이 변호사는 "대검찰청 예규에는 긴급을 요하는 예외적인 특수 상황에서도 봉인과 확인·서명은 필수라고 되어있다"며 "검찰이 조택수에게 임의제출 받았다고 하니까 봉인지에는 조택수의 서명이 있어야지요"라고 물었다. 송 수사관은 "네"라고 대답했다.

하지만 송 수사관은 "태블릿이 들어 있는 봉투에 봉인지는 없었으며 그냥 종이봉투였고 (투입구는) 열리지 않게 붙여져 있었다"고 증언했다. 또 "저는 포렌식을 위한 이미징을 뜬 직후 곧바로 '정전기 방지 봉투'에 태블릿을 담아 봉인지를 붙였으며, 당연히 여기에는 봉인 일시와 서명을 썼을 것"이라고 말했다.

압 수 조 서

피의자 최서원과 피의자 정호성 등의 피의사건에 관하여 2016년 10월 24일 19:30경 서울중앙지방검찰청 702호실에서 검사 김태겸은 검찰주사보 최재욱을 참여하게 하고 아래 경위와 같이 물건을 압수하다.

①증제번호	②물건명		③특기사항			④비고
	삼성태블릿(SHV-E140S)기기	수량 등	삼성태블릿 PC(SHV-E140S)			
		압수이유	몰수대상	□ 범죄행위에 제공되었거나 제공하려고 한 물건 □ 범죄행위로 생겼거나 취득한 물건 □ 위 대가로 취득한 물건		
			□ 장 물			
			■ 기타 압수가 필요한 이유(범죄혐의 입증을 위하여)			
		발견·압수장소	소지자 임의제출			
		소지자(제출자)	성 명	조택수(JTBC 기자)	주민등록번호	74□□□-□□□□□□□
			주 소	서울 마포구 상암산로 48-6 JTBC 방송국	전화번호	02-751-6000
		소유자	성 명	상동	주민등록번호	-
			주 소	-	전화번호	-
		■ 소유권 포기 □환부 요구				
참여인(형사소송법제123조, 제124조)	성 명			주민등록번호		
	주 소			전화번호		
영장 없이 압수한 경우 그 사유	□ 형사소송법 제216조 제1항 제2호(체포현장에서의 압수) □ 형사소송법 제216조 제2항(피고인 구속현장에서의 압수) □ 형사소송법 제216조 제3항(범죄장소에서의 압수) □ 형사소송법 제217조 제1항(긴급체포시의 압수) ■ 형사소송법 제218조 (유류물·임의제출물의 압수) □ 기타( )					

2016년 10월 28일

서울중앙지방검찰청

검 사 김태겸

검찰주사보 최재욱

733

태블릿 압수조서를 보면, JTBC가 검찰에 제출했다고 밝힌 2016년 10월 24일이 아니라, 10월 28일에 작성된 것으로 나온다.

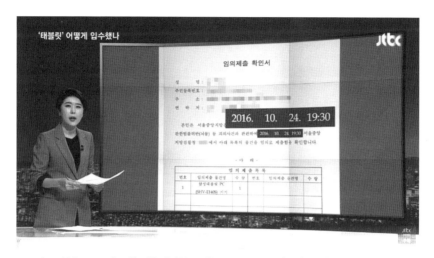

JTBC 뉴스룸은 2016년 12월 8일 <[단독 공개] JTBC 뉴스룸 '태블릿PC' 어떻게 입수했나> 제하 보도를 통해 심수미 기자를 내세워 태블릿을 제출하면서 검찰로부터 '임의제출 확인서'를 받았다는 내용의 방송을 했다

대검 예규에 따르면, 디지털 증거물의 봉인을 해제하고 재봉인할 때는 모든 과정을 사진으로 남겨 통합관리시스템에 등록하도록 돼 있다. 이와 관련해 송 수사관은 "사진을 찍었으며, 시스템에는 등록하지 않고 분석 보고서가 담긴 하드디스크에 전부 담아 검사에게 전달했다"고 증언했다.

검사에게 인쇄물 형태의 보고서가 아니라, 파일 형태로 하드디스크에 담아 전달했다는 것이다. 송 수사관은 검찰이 법원에 제출한 포렌식 보고서의 표지와 목차를 보여주자 "처음 본다. 알지 못한다"면서 "저는 분석 결과 부분만 파일로 전달했다"고 말했다.

송 수사관은 근거를 남기지 않고 구두 지시로 포렌식 수사를 지시한 검사가 누구인지에 대해서는 "기억이 나지 않는다"는 대답으로 일관했다. 심지어 그는 "검사실에 가서 태블릿을 받아왔고 되돌려 줄 때도 직접 가져다 줬다"면서도, 자신에게 지원 요청한 검사가 누구인지 기억나지 않는다고 증언했다. 송 수사관이 증언한 정보는 '당시 형사6부 부장급 40~50대 검사'까지였다.

태블릿이 자동으로 켜졌다가 자동으로 꺼졌다는 검찰

송 수사관은 이날 스스로 모순되는 답을 하거나, 디지털 수사관의 답변으로 보기 어려운 무논리 답변도 늘어놓았다. 해시값이 무엇이냐는 변호인의 질문에 "일종의 '디지털 지문'"이라며 상황하게 설명했다. 끝이어 변호인이 검찰 포렌식의 해시값과 국과수 포렌식의 해시값이 5개 중 4개가 다른 사실을 제시하며 이유를 묻자 "해시값은 포렌식을 할 때마다 변하는 게 정상"이라고 답했다. 하지만 이는 명백한 거짓말이다. 해시값이 다르다면 증거의 무결성이 훼손됐다고 보는 것이 정상이다. 즉 정상적인 보관 절차로 무결성이 지켜졌다면, 이미징 사본의 해시값은 처음 원본 이미징의 해시값과 동일해야 하는 것이 상식이다.

2016년 10월 31일에 수백 개의 파일이 수정·삭제된 사실에 대해서도 송 수사관은 무리한 증언을 했다. 검찰은 2016년 10월 25일에 태블릿에 대한 포렌식을 했다. 송 수사관은 "이미징 파일을 뜨기 직전 봉투에서 태블릿을 꺼냈고, 이미징을 뜬 직후 태블릿을 봉인해서 검사에게 돌려줬다"며 "돌려준 시각은 25일 밤"이라고 증언했다. 또 "전원을 분명히 끄고 봉인했다"고 말했다. 그렇다면 밀봉된 '정전기 방지 봉투' 속에서 얌전히 잠자고 있어야 할 태블릿이 일주일 뒤인 31일에 저절로 켜져 수백 개의 파일이 수정·삭제됐다는 말이 된다. 송 수사관은 수정·삭제된 파일 목록을 확인하며 "전원이 켜진 것은 확실하다"고 증언했다. 이쯤 되자 송 수사관은 31일 기록에 대해 "증거 봉투에 물리적 외력이 가해지는 경우에는 자동으로 봉투 안에서 전원이 켜질 수 있다"고 말했다. 이를 받아서 홍성준 검사는 반대신문에서 다시 언급하며 "증인은 증거 봉투 안에서 디지털 기기의 전원이 물리적 충격 등으로 켜질 수 있다고 했는데 그런 사례가 종종 있는가요"라고 물었다. 송 수사관은 지체없이 "종종 있는 것으로 알고 있습니다"라고 답했다.

모바일 기기 제조사들은 전원 버튼이 실수로 켜지지 않도록 버튼을 작게 만들고 3~5초가량 누르고 있어야 켜지도록 만든다. 게다가 오랜 기간 방전된 기기는 충전하지 않으면 전원 동작 자체가 되지 않는다. 우연히 켜졌다고 해도 잠시 집중적으로 수백 개의 파일이 수정·삭제 된 후 자동으로 꺼졌다는 것도 말이 되지 않는다. 봉투 안에서 자동으로 켜졌다가 서서히 전원이 나갔다면 최소 하루에서 이틀은 태블릿이 구동된 기록이 남아 있어야 했다. 하지만 태블릿의 파일 수정·삭제는 31일에 한 시간이 채 안 되는 아주 짧은 시간에만 이뤄졌을 뿐이다.

재판부 이미징 파일 제출 명령에 시간 끄는 검찰

송지안 수사관의 증인신문 이후 김인성 교수의 조언에 따라 우리는 2020년 8월 7일 검찰과 국과수가 보관하고 있는 태블릿 이미징 파일에 대한 열람·복사를 신청했다. 수많은 태블릿 조작 증거가 드러났고 검찰도 불법적으로 포렌식을 했다고 자백한 마당에, 기존과 같은 포렌식 보고서 분석은 더 이상 의미가 없다는 판단이었다.

우리는 이미징 파일을 받아내 직접 민간업체 2곳 이상에 교차 검증을 맡기기로 했다. 그러면 검찰의 포렌식 보고서가 진실한지도 우리가 직접 검증해 볼 수 있다. 태블릿 실사용자가 누구인지 과학적인 방법으로 직접 밝혀낼 수 있는 유일한 방법이기도 했다.

재판부는 2020년 8월 14일과 26일, 국과수와 검찰이 각자 보관 중인 이미징 파일을 신청인에게 내어주라고 명령했다. 이 명령을 내리기 전에 재판부는 검찰에 먼저 의견을 물었다. 하지만 예상 밖으로 김민정 공판검사는 반대하지 않고, 2020년 8월 14일 "위 수사기록 열람등사 이용 신청은 '적의처리'함이 상당하다"며 재판부 뜻대로 하라고 답변했다.

2020년 8월 14일, 태블릿 명예훼손 형사재판 항소심에서 김민정 공판검사는 피고인(미디어워치)에게 이미징파일을 공개하는 것을 반대하지 않겠다는 취지로 의견서를 제출했다.

검찰도 반대하지 않으니 재판부는 부담없이 이미징 파일 열람·등사 허가 명령을 내렸다. 사실 검찰은 1심 때부터 우리가 요구하는 사실조회 신청은 물론이고, 태블릿 감정 신청 등에 대해 사사건건 극렬히 반대해 왔다. 그런 검찰이 포렌식 원본 자료인 이미징 파일을 달라는 요구에 반대하지 않은 것은 예상치 못한 일이었다.

검찰 상부는 당황한 기색이 역력했다. 공판검사가 이미징 파일 제공에 동의한 사실을, 수사부터 공판까지 직접 관여해온 '직관검사' 홍성준과 검찰 수뇌부는 뒤늦게 파악하고서 '아차!' 싶었을 것이다. 이때부터 검찰은 말 그대로 드러누워 버렸다. 아무런 이유도 설명하지 않고 48시간 이내 처리 규정까지 어기면서 법원의 명령을 무시하기 시작했다. 법원 결정이 나오자마자 2020년 9월 2일, 이동환 변호사는 '압수물 열람·등사 신청서'를 제출했다. 신청서를 접수한 서울중앙지검 담당자는 "48시간 이내 처리하도록 되어 있으니 그 안에 답을 주겠다"고 밝혔다.

그러나 검찰은 한 달이 넘도록 묵묵부답이었다. 이때 이동환 변호사와 태블릿 형사재판 피고인이기도 한 이우희 미디어워치 편집국장(당시)은 하루가 멀다 하고 서울중앙지검에 전화해 언제 허가가 나냐고 문의했지만, 돌아오는 대답은 기다리라는 말뿐이었다. 이우희 국장은 검사에게 직접 전화를 걸어 법원의 이미징 파일 열람·등사 허가 명령을 이행하라고 독촉하기 시작했다. 그러나 홍성준 검사와 후임 검사들은 서로 저쪽에 물어보라며 '폭탄 돌리기'를 했다.

태블릿 형사재판의 직관검사로 3년째 재판을 이끌어 온 홍성준 부장검사실에 전화를 걸면 서울중앙지검 후임검사에게 물어보라고 했다. 서울중앙지검 형사1부 임진철 검사에게 전화를 걸면 "홍성준 검사의 사건 후임검사는 맞지만, 이미징 파일 건에 대해선 잘 모른다"는 대답이 돌아왔다. 공판검사는 김민정 검사가 어디로 가고 장욱환 검사로 바뀌어 있었다. 장욱환 검사는 "홍성준 검사님과 논의하는 중"이라고 응대했다. 폭탄은 돌고 돌아 결국 홍성준·장욱환 두 사람이 책임자로 밝혀졌다.

이처럼 태블릿 형사재판의 직관검사와 후임 수사검사, 후임 공판검사가 저마다 이미징 파일 열람·복사에 관한 책임을 미루는 사이에 서울중앙지검 일선 직원들만 혼란을 겪는 모습이었다. 시간은 계속해서 흘러갔다.

증거 파일이 사라졌다는 검찰

2020년 10월 6일, 필자는 검찰이 법원 명령을 무시하며 시간을 끌고 있다면서 재판부에 소송지휘를 요청하는 피고인의견서를 제출했다. 그러자 홍성준과 장욱환 검사는 2020년 10월 19일자 검사의견서를 통해 폭탄선언을 했다. 이미징 파일을 분실했다는 것이다.

두 검사는 "위 법원의 열람·등사 허용 결정 이후 법원의 위 결정에 대해 이를 이행하고자 현재 서울중앙지방검찰청 디지털 포렌식팀에 근무하는 직원들이 사본화 파일(이미징 파일)을 찾아보았으나 현재 총 5개의 파일 중 1개의 파일만 저장되어 있는 것으로 확인됐다"고 주장했다.

○ 위 법원의 열람·등사 허용 결정 이후 법원의 위 결정에 대해 이를 이행하고
자 현재 서울중앙지방검찰청 디지털포렌식팀에 근무하는 직원들이 피고인들
이 요청하는 포렌식 감정 대상물의 사본화 파일을 찾아보았으나 현재 총 5
개의 파일 중 1개의 파일(20161025_SHV-E140S_mmcblk0p28.bin)만 저장되
어 있는 것으로 확인되었습니다.

2020년 10월 19일, 태블릿 명예훼손 형사재판 항소심에서 검찰은 태블릿 사본화 파일(이미징 파일)을 구성하는 총 5개의 파일 가운데 4개를 분실했다고 밝혔다.

그러면서 "피고인들이 요청하는 포렌식 감정 대상물(태블릿)의 사본화 파일은 정식으로 압수될 파일이 아니고 서버에 저장된 파일도 아니며, 사본화 파일을 보관하고 있어야 하는 규정도 없어 피고인들이 요청하는 포렌식 감정 대상물의 사본화 파일 5개 전부가 컴퓨터에 저장되어 있어야 하는 것이 아니고, 또한 법원의 결정 이후 고의로 삭제한 사실도 없으므로 1개의 파일을 제외한 나머지 4개 파일이 존재하지 않는다고 하여도 그 자체로는 문제될 것은 없다"고 변명했다. 이들은 오히려 "피고인 변희재는 현재도 활발하게 유튜브 등을 통해 활동을 하고 있어, 만약 이 사건 포렌식 파일이 피고인들에게 열람·등사가 이루어질 경우 본 재판과는 무관하게 사용될 여지가 높은 상황"이라고 주장했다.

법원은 이미 모든 것을 고려해 이미징 파일 열람·등사 허용 결정을 내린 상황임에도, 검찰이 뒷북을 치며 이미징 파일을 줘선 안 된다며 생떼를 부린 것이다. 더구나 태블릿 이미징 파일을 구성하는 5개의 파일 중 1개만 갖고 있다는 말은 검찰이 증거인멸을 자백하는 것과 마찬가지였다. 검찰이 찾을 수 없다는 이미징 파일 4개는 모두 시스템 영역에 관한 파일로 실사용자를 파악하기 위해 필수적인 파일들이었다. 검찰이 태블릿을

어떻게 조작했는지 알아볼 단서도 시스템 영역 이미징 파일에 들어 있다.

11월 총공세

태블릿 형사재판 항소심 제8차 공판이 코앞으로 다가왔다. 이동환 변호사는 공판 전날 변호인 의견서와 함께 ▶검찰청에 대한 압수수색 신청서 ▶태블릿 본체 열람·등사 신청서 ▶검찰이 보관중인 국과수 이미징 파일 열람·등사 신청서를 재판부에 제출했다. 공판 당일 오전에는 재판이 열리는 법원 앞에서 필자와 김인성 교수, 태블릿 형사재판 변호인단의 기자회견이 있었다. 필자는 '문재인은 검찰의 태블릿 증거 조작 및 인멸 범죄행위 책임져라'는 제목의 기자회견문을 낭독했다.

국민이 선택한 박근혜 대통령을 탄핵시키고, 무려 30년의 징역형을 구형하게 된 결정적 단서인 JTBC 태블릿 관련, 검찰은 부실수사와 증거인멸, 증거 은닉 등 총체적으로 범죄행위를 저질렀다는 단서들이 드러나고 있다. 2016년 10월 25일 당시 특수본(본부장 이영렬 전 중앙지검장)의 송지안 디지털 포렌식 수사관은 JTBC로부터 넘겨받은 태블릿을 포렌식 한 뒤, 그 증거물인 '이미징 파일(사본화 파일)'을 디지털수사통합업무관리시스템에 올리지 않았다. 이는 명백히 대검 예규 제805호 위반이다. 송지안 수사관은 이에 대해 2심 재판에 증인으로 출석하여 "검사가 등록하지 말라"고 지시했다고 실토했다.

결국 피고인 측은 검찰이 빼돌린 이 태블릿 이미징 파일의 열람·등사를 요청했고, 법원은 당시 공판검사 김민정의 동의를 얻어 지난 8월 26일 검찰에 이를 허용할 것을 명령했다. 이에 9월 2일 피고인 측 이동환 변호사는 서울중앙지검에 열람·등사 신청서를 제출했고, 이 신청서에는 '48시간 이내 처리'하도록 명기되어 있다.

그러나 검찰 측은 수사와 공판에 모두 관여하는 직관검사 홍성준, 신임 공판검사 장욱환이 마치 폭탄 돌리기를 하듯 서로에게 미루며 무려 50여 일 간 시간만 끌었다. 피고인 측이 수차례 항의하자 결국 공판검사 장욱환은 태블릿 이미징 파일에 담긴 5개 파티션 중, 사용자 영역의 파티션 하나를 제외하곤 무려 4개의 시스템 영역 파티션이 모두 사라지고 없다는 의견서를 제출했다.

M포렌식센터를 운영하는 김인성 전 한양대 컴퓨터공학과 교수 등 모든 포렌식 전문가들은 "설사 파티션별로 나눠서 이미징(사본화)을 했더라도, 안 쫄너에 보관하는 게 상식이므로 파티션 전체가 없던지 있으면 다 있어야지, 증거 조작을 검증할 시스템 영역 파티션 4개만 사라졌다는 건 있을 수 없는 일"이라고 입을 모았다. 48시간 이내 처리 규정을 어긴 검찰이 50여 일간 시간을 끌며, 4개 파티션을 삭제하여 핵심 증거를 인멸 또는 은닉했을 가능성이 높다는 것이다. (중략)

문재인 대통령에게 묻는다. 일국의 대통령을 쫓아내기 위해 실사용자 증거를 조작하고, 포렌식 규정상 당연히 원본 파일과 백업 파일까지 보관해야 하는 증거를 50여 일 동안 시간을 질질 끌며 인멸 및 은닉한 이 사건보다 더 한 검찰의 적폐가 또 있겠는가. 피고인 측은 태블릿 진실을 밝히고자 하는 모든 정치·시민사회 세력과 연대하여 법원을 통해 검찰을 압수수색, 온갖 증거 조작 및 인멸 행위들을 밝혀나가겠다. 그리고 이는 탄핵 당시의 특수본 검찰을 넘어 문재인 정권까지 이어져 온 검찰의 범죄 행위로서, 총책임자이자 탄핵 사태 최대 수혜자인 문재인 대통령 본인이 직접 정치적·법적·도덕적 책임을 져야 할 것이다.

2020. 11. 5.

피고인 변희재, 변호사 차기환, 변호사 이동환, M포렌식 센터장 김인성

3년 개근 홍성준 검사의 외도

2020년 11월 5일 오후 2시 30분, 서울중앙지법 서관 422호에선 태블릿 형사재판 항소심 제8차 공판이 열렸다. 앞서 6월 18일 제7차 공판 이후 약 다섯 달(140일)만이었다. 이날 우리 변호인들과 재판부는 이미징 파일 제공 문제와 김한수 증인신문 문제를 두고 치열한 줄다리기를 벌였다. 정작 검사는 완전히 꿀먹은 벙어리가 되어 양측의 설전을 지켜보기만 했다.

공판은 예정보다 30분가량 지연된 오후 2시 58분에 시작됐다. 검사석에는 공판검사뿐이었다. 2018년 JTBC 고소장을 바탕으로 수사에 착수해 피고인 전원을 기소하고 2년이니 감옥에 보내, 3년간 개근해 온 홍성준 검사(당시 대구지검 서부지청 형사2부장)가 처음으로 불출석했다. 게다가 공판검사는 지난 공판까지 자리를 지키던 김민정 검사의 후임인 장욱환 검사가 처음으로 얼굴을 내밀었다.

재판부는 이날 예정됐던 심규선 국과수 연구관 증인신문이 우리 변호인의 요청으로 중단된 사실을 언급하며, "증인신문을 중단한 이유가 무엇인가"하고 물었다. 차기환 변호사는 "검찰 보관 이미징 파일에 대한 사본이 있어야만 심규선 증인신문이 가능하다"면서 "법원이 이미징 파일을 피고인들에게 내주라는 '열람·복사 허가 결정'을 내렸는데도 검찰이 응하지 않고 있다"고 지적했다.

재판부는 "검사는 이미징 파일 5개 중 1개만 남아 있다고 했는데, 그럼 1개만이라도 피고인 측에 제공이 가능한가" 하고 물었다. 차 변호사는 즉각 반발했다. "송지안 디지털 포렌식 수사관이 당시 포렌식하기 위해 이미징 파일을 떠서 서울중앙지검에 아카이빙(archiving)을 해뒀다고 이 법정에 나와 증언했다"며 "검찰이 그걸 전부 주지 못하겠다고 하니, 법원은 즉각 압수수색영장을 발부해 달라"고 잘라 말했다.

차 변호사는 "특히 검찰은 최서원의 태블릿 기기를 현재 소지하고 있다고 인정하므로 변호인 측은 그걸 복사 신청하겠다"며 "검찰이 이를 거부하면 피고인 측은 그것도 압수수색영장을 신청하겠다"고 말했다. 이동환 변호사는 "검찰은 이미징 파일 4개가 없고 1개만 있다고 했는데, 그게 처음부터 없었는지, 원래 5개였는데 도중에 분실하고 1개만 남은 건지 구체적인 사유를 설명하라"고 다그쳤다.

재판부는 이미징 파일 5개 중 4개를 찾을 수 없다는 검사 측 주장을 문제의식 없이 수용하는 것인 내노를 보였다. 재판부는 남은 이미징 파일 1개라도 받겠냐고 변호인에게 물었다. 차 변호사는 "포렌식 전문가들에 의하면, 이미징 파일은 저장용량이 크지 않기 때문에 보통 한 개의 폴더에 저장한다"며 "그런데 시스템 영역에 해당하는 파티션 4개의 이미징 파일이 모두 없어지고, 사용자 영역 파티션 1개만 남았다? 피고인들은 도저히 납득하기 어렵고 검찰이 고의로 증거를 인멸했다는 것 말고는 설명이 안 된다"고 말했다.

이동환 변호사는 국과수 이미징 파일도 검찰 손에 있다는 사실을 꺼내 들었다. 이 변호사는 "법원에선 국과수 이미징 파일도 피고인들에게 제공하라고 결정했는데, 국과수 측은 이걸 삭제하고 법원에 되돌려 보냈으며 현재 서울중앙지검에서 보관하고 있는 것으로 파악했다"며 "검찰은 그거라도 즉각 제출해야 할 것"이라고 지적했다.

재판부는 재차 검찰에 남아 있는 이미징 파일 1개라도 받는 것이 어떻겠냐고 제안했다. 차 변호사는 분노해서 즉각 "거부하겠다!"고 외쳤다. 차 변호사는 "검사가 1개라도 있다는 이미징 파일을 저희가 받게 되면 그건 검찰의 증거인멸 부정을 추인하는 꼴이 된다. 검찰이 전체 이미징 파일 5개를 줄 수 없다고 하면 재판부는 압수수색해 달라"고 강조했다. 차 변호사는 "저희는 이게 마지막 기회이므로 반드시 이미징 파일을 받겠다. 그렇지 않으면 변호인들은 그때 무얼 했느냐며 지탄받는 '역사의 죄인'이 될 것"이라고 했다.

'역사의 죄인'까지 언급하자 비로소 재판장은 김한수 증인신문 긍정 검토와 직권 압수수색 가능성에 대해 언급했다. "피고인의 방어권을 위해 이미징 파일이 필요하다는 걸 인정한다. 심규선에 대한 증인신문은 진행하겠다. 만약 검찰이 (이미징 파일 제출에) 협조하지 않는다면, 검찰에 다시 제출을 요구하고, 김한수 증인신문을 긍정 검토하겠다. 이미징 파일에 대해선 '다른 입수 방법'도 검토하도록 하겠다."

전열을 가다듬은 검찰

장욱환 검사는 재판부가 지정한 마감 기간 2주의 마지막 날인 2020년 11월 18일 의견서를 제출했다. 내용은 한마디로 배째라는 식이었다. 장욱환 검사는 태블릿과 이미징 파일에 대한 법원 직권 압수수색영장 신청에 반대하며 'JTBC 보도가 곧 진리이며 여기서 한 발짝도 움직일 수 없다'는 기존의 태도를 완강히 고수했다.

그는 "이 사건은 JTBC에서 정당하게 사실대로 전달한 태블릿 보도에 대해 피고인들이 인터넷 방송 및 책자에서 허위 사실을 적시하여 JTBC와 손석희 사장 등의 명예를 훼손하였다는 것"이라며 "(태블릿 조작 주장의) 허위 사실 여부는 JTBC의 일련의 방송 내용, 김한수·정호성 등 관련자 진술, 관련 국정농단 사건 판결문 내용, 태블릿에 대한 검찰 및 국과수의 포렌식 분석 보고서 내용 등에 따라 충분히 판단할 수 있는 것으로, 압수수색의 필요성이 전혀 인정되지 않는다"고 주장했다.

이미징 파일 건으로 잠시 흔들렸던 검찰은 지난 3년간의 재판 과정에서 밝혀진 숱한 조작 증거를 전혀 보지 못한 척 무시하면서 "자신 있으면 계속 해보라"는 조직폭력배 같은 태도로 전열을 가다듬은 것이다.

태블릿 실사용자 쟁점에서 벗어나 필자를 공격하는 태도에도 변함이 없었다. 강우현 검사는 "피고인 변희재는 이 사건 태블릿과 관련해 더 이상의 악의적인 비방과 시위를 하지 않는 조건으로 항소심에서 보석이 허가되어 불구속 재판을 받고 있음에도 지금도 인터넷 미디어워치 홈페이지 등에 이 사건 재판과 관련하여 합리적 근거 없이 자의적으로 해석한 조작설 주장을 끊임없이 게재하고 있다"고 썼다.

의견서에는 "그 추종자들을 통해 대구에서 근무 중인 수사검사(홍성준)를 찾아가 근무지 앞에서 현수막을 게재한 채 확성기를 이용하여 시위하였으며, 대검 감찰부 등에 수사검사와 공판검사를 수차례 진정하는 등 전혀 반성하거나 자숙하는 모습을 보이지 않고 있다"는 내용도 있었다.

검사는 그러면서 "조속히 변론을 종결하고 판결을 선고하여 주시기를 강력히 요청드린다"고 재판부를 압박했다. 어처구니없는 일이었다. 이미 자신들의 조작이 드러났음에도 여전히 손바닥으로 하늘을 가리려는 작태였다.

우선 국과수 이미징 파일부터

2021년 1월 14일, 태블릿 형사재판 항소심 제9차 공판이 열렸다. 이날도 쟁점은 이미징 파일 확보였다. 검찰은 보관 중인 이미징 파일을 피고인들에게 내어주라는 재판부의 결정을 5개월째 무시하다 마침내 줄 수 없다고 선언한 상태였다. 이에 우리는 검찰청 압수수색과 김한수 증인신문을 요구하며, 태블릿 본체, 검찰 이미징 파일, 국과수 이미징 파일을 모두 확보하겠다고 별렀다.

재판부는 이례적으로 길게 공판 상황을 체크하면서 뜸을 들이더니, 이내 속내를 드러냈다. 이미징 파일을 조사하고 검증이 위하는 대로 기존의 포렌식 보고서만 갖고서 심규선에 대한 증인신문을 강행하겠다는 것이다. 심규선 국과수 포렌식 연구관은 홍성준 검사에게 일방적으로 포렌식 자문을 해줄 정도로 편향적인 인물이다.

우리는 거세게 반발했다. 송지안 검찰 포렌식 수사관이 2016년 10월 25일, 이 태블릿을 불법 포렌식 했다고 자백한 상황에서 포렌식 보고서만으로 증인신문을 하는 것은 무의미하다고 버텼다. 또 법원의 명령을 어긴 것은 검찰인데 왜 재판부는 당장 압수수색을 집행하지 않느냐고 따졌다.

재판부는 검사에게 "검찰에선 직접 포렌식한 이미징 파일 5개 중에 1개만 있다고 하셨고, 그럼 피고인들이 요구하는 태블릿 본체와 국과수의 이미징 파일은 현재 검찰에 있는지 확인이 되십니까"하고 물었다.

검사는 "저희가 확인해보지 않았습니다"라고 대답했다. 검사의 대답과 동시에 이동환 변호사와 미디어워치 기자들은 "우리가 다 확인했다. 검찰에 있다"고 반발했다. 이동환 변호사는 "저희가 검찰에 있는 걸 다 아는데 지금 검찰에 없다고 하시는 겁니까"하고 쏘아붙였다.

재판부는 우리 얘기는 더 들어보지도 않고 "심규선 증인신문을 4월 8일에 하는 것으로 결정하겠다"고 날짜를 지정하며 밀어붙였다.

이미징 파일 받아주겠다고 약속한 반정모 판사

우리는 "왜 상의도 없이 결정하느냐"고 반발하면서 "5분 휴정"을 요구했다. 미디어워치 측은 법원 복도에 나와 서로의 분명한 의지를 확인했다. 이대로는 재판이 무의미했다. 재판부가 이미징 파일을 확보하지 않고 심규선 증인신문을 강행한다면 재판부 기피신청(忌避申請)을 하기로 뜻을 모았다.

우리는 1분 만에 제자리로 돌아와 착석했으나 재판부는 5분이 지나도 돌아오지 않았다. 약 10분 만에 돌아온 재판부는 우리의 의견을 물었다. 이동환 변호사는 "이미징 파일은 꼭 필요하며, 그에 관해 국내 최정상 포렌식 전문가인 김인성 교수가 오늘 이 법정에 와 계십니다"라면서 "김인성 교수에게 발언 기회를 주시길 부탁드린다"고 말했다. 재판부는 마지못해 김인성 교수를 호명해 마이크 앞에 불렀다.

"저는 이 사건에 대해선 아무것도 모릅니다. 어느 날 변희재 피고인이 연락해서 도와달라기에 '그럼 검찰과 국과수의 포렌식 보고서가 맞는지 검증을 해봐야 하니, 이미징 파일부터 좀 보자'고 했습니다. 놀랍게도 이미징 파일이 없다고 했습니다. 변희재 피고인은 3년간 재판을 하면서 검찰과 국과수가 작성한 보고서만 갖고서 재판을 받아온 것입니다. 검찰은 디지털 포렌식 보고서를 조작합니다. (중략) 검찰이 이미징 파일을 안주겠다고 하면, 재판부께서는 그냥 '가져 오라'고 명령만 하시면 되는데 왜 이런 상황이 벌어지는지…."

재판부는 김인성 교수의 말을 끊고 자리로 돌려보냈다. 고심을 거듭 하던 항소심 재판부의 반정모 판사는 타협안을 제시했다. 이 사건을 담당하는 검사들이 이미징 파일을 갖고 있지 않다고 하니 이들에게 이미징 파일을 달라고 요구하면 결과는 뻔하다는 것이다. 따라서 종결된 다른 사건에 증거로 첨부된 이미징 파일을 달라고 요구해서 받아오자고 제안했다. 현재 최서원 사건이 종결돼 원청인 서울중앙지검에 사건자료가 보관돼 있다. 이 사건자료에는 국과수 이미징 파일이 포함돼 있다. 재판부는 이 국과수 이미징 파일을 요청해서 받아주겠다고 약속했다. 필자는 "검찰이 저렇게 이미징 파일도 주지 않고 버티는데, 국과수 이미징 파일이라고 쉽게 주겠느냐, 그것도 내주지 않으면 어떻게 되느냐"고 물었다. 이에 재판장이 "설마…"라고 운을 떼자 방청석에선 원성이 터져 나왔다. 검찰이 법원 결정도 무시하는 지경인데 재판부의 판단이 너무 안이하다는 불만이었다.

이동환 변호사도 "법원의 명령까지 무시하는 검찰이 국과수 이미징 파일을 쉽게 내주겠냐"고 우려하며 "늦어도 3월초까지는 이미징 파일을 확보해야 민간기관 2곳에 분석을 맡겨 그 결과를 토대로 심규선 증인신문을 준비할 수 있다"고 강조했다.

재판부는 구두 서약을 했다. 재판부는 "우리가 증거번호를 적시해서 달라고 요구하는데 그걸 주지 않는 일은 없을 것으로 생각하지만, 피고인들이 우려하니 만약 어떤 이유로든 검찰에서 제출이 늦어지거나 하면 재판부가 이를 확보할 수 있도록 적극적으로 노력하겠다"고 말했다.

또 "3월초까지 이미징 파일을 확보하지 못하는 경우, 피고인들이 기일 변경 신청을 하고 재판부가 증인신문 날짜를 늦추면 된다"고 덧붙였다. 우리는 이에 동의했다.

2021년 1월 14일, 태블릿 명예훼손 형사재판 항소심 제9차 공판에 방청객으로 함께한 김인성 M 포렌식 센터 센터장은 재판부로부터 발언 기회를 얻어 "포렌식 전문가로서 이미징파일에 대한 검증을 거부하는 검찰과 법원의 행태를 도저히 이해할 수 없다"고 직격탄을 날렸다. 사진은 당일 공판 이후 기자회견을 하고 있는 김인성 센터장.

반정모 판사 아웃, 말바꾼 재판부

공판이 끝나고 한 달이 채 지나지 않은 2021년 2월 4일, 법원은 반정모 판사를 북부지법으로 인사조치했다. 지난 공판에서 이미징 파일을 받아 주겠다고 약속한 재판장이 재판부를 떠난 것이다. 반정모 판사가 인사조 치된 이상, 이 약속을 장담할 수 없게 됐다. 반정모 판사는 "제대로 못해줘서 미안하다"는 메시지를 미디어워치 측에 남기고 퇴장당했다.

이미징 파일을 주겠다고 나서다 쫓겨난 것은 반정모 판사만이 아니다. 2020년 8월 재판부가 알아서 판단하라고 '적의처리' 의견을 낸 김민정 공판검사도 이미 인사 조치됐다. 이후의 일이지만 1개 파티션이라도 원한다면 내주겠다던 장욱환 공판검사도 보직 이전됐다. 이미징 파일을 내주려했던 판사, 검사가 이렇게 인사조치된 문제는 나중에 재판부 기피신청에 대한 주요 근거가 됐다.

전연숙 판사가 항소심 재판부 재판장(부장판사)으로 부임한 뒤, 2021년 4월 9일 제10차 공판이 열렸다. 이미징 파일을 내주기로 약속한 반정모 판사를 아웃시키고 대타로 투입된 인물이었으니 더 볼 것도 없었다.

전연숙 판사는 재판을 시작하자마자 "검찰에서 현출한 태블릿 이미징 파일에 대한 열람등사를 허가하라고 했던 전임 재판부의 결정은 위법하다"며 절차를 문제삼았다. 이미징 파일을 제출하지 않고 버티는 검찰에게 활로(活路)를 터주는 듯한 발언이었다.

전연숙 판사는 이어서 "형사소송법에 따르면 검찰에서 보관 중인 이미징파일에 대해서는 우선 검찰에 열람복사 신청을 해야하고, 검찰이 이를 거부하면 재판부에 문서제출명령을 요구할 수 있도록 돼 있다"면서 "하지만 피고인들은 검찰을 거치지 않고 재판부에 바로 문서제출명령을 신청했기 때문에, 이를 허가했던 전임재판부의 결정은 위법한 것으로 보인다"고 말했다.

하지만 절차상 위반이 있었다 해도 당시 재판부 3명이 전혀 문제 삼지 않았고, 이들 중 2명의 판사는 계속 항소심 재판부에 남아있었다. 또 당시 재판부는 검찰에도 의견을 물었는데 김민정 공판검사 역시 절차를 문제

삼지 않고 열람복사 허가에 반대하지 않겠다는 의견을 회신한 바 있다. 이같은 결정 과정에는 법원과 검찰에 더 큰 책임이 있는 셈이다.

더구나 신임 재판부가 절차를 문제를 삼기 이전에, 검찰은 무려 7개월간 재판부의 결정을 무시하며 열람복사를 거부했다. 신임 재판부가 검찰의 심각한 법 위반은 문제 삼지 않고, 피고인들의 사소한 절차 위반만을 문제 삼는 것 아니냐는 지적이 나올 수밖에 없다.

전연숙 재판장은 국과수 이미징파일도 문제 삼았다. 전임 반정모 재판장은 재판부가 직접 국과수 이미징파일을 받아주겠다고 구두 서약한 바 있다. 이 서약을 전제로 미디어워치는 국과수 심규선 연구관에 대한 증인신문에 동의했다. 하지만 신임 재판부가 이 약속을 결국 파기해버린 것이다.

결국 미디어워치 측은 재판부가 문제삼은 절차를 다시 밟았다. 검찰에 먼저 열람복사 신청을 하고, 검찰이 이를 거부하자, 다시 재판부에 문서제출명령을 요구한 것이다.

그러자 재판부는 광복절 대체휴일(16일)로 인해 3일 연휴를 앞둔 2021년 8월 13일 금요일, 우리의 이미징파일 열람·등사 신청을 일괄 기각했다. 이는 전임 재판부의 열람등사 허가 명령을 파기하고, 우리에게 다시 신청서를 제출하라고 할 때부터 어느 정도 예견된 것이었으나, 기각 결정을 내린 시점이 기습적이었다.

우리는 대응을 준비할 시간이 없었다. 연휴가 끝나면 17일(화)인데, 19일(목) 공판까지는 단 이틀뿐이었다. 18일(수) 오전까지 우편으로 송달되는 기각 결정문조차 확인할 수 없었다. 기각 사유를 받아보고 내용을 분석해야 이번 공판에 대비할 수 있는데도, 법원은 고의로 그럴 시간도 주지 않은 것이다.

법관 기피신청서 제출

결국 필자는 변호인단과 상의해 2021년 8월 18일, 재판부에 기피신청서를 제출했다. 이동환 변호사는 기피신청 사유서에서, 이미징 파일을 주겠다는 검사와 판사는 모조리 교체되고 전연숙 재판장이 들어오더니 중대 사유도 없이 지난 결정들을 뒤집었다고 강조했다.

이 변호사는 "서울중앙지법 제4-2형사부는 지난해 이 사건 피고인에게 형사소송법 제266조의4에 따른 디지털증거의 열람·등사를 허용하였다가, 1년 가까이 지체된 끝에 기존 결정을 철회하고, 최근 기각 결정을 내린 바 있다"고 지적했다.

이어 "열람·등사 허용을 번복할 만큼 특별한 사유가 발생하지 않았음에도 스스로 내린 결정을 뒤집어 피고인의 무죄 입증을 돕기는커녕 끝까지 방해했다"며 "단순히 피고인이 원하는 바를 수용하지 않아 그 불만으로 제기하는 여타 기피신청 사례와는 성격이 크게 다르다"고 밝혔다.

앞서 언급했듯이 2020년 8월 "피고인들에게 열람·등사를 허용하라"는 결정을 전원 합의로 내렸고, 공판검사(장욱환)도 현재 보관하고 있는 이미징 파일 한 개에 대해서는 열람·등사를 이행하겠다는 뜻을 밝힌 바 있다.

이와 관련해 이동환 변호사는 "재판부가 무슨 사정이 있는지 기어코 지난 5월과 8월 자신들의 결정을 뒤집는 무리수를 뒀다"며 "재판에 생긴 변수는 재판장이 전연숙 판사로, 공판검사는 오민재로 교체된 사실뿐"이라고 상기시켰다.

이어 이 변호사는 "형사소송법 제307조가 규정한 증거재판주의는 제4-2형사부에서 결코 실현되지 않는다는 것을 확인하게 되어 법관 기피신청에 이르게 되었다"고 설명했다.

특히, 전연숙 재판장의 행태에 대해서는 "검사의 총체적인 부실 수사와 조작·날조된 증거까지 확인되어 무죄 취지의 공소기각 결정을 내려도 부족한 상황에서, 사건의 '실체적 진실'에 다가서기보다 오히려 이를 필사적으로 가로막는 길을 선택했다"고 강조했다.

이 같은 기피신청에 대해 서울중앙지법은 9월 7일 기각 결정을 내렸다. 우리는 즉시 항고했다.

이후 기피신청은 대법원 제1부(아)에 배정됐다. 1부는 박정화(65·전남해남·20기), 오경미(68·전북익산·25기), 김선수(61·전북진안·17기), 노태악(62·경남창녕·16기) 대법관으로 구성됐으며 주심은 박정화 대법관이었다.

박정화 대법관도 우리법연구회 출신이었다. 구속영장 심사 때부터 네 번째로 만나는 우리법연구회 출신이었다. 게다가 오경미 대법관은 인권법연구회, 김선수 대법관은 민변 출신으로 모두 좌익성향 판사들이었다. 대법관 4명 중 3명이 좌익성향인 셈이다. 더구나 노태악 대법관은 박근혜 대통령으로부터 사직을 강요당했다며 탄핵 정국에서 맹활약, 문재인 정권에서 차관으로 다시 등용된 노태강 씨의 동생임이 밝혀졌다. 탄핵 문제를 기준으로 따진다면 네 사람 모두 다 골수 탄핵 세력일 가능성이 높다.

대법원은 해가 바뀌어도 결론을 내리지 못하다가 2022년 1월 18일, 결국 기각결정을 내렸다. 언제 항소심 재판이 재개될지 모르지만 이미 재판은 무의미한 상황이다. 후술하겠지만 검찰 스스로 "최서원은 태블릿의 소유자도 아니고, 사용자도 아니다"라는 입장을 낸 상황이다. 필자와 미디어워치 기자들은 경우에 따라 재판 보이콧까지 염두에 두고 다가올 공판을 준비하고 있다.

태블릿 명예훼손 형사재판 항소심 진행 현황

연도	날짜	공판	재판부	주요내용
2018	12/27	접수		1심에 이어 우리법연구회(정재헌) 판사에 배정
2019	4/9	1차	홍진표 김행순 정재헌	변희재, '김경수 수갑특혜' 항의하며 불출석. JTBC 사설변호사가 검사석에 앉아 공판참여.
	4/30	2차		변희재-황의원 보석심리. 변희재-황의원 5월17일 보석 석방.
	6/27	3차		미국인 연구자 '코리아워처' 타라 오 박사 방청.
	7/25	4차		변희재와 홍성준 검사, 50여분 고성 설전. 차기환 변호사, 태블릿 감정 반대하는 검사에게 호통.
	9/19	5차		재판부, 피고인들에게 "무엇이 피고인에게 이익인지 생각해보라" 혐의 인정 종용. 피고인들 무죄변론 의지 피력.
	12/5	6차		재판부, 4연속 공판기일 변경. 판사 3명 전원 교체. 반년간 재판 중단.
2020	6/18	7차	반정모 김양섭 차은경	송지안 수사관, 포렌식 절차 위반 증언. 재판부, 결정적 사실조회 4건 모조리 보류.
	8/10	신청사건		김인성, "태블릿 이미징파일부터 확보하라" 조언. 변희재, 이미징파일 열람등사 신청.
	8/14	신청사건	반정모 김양섭 차은경	검찰, 이미징파일 열람등사에 동의. (김민정 검사)
	8/26	신청사건		법원, "태블릿 이미징파일 열람등사를 허용하라" 결정.
	11/5	8차		검찰, 법원 결정 무시. 열람등사 불허하다 "이미징파일 분실했다" 황당 주장. 변희재, 법원 직권으로 검찰청 압수수색 강력 요구.
2021	1/14	9차	전연숙 김양섭 차은경	재판부, "국과수 이미징파일은 법원에 있으니 이것부터 주겠다" 공개 약속. 돌연 재판장 교체.
	4/8	10차		새 재판장, 기존 이미징파일 허용 결정 취소. 피고인 측이 재신청했으나, 모조리 기각.
	8/18	신청사건		변희재, 법관 기피 신청
	9/7	신청사건		중앙지법, 기피신청 기각. 변희재, 즉시 항고
2022	1/18	신청사건		대법원, 기피신청 기각.

*2022년 1월 25일 기준.

6부

6

최서원, 반격의 서막

최서원의 명예회복이 탄핵무효의 열쇠

탄핵반대 운동 초기 시절부터 보수우파는 최서원의 역할을 두고 의견이 갈렸다. 최서원도 적극적으로 나서서 자기 결백을 주장해야 한다는 사람들이 있었고, 최서원이야말로 모든 일의 원흉이니 무조건 사죄하고 침묵해야 한다는 사람들도 있었다. 이제와서 보니, 전자는 주로 태블릿 조작을 주장하는 쪽이었고, 후자는 태블릿 조작을 인정하지 않고 김한수의 편을 드는 쪽이었다.

하지만 필자가 투옥까지 불사한 긴 법정다툼 끝에 태블릿은 검찰과 김한수에 의해 소각됐다는 명백한 증거를 찾아내 알려줘도, 보수우파 일각에서 여전히 생각을 바꾸지 않는 걸 보면, 처음부터 이들은 탄핵 세력과 한 배를 타고 있었던 게 아닐까 한다. "박 대통령은 뇌물 10원도 받지 않았다"는 주장은 사실로 밝혀졌음에도 탄핵무효 여론을 만드는 데는 별 도움이 되지 않았다. 여론은 "왜 최서원이 해먹는 걸 제대로 막지 않았냐"는 식으로 여전히 박 대통령을 질타하고 있었다. 헌법재판소 역시 최서원이 국정농단을 하며 사리사욕을 챙기는 것을 박 대통령이 제대로 막지 못했다는 걸 탄핵의 주된 사유로 강조한 바 있다. 아래는 당시 탄핵 결정문 중 일부다.

"피청구인은 안종범에게 문화와 체육 관련 재단법인을 설립하라는 지시를 하여, 대기업들로부터 486억 원을 출연받아 재단법인 미르를, 288억 원을 출연받아 재단법인 케이스포츠를 설립하게 하였습니다. 그러나 두 재단법인의 임직원 임면, 사업 추진, 자금 집행, 업무 지시 등 운영에 관한 의사결정은 피청구인과 최서원이 하였고, 재단법인에 출연한 기업들은 전혀 관여하지 못했습니다. (중략)

피청구인의 행위는 최서원의 이익을 위해 대통령의 지위와 권한을 남용한 것으로서 공정한 직무수행이라고 할 수 없으며, 헌법, 국가공무원법, 공직자윤리법 등을 위배한 것입니다. 또한, 재단법인 미르와 케이스포츠의 설립, 최서원의 이권 개입에 직, 간접적으로 도움을 준 피청구인의 행위는 기업의 재산권을 침해하였을 뿐만 아니라, 기업경영의 자유를 침해한 것입니다. 그리고 피청구인의 지시 또는 방치에 따라 직무상 비밀에 해당하는 많은 문건이 최서원에게 유출된 점은 국가공무원법의 비밀엄수의무를 위배한 것입니다." <[전문] 박근혜 대통령 탄핵 헌법재판소 결정문>

헌법재판소는 재단에 그대로 남아있는 출연금을 박 대통령이 수수한 뇌물로 규정한 국회 탄핵소추안을 부담스러워했다. 그래서 강일원 주심은 새로운 탄핵소추안을 스스로 정리해, 뇌물 수수 등을 맨 마지막, 다섯 번째 범죄유형으로 내리더니, 탄핵 결정문에는 막상 언급조차 못했다. 가장 중요한 첫 번째 범죄유형은 '비선조직에 따른 인치주의(人治主義)로 국민주권주의와 법치국가(法治國家) 원칙 등의 위배'로 정리했다. 뇌물죄가 성립되어야 탄핵이 될 수 있다면서, 뇌물죄를 급조해서 집어넣은 국회 탄핵소추안과는 전혀 다른 소추안을 헌법재판소가 따로 만든 것이다. 물론 이 자체가 헌법재판소의 불법이고, 이것만으로도 탄핵의 재심사유로 충분하다.

결국 헌법재판소는 처음부터 입증하기 어려운 뇌물죄를 포기하고, 박 대통령이 최서원이라는 인치에 의존, 특정인의 이권에 직접간접으로 도움을 주어 법치주의, 기업경영의 자유를 침해했다는 것을 탄핵 결정문의 핵심사유로 제시한 것이다.

이런 상황에서 "박근혜 대통령은 10원 한 장 받은 바 없고, 최서원이 혼자 해먹은 사건이다"라고 주장하는 게 헌법재판소 탄핵 결정문을 반박하고, 박 대통령이 명예를 회복하는 데 무슨 도움이 되겠는가. 박 대통령이 명예를 회복하려면 최서원 역시 국정농단을 한 사실이 없고 K스포츠·미르재단에서 이권을 챙겨간 적이 없다는 게 증명되어야 한다.

고영태 일당의 녹음파일 1천개를 모두 듣고 "박 대통령과 최서원의 공모관계는 없다"고 선언한 차명진 전 의원은 각종 유튜브 방송에 출연, "심지어 최서원과 고영태 일당과의 공모관계도 없다. 최서원이 재단에서 챙겨간 것도 없고, 오히려 고영태 일당이 무리한 사업을 벌이려 하면 그걸 막아왔다"고 설명했다. 탄핵 재판 자료 전체를 검토한 우종창 신 기자 역시 "최서원이 재단에서 사적 이익을 챙긴 증거는 없다"고 밝혔다.

그러다보니 특검은 최서원과 삼성의 독일 승마사업까지 치고 들어가 정유라가 빌려탄 말 세 마리가 박 대통령에 대한 뇌물이라는 무리한 기소를 하기도 했다. 정유라는 필자와 만나 "우리와 대통령이 경제공동체라서 내가 탄 말이 뇌물이라면, 우리가 박 대통령 집에 들어가 살거나, 집을 팔아도 되는 건가"라고 반문하기도 했다.

최서원은 민간인이고, 삼성그룹도 민간기업이다. 그들끼리 한국도 아닌 독일에서 승마 비즈니스를 한 것이 왜 서울에 있는 박 대통령이 받은 뇌물이 될 수 있냐는 것이다. 최서원은 당시 딸 정유라가 미혼모가 되어, 박 대통령에게 상황을 알리지도 못하고, 독일 이민을 준비했다고 한다.

최서원과 삼성의 비즈니스는 박 대통령이 알 수도 없고, 알 필요도 없는 것이었다. 최서원이 박 대통령을 내세워 호가호위를 하려 했다면 서울에 있어야지, 왜 독일로 갔겠는가. 최서원이 박 대통령과의 관계를 삼성에 내세운 바 없고, 삼성도 박 대통령에 대한 청탁을 대신 해달라고 최서원에게 요구하지도 않았다. 이런 증거가 아예 없으니 박 대통령이 승마협회 주관사인 삼성에 아시안게임 승마 국가대표팀을 지원해주라고 의례적으로 한 이야기를 두고, '최서원에게 뇌물을 갖다 주라'고 한 것으로 왜곡 날조하여 생사람을 잡아버린 게 바로 윤석열이 팀장이던 특검 수사4팀이었다.

최서원에 대해 이런 정도의 사실은 바로잡아 국민에게 널리 알려야 탄핵무효의 첫 단추라도 끼울 수 있는 것이다.

최서원, 5년 내내 "나는 태블릿 쓴 바 없다"

실제 최서원은 국내 모든 언론과 국민으로부터 마녀사냥을 당하고, 검사에게서는 "삼족을 멸하겠다"는 폭언을 듣고, 결국엔 감옥에 갇히는 동안, 단 한 번도 말을 바꾼 적이 없다. 태블릿 문제가 대표적이다.

최서원은 5년 전인 2016년 10월 27일, 세계일보와의 단독 인터뷰에서 "태블릿을 가지고 있지도 않고, 쓸 줄도 모른다. 내 것이 아니다"라고 말했다. 2016년 10월 24일, JTBC가 태블릿 보도를 시작한 지 사흘만이었다.

이후 최 씨는 기회가 있을 때마다 일관되게 "JTBC가 보도한 태블릿PC는 내 것이 아니다"라고 강조했다. 검찰, 법원, 구치소에서도 한결같았다. 한때 최 씨의 변호인이 태블릿은 핵심 쟁점이 아니니까 적당히 인정하고 넘어가자고 제안했을 때도 최 씨는 거절했다. 최 씨는 필자의 태블릿 재판 1심 재판부에도 다음과 같은 자필 의견서를 제출했다.

<진술서>

저는 JTBC가 보도한 문제의 태블릿PC에 대해서 전혀 모르며 사용한 적이 없습니다.

- 이 태블릿PC 외에도 태블릿PC를 갖고서 뭘 해본 기억이 전혀 없습니다. 저는 독일이나 제주도에 태블릿PC를 들고 간 사실도 없으며 사용할 줄도 모르는 태블릿PC를 가져갈 이유도 없습니다.

- 저는 검찰 조사를 받는 과정에서 "JTBC의 태블릿PC 보도는 사실과 다르며 태블릿PC는 제것이 아니다"라고 분명히 밝혔습니다. 조사 당시 여러차례 태블릿PC를 실물을 보여달라고 검찰에 요청했으나 거절당하고 일방적인 수사만을 진행했습니다.

- 검찰은 수사 과정에서 나는 사람들은 모두 죄시인 내버려라고 그러니 저에게도 빨리 인정하라고 자백을 강요했습니다. 특검은 "범죄를 인정하지 않으면 삼족을 멸하겠다"는 폭언까지 저에게 하였습니다.

- 저는 태블릿PC를 2017년 11월 9일 결심공판 직전에야 실물을 볼 수 있었습니다. JTBC의 태블릿PC 보도가 나간지 1년만입니다.

- 이것은 증거재판을 원칙으로 하는 형사재판에서 있을 수 없는 일이라 생각합니다.

- 또한 장시호가 특검에 제출했다는 태블릿PC는 전혀 모르며 사용한 적이 없습니다.

- 특검과 JTBC가 '제 휴대전화'와 'JTBC가 보도한 태블릿PC', 그리고 '장시호가 특검에 제출한 태블릿PC'의 잠금패턴이 모두 'L자'라고 하였다는 사실을 전해들었습니다. 그러나 저는 휴대전화에 잠금패턴을 설정한 적도 없으며, 잠금패턴을 설정할 줄도 모릅니다. 다른 태블릿PC들은 제 것이 아니고, 저는 알지도 못하고 왜 그 태블릿PC가 제출되었는지 궁금할 뿐입니다. 저는 전혀 사용한 적이 없는 기기들입니다.

- 저는 김한수와 휴대전화로도 카카오톡을 주고받은 바가 없습니다. 조

카인 이병헌에게 존댓말을 쓰는 세상의 이모는 없을 것이며, 카카오톡을 통해 존댓말로 무엇을 물어본 바도 없습니다.

- 저는 김한수와 만난 자리에서 흰색 태블릿PC를 가방에 넣은 사실도 전혀 없으며, "태블릿은 네가 만들어주었다면서?"와 같은 내용의 통화를 할 이유도 한 적도 없습니다.

- 2012년 6월 25일 강남 중식당에서의 저녁식사 모임에는 장승호, 이병헌과 함께 김한수도 1시간 이상 동석했습니다. 나중에 들으니 김한수가 그 근처에 사무실이 있다고 하였습니다. 당시 예약은 장승호가 한 걸로 기억하고 있습니다.

- 저는 더블루K 사무실 번호키도 없으며 비밀번호도 모릅니다. 그래서 가게 되면 안에서 보고 열어주었습니다.

이상과 같이 본인은 사실대로 진술하였는바, 만에 하나 법원에서 증언이 필요하다면 출석하여 성실히 답변하도록 하겠습니다.

2018.11.23. 진술인 최서원

회고록에서도 30여차례 "태블릿 내 것 아니다"

최 씨는 2020년 6월 경 자신의 회고록 『나는 누구인가』를 출판, 이 책에서도 시종일관 주요 대목마다 태블릿PC 이야기를 꺼냈다.

최서원 씨의 회고록 『나는 누구인가』는 2020년 6월 출간돼 베스트셀러가 됐다. 탄핵 광풍 이후 4년이 지나고서 국민들도 조금씩 최 씨의 호소에 귀를 기울이기 시작했다.

우선 최 씨는 "어느 날 갑자기 터진 JTBC의 태블릿PC 보도는 나의 삶을 완전히 뒤집어 놓았다"면서 JTBC의 태블릿 조작보도가 개인적 불행과 대통령 탄핵의 결정적 순간이었음을 강조했다.

최 씨는 이어 "JTBC는 태블릿PC 습득 경위를 세 번이나 바꿨다"며 "처음에는 독일의 버려진 쓰레기통에서 주웠다고 하더니 미승빌딩에 방치된 지하실에서 습득했다고 말을 바꿨다. 그러더니 세 번째는 그럴듯하게 더블루케이 사무실 관리인을 내세워 고영태 책상에 있던 것을 가지고 왔다고 한 것"이라고 말했다. 그러면서 "처음부터 사실이 아닌 얘기를 하다 보니 자신들도 헷갈린 모양"이라고 덧붙였다.

검찰은 최 씨를 불러 조사하면서 태블릿은 결코 보여주지 않았다. 최 씨는 "이 사건의 가장 중요한 단서는 태블릿PC에 담겨진 글들이다"라며 "나는 그것을 확인하기 위해 태블릿PC를 보여줄 것을 요청했으나 그들은 보여주지 않았고, 내 것이 아니라는 항변에도 관심이 없었다"고 회고했다.

심지어 담당 검사는 무조건 당신 것이라고 인정하라며 최 씨를 협박하기도 했다. 최 씨는 "어느 날 수사를 받고 있는데 갑자기 태블릿PC 담당 검사가 불러 그의 방으로 갔다"며 "책상 위에 태블릿PC에서 나온 문건이 나며 산너미같이 올려놓고는 국정에 관여한 내용을 사실대로 털어놓으라고 했다"고 적었다.

이어 "나의 의견을 묻는 게 아니라 다른 진술자들이 말한 내용을 시인만 하라는 것이었다"면서 "내 말은 듣지도 않는 위압적인 분위기에 참관했던 변호사는 그날로 그만두었다"고 최 씨는 고백했다.

저서에서 최 씨는 아무도 관심을 갖지 않는 태블릿PC에 관심을 갖고 진실을 추적하는 '민간인 변희재'에 대한 고마움을 피력하기도 했다.

최 씨는 "당시 해묵은 태블릿PC 건의 얘기가 또 나온 것은 민간인인 변희재 씨가 용감하게 진실을 밝혀내고자 한데서부터 시작되었다"면서 "그는 박 대통령이나 나와는 전혀 알지 못하는 민간인임에도 불구하고 진실을 밝히기 위해 책까지 출간하는 열정을 보였다"고 썼다.

이어 "지금 벌어지고 있는 일들과, 검찰과 특검 배후 세력들에 의한 조작 의혹은 후일에라도 반드시 밝혀질 것"이라고 덧붙였다.

최서원, "김한수, 정호성, 김휘종, 입 다물어라"

최서원은 미디어워치 출판사가 2020년 2월에 출간한 책 『변희재의 태블릿 사용설명서』를 읽고 3월경에 자필 독후감을 보내오기도 했다.

최 씨는 "책을 읽으면서 차마 눈을 못 뜨고 흐르는 눈물이 나오는 것은 (중략) 변 대표님의 이야기가 전부 사실이라는 것"이라며 글을 시작했다. 이어 "그 사실에(도 불구하고) 국민들이 허위에 속고, 야욕에 눈먼 정치인들이 신문·방송과 함께 떠들어댔던 내용들로 박 대통령을 탄핵시킨 것이 이 나라의 비극이자 선동정치"라고 말했다. 그러면서 태블릿은 최서원이 쓴 것이라고 거짓을 유포하고 있는 김한수, 정호성, 김휘종 등에게 엄중 경고를 하기도 했다.

> 태블릿PC 건은 애당초 만들어진 각본입니다. 형사법상 증거 위주의 심층 수사를 해야함에도, 증거없이 조작된 문서로 지들 맘대로 꾸며낸 것입니다. 그 이유의 부당성은 목이 메마르게 이야기했듯이
>
> 1. 태블릿PC를 전혀 보여주지 않고, 질문에 답만 강요했다는 것입니다.
> 2. 왜 당당하면 그 잘난 윤석열 사단의 특검이 가장 중요한 태블릿을 보여주지 않느냐는 것입니다.
> 3. 지금 정호성이나 김한수, 김휘종이 책의 내용이 거짓이라고 음해하고 있다면, 그들 스스로 태블릿 사용자의 진실을 가려내면 되겠네요. 왜 그런 중요한 일을 정호성이는 재판에서 분석을 하지 않겠다고 꼬랑지를 내리며 검사들 회유에 말려들었는지, 가슴을 치고 그에게 물어보고 싶습니다. 다시 한번 그런 음해니 뭐니 그런 얘길하면 그것들은 몽땅 형사처벌을 받게 할 것입니다. 최소한의 예의라면(예의가 있다면) 입이라도 닫고 있어야 할텐데요.
> 4. 김한수에게 전화를 걸어 "태블릿 네가 만들어 주었다"며 이런 말을 했

다는 것에 대해, 저는 김한수의 연락처도 모르고 태블릿PC는 김한수 것인데 왜 내가 그런 어이없는 말을 하겠습니까? 김한수가 어떤 루트로 자기가 사겠다고(사용하겠다고) 지가 만들고 지가 요금납부한 것을 내 것이라 했는지 모르겠지만, 그래서 아마도 구속은 피했나 봅니다.

이렇게 최서원은 5년 내내 시종일관 태블릿 사용 사실을 부인하고 있다. 특히 김한수나 김휘종처럼 진술이 오락가락하지 않고, 구체적인 사안까지 모두 일관된 진술을 하고 있다. 최서원의 진술뿐만 아니라 검찰과 국과수의 포렌식 기록 역시 일관되게, 태블릿 사용자가 최서원이 아님을 가리키고 있다. 만약 최서원이 조금이라도 의사가 흔들려, "내가 쓴 것이 맞을지도 모르겠다"고 한 마디라도 했다면, 태블릿을 넘어 탄핵무효를 위한 진실투쟁은 그 길이 막혔을 것이다.

최서원, "태블릿 내 것이라면 내놔라"

다행히(?) 필자와 미디어워치 기자들이 기소되면서 태블릿 재판이 열리고, 해를 거듭할수록 태블릿은 김한수 것이라는 증거들이 쏟아지면서 최서원의 것이라는 주장은 모두 허위로 드러났다. 필자는 태블릿을 꺼내 과학적으로 검증하자고 요구했지만, 검찰과 특검은 태블릿과 그 사본화파일을 숨기고 결코 내놓지 않았다.

태블릿 형사재판이 교착상태에 빠지자, 미디어워치 기자들의 변호인이면서, 최서원과도 변호인 계약을 맺은 이동환 변호사는 2021년 11월 5일, JTBC 태블릿을 최서원에게 돌려달라는 압수물환부신청서를 서울중앙지검에 제출했다. 태블릿과 관련된 국정농단 재판이 종결됐고, 검찰 수사와 법원 판결에서 최서원의 태블릿으로 결론 내려져 형사소송법에 따라 원 소유자인 최서원에게 돌려달라는 요구였다.

하지만 서울중앙지검(정용환 검사)은 "신청인(최서원)이 소유자임이 확인 되지 않는다"는 사유를 들어 같은 달 11일에 불허 결정을 통보했다. 이날 정용환 검사는 이동환 변호사와의 통화에서 "수사팀에 확인한 결과 최서 원은 태블릿을 사용한 것이지, 소유자는 아니라고 판단했다"고 답했다.

이 변호사는 "태블릿은 김한수 전 청와내 행정관이 개통했지만, '개통하 자마자 최서원 측에 넘겨주었으며, 태블릿은 최서원의 것'이라고 특검 조 사와 법정 증언에서 일관되게 밝힌 김한수의 주장이 법원 판결로 최종적 으로 받아들여졌다"며 "그동안 JTBC와 검찰이 주장한 것처럼 실사용자 가 최서원이라면, 태블릿에 저장된 정보의 주체로서 최서원은 태블릿을 환부받을 자격이 있다"고 주장했다.

검찰의 환부 불허 결정이 세간에 알려지자, 유튜브를 중심으로 "이제와 서 태블릿이 최서원의 것이 아니란 말인가"라는 여론이 퍼져나갔다. 최서 원이 태블릿을 돌려받으려는 이유는, "대한민국의 검찰과 법원이 내게 태 블릿을 보여주지도 않고, 일방적으로 내 것이라 판단했으니, 그럼 내가 직 접 돌려받아 검토해보겠다"는 취지였다. 그러나 그렇게 태블릿을 최서원 의 것이라고 하던 검찰은 재판이 끝나고 막상 돌려줘야 할 상황이 되자, " 최서원 당신 것이 아니니 못 돌려주겠다"는 것이다.

최서원, "태블릿 내 것이라면 내 허락없이 건드리지마"

결국 이동환 변호사는 JTBC 태블릿은 물론 제2태블릿의 점유 이전을 막기 위한 가처분 신청서를 2021년 11월 19일과 25일, 각각 서울중앙지법에 제출했다.

'제2태블릿'은 최서원이 사용한 '또 다른 태블릿'이란 뜻으로 JTBC가 입수한 태블릿과 구분해서 박영수 특검이 부르던 별칭이었다. 최서원의 조카 장시호가 2017년 1월 5일에 제출해서 압수 조치됐다.

당시 특검은 최서원과 삼성그룹의 유착 관계를 입증하는 이메일을 비롯해 각종 국정농단 증거가 제2태블릿에서 대거 발견됐다고 했다. 최서원의 국정농단 재판은 2020년 6월, 대법원 판결로 종결돼 특검은 형사소송법 제332조에 따라 특검이 소유자라고 결론내렸던 최서원에게 제2태블릿을 돌려줘야 하는 상황이다. 이에 최서원의 변호인 이동환 변호사는 제2태블릿을 돌려달라는 압수물환부신청서를 11월 11일 특검 사무실에 제출한 바 있다.

이번에 제출한 가처분 신청서는 검찰과 특검이 각자 보관하고 있는 태블릿을 JTBC나 장시호에게 돌려주거나, 폐기하지 말 것을 주문하는 내용을 담았다.

검찰, "최서원은 태블릿 소유주도 사용자도 아니다"

JTBC 태블릿에 관한 가처분 신청에 대해 서울중앙지검은 2021년 12월 21일 재판부에 답변서를 제출했다. 답변서에서 서울중앙지검은 "채권자(

최서원)가 이 사건 목적물(태블릿)에 대한 소유권 내지 실사용권 등의 권리를 가지고 있다고 보기 어렵고, 이를 인정할만한 명확한 증거 역시 없다"고 적시했다. 이어 다른 판결이나 형사재판 과정에서도 최서원의 태블릿 소유나 사용이 확인된 바가 없다고 밝혔다.

앞서 11월 11일 서울중앙지검은 이동환 변호사가 제출한 JTBC 태블릿 압수물환부신청서에 대해 "신청인(최서원)이 소유자임이 확인되지 않는다"는 사유를 들어 반환을 거부한 바 있다. 그리고 검찰은 가처분 재판부에 제출한 답변서를 통해서도 JTBC 태블릿에 대한 최서원의 소유와 사용을 거듭에서 공식 부인한 것이다.

1. 채권자의 권리 관련

채권자는 자신이 이 사건 목적물인 삼성 태블릿PC(이하 '이 사건 목적물'이라고 함)의 소유자이자 실사용자로 밝혀졌다고 주장합니다.

그러나, 채권자가 이 사건 목적물인 삼성 태블릿PC의 소유자임은 법률상 확인되거나 확정되지 않은 상황입니다. 박근혜 전 대통령에 대한 1심, 2심, 대법원 판결 과정에서 이 사건 목적물이 채권자 소유임이 확인되지 않았을 뿐 아니라(대법원 2018도14303 등), 채권자에 대한 형사재판 과정에서도 이 사건 목적물이 채권자 소유라는 점이 확인되지 않았습니다.(대법원 2018도13792 등)

아울러, 채권자가 '실사용자'라는 주자 역시 ~~~~~~~~~~~~~~~~~~~~~~~~~~~~~~ 이었나는 사실이 판결문 내지 법률 상 명확히 확인되지 않았습니다.

이와 같이, 채권자가 이 사건 목적물에 대한 소유권 내지 실사용권 등의 권리를 가지고 있다고 보기 어렵고 이를 인정할만한 명확한 증거 역시 없습니다.

2. 제출인의 의사 및 보관 관련

압수조서 상 이 사건 목적물의 제출인으로 기재된 기자 조택수는 이 사건 목적물의 소유자가 누구인지 명확히 특정하지 못하고 있으나, '자신이 환부받고 싶지 않다'의 의사를 서울중앙지방검찰청에 밝힌 바 있습니다.

이러한 점을 고려하여, 서울중앙지방검찰청은 이 사건 목적물을 제출인에게 환부하지 않은 채 보관하고 있으며, 추후에도 이를 임의로 처분하거나 폐기하는 것은 법률 상으로도 불가능하다 할 것입니다.

최서원이 JTBC 태블릿을 돌려받기 위해 가처분 신청을 하자, 서울중앙지검이 법원에 제출한 2021년 12월 21일자 답변서. 검찰은 자신들의 기존 수사결과를 180도 뒤집어 최서원이 태블릿의 소유자이면서 실사용자인 사실이 법률상 확인되지 않는다고 밝혔다. 또한 태블릿을 제출한 자로 알려진 JTBC 조택수 기자 역시 태블릿의 소유자가 누구인지 특정하지 못하고 있다고 전했다.

JTBC, "태블릿 누구 것인지 모르겠다"

이들 검찰보다 더 황당한 행태를 보이는 곳은 JTBC이다. 태블릿을 검찰에 넘겼다는 JTBC 조택수 기자는 가처분 재판과 관련해 "태블릿의 소유자가 누구인지 특정하지 못하겠다"는 입장을 검찰에 전했다. 검찰이 '소유'와 '사용'을 구분하며 빠져나갈 구멍을 찾고 있다면, JTBC는 '태블릿은 최서원의 소유'라는 단정적인 표현으로 수차례 보도해왔다. 이에 필자는 2021년 12월 27일, JTBC 사옥 앞에서 다음과 같은 성명서를 발표했다.

JTBC와 검찰은 2016년 10월부터 수 년 동안 태블릿은 최서원(최순실)의 것이라고 일관되게 밝혀왔다. 하지만 JTBC와 검찰은 이제 최서원 씨가 태블릿이 정말 내 것이라면 돌려달라고 하자, 입장을 180도 뒤집고 있다.

2016년 10월 24일 JTBC의 최서원 태블릿 첫 보도를 본 국민들은 똑똑히 기억할 것이다. 그 이후의 수십, 수백여건의 관련 보도에서 JTBC는 '최순실의 태블릿'이라 보도했다. 이제와서 최서원이 사용은 했지만 소유자는 아니라며 도망가는 검찰과 달리 JTBC는 최서원의 소유라는 단정적 보도를 여러차례 했다.

이동환 변호사는 29일 열린 공판에서 "태블릿이 최서원의 것이 아니라면 최서원의 것이라 수도 없이 보도한 JTBC 측이 거짓보도를 했다는 것이냐"고 하면서 검찰의 입장을 분명히 요구했다. 그러나 검찰 이전에 JTBC 자체가 "태블릿이 누구 것인지 모르겠다"며 발뺌을 하고 있는 것이다.

특히 JTBC는 태블릿이 최서원 것이라는 신세로, 변희재 본인을 고소해 검찰과 법원은 본인을 1년간 투옥시킨 바 있다. JTBC 고소장, 구속영장, 공소장 모두에 "태블릿은 최서원의 것"이라 기록되어있다. 그리고 재판에 승인으로 나온 손용석 등 JTBC 기자들 모두 "태블릿은 최서원의 것"이라 증언했다.

JTBC는 즉각 자신들의 보도를 근거로 검찰에 "최서원 것이 맞으니 돌려주라"는 입장을 표명하든지, 아니라면 수십, 수백여 건의 "최서원의 태블릿"이라는 거짓조작 보도를 실토하고 대국민 사과를 하기 바란다.

어차피 최서원은 물론, JTBC 보도의 피해자인 변희재 본인은 관련 소송을 준비, 그간 JTBC의 태블릿 관련 거짓 보도들을 모조리 밝혀내 무릎을 꿇리게 할 것임을 경고해 둔다.

태블릿에 대해서라면 모두들 JTBC와 공범의식이 있어서인지 언론사들이 좀처럼 취재 보도를 하지 않는다. 하지만 이번 최서원의 태블릿 가처분 신청에 대해서는 연합뉴스, 뉴시스, 조선일보, 동아일보, MBC 같은 유력 언론사 30여 곳이 취재 보도를 하고 있다. 유독 JTBC와 중앙일보만

침묵을 지키고 있다.

연합뉴스TV의 2022년 1월 19일자 <최서원 측, 태블릿PC 반환 소송…"재심 사유 검토"> 제하 보도. 최서원 씨 법률대리인 이동환 변호사의 인터뷰 자리에 국내 주요 언론사 10여 곳이 몰려 최 씨의 태블릿 반환 소송에 관심을 보였다.

　결국 이동환 변호사는 태블릿을 최서원에게 돌려달라는 본안 소송까지 제기했다. 이 소송에서 핵심은 개통자이자 요금납부자 김한수가 국정농단 재판 당시 검찰 조사와 법정 증언을 통해 태블릿의 소유권을 포기했다고 일관되게 진술했다는 것에 있다.

　김한수는 이춘상 보좌관이 태블릿을 하나 구해오라고 해서 개통한 뒤, 이춘상 보좌관을 거쳐 최서원에게 증여한 이후부터는 소유권을 주장한 바가 없다. 또한 2012년 6월, 태블릿을 넘겨준 뒤로 김한수는 태블릿을 본적이 없고, 사용한 적이 없으며, 어디에 있는지 모르고 지냈다고 일관되게 진술했다. 심지어 최서원이 태블릿을 점유하고 있는 사실을 알고 있었지만 태블릿을 찾으려는 시도를 일체 하지 않았다는 말도 했다. 이것이 객관적 진실과는 무관하지만, 검찰 수사와 법원 판결에서 현재까지 인정받고 있는 법적인 사실관계다.

김한수는 태블릿 할부대금을 2015년 6월까지 납부했는데, 이는 자신이 소유하거나 사용할 목적이 아니라, 증여에 따른 '대납'이라는 행위를 지속한 것이라고도 했다. 실제 김한수도 검찰 조사와 법정 증언에서 "대납"이라는 표현을 썼다. 그리고 김한수는 법정 증언에서 "이춘상이 최서원에게 태블릿을 사용하게 하였다면 얼마 되지 않는 요금 정도는 매월 납부해도 되겠다"라고 하여, 증여의 목적에 따라 할부대금을 납부한 것이라고 밝히기도 했다. 특검의 김종우 검사, 그리고 김한수는 다음과 같이 문답을 주고 받았다.

> **문>** 진술인은 최순실이 사용하는 것을 알고도 태블릿PC 사용료를 개인 신용카드로 계속 납부한 것인가요.
> **답>** 이춘상이 최순실에게 제가 개통해 준 태블릿PC를 사용하게 하였다면, 제가 얼마 되지 않는 요금 정도는 매월 납부해도 될 것 같아서 제 이름으로 결제자를 변경했던 것입니다.

이처럼 검찰과 김한수는 태블릿의 소유권을 포기하고서 최서원에게 넘겨주었고, 요금까지 대납했다는 시나리오를 만들어놓고는 이제 와서 "태블릿은 최서원의 것이 아니다"라고 우겨대고 있는 것이다. 이에 이동환 변호사는 가처분 심리 공판에서 검찰 측에 "그럼 태블릿은 대체 누구 것이라는 말이냐. 태블릿이 김한수 것이라고 한다면, 검찰과 법원이 인정한 김한수의 증언을 모두 배척하겠다는 것이냐"고 따져 물었다. 검찰 측은 아무런 반박도 못했다.

검찰, 태블릿 내부 전자파일만 내줄 것인가

이동환 변호사는 검찰의 "사용은 했지만, 소유자는 아니다"라는 궤변에 대해서도 다음과 같이 논파했다. 검찰 수사결과와 법원 판결에 따르면, 최서원이 장기간 태블릿을 사용한 사실이 '법적으로' 확인됐다. 태블릿에 저장된 이메일, 문자메시지(독일 동선), 카톡메시지, 이메일에 첨부된 청와대 문건파일 등이 모두 최서원의 사용으로 인한 결과물이라고 결론 내려졌다. 최서원이 사용할 때 생성, 수정된 태블릿 내의 모든 파일, 이른바 전자정보에 대한 소유권은 최서원에게 있다. JTBC가 보도한 대로 최서원이 드레스덴 연설문을 직접 수정했다면, 그 수정한 파일의 사용자와 소유자는 모두 최서원이다. 박 대통령의 저도 휴가 사진을 최서원이 태블릿으로 찍었다면, 그 사진파일의 사용자, 소유자도 모두 최서원이다.

결국 검찰이 내세우는 궤변, "사용은 했지만, 소유자는 아니다"라는 주장은 결국 "최서원이 전자정보의 소유자는 맞지만, 태블릿의 소유자는 아니다"라는 말이 된다. 이런 상황에서 만약 검찰이 같은 주장을 반복하며 태블릿을 못 돌려주겠다고 한다면, 껍데기에 해당하는 태블릿은 놔두고, 태블릿 내부의 전자정보 파일을 돌려줘야 하는 사태가 벌어진다. 검찰은 과연 그렇게 할 것인가. 최서원 입장에서는 전자정보 파일 전체를 복사하는 것, 즉 미디어워치가 입수하려다, 검찰과 법원이 결사적으로 저지한 이미징 파일만 받아도 충분하다. 애초에 태블릿이 자신의 것이 맞는지, 검찰과 JTBC가 조작한 것인지 따지기 위해 돌려받는 것이니 이미징 파일을 돌려받아도 충분하다. 검찰의 소유와 사용 분리 전략은 이걸로 외통수에 걸렸다.

'제2의 태블릿'이라 불리는 장시호 제출 태블릿에 관한 소유권 문제는 더 간단하다. 애초에 특검에서 수사 발표할 당시 최서원이 직접 대리점에 가서 개통했고, 최서원의 직원 명의로 요금을 내는 등 최서원의 소유가 명확하다고 이규철 특검보가 직접 발표했기 때문이다. 이처럼 '제2의 태블릿'은 곧바로 반환해야 하는 상황으로 몰리자, 특검 측은 박영수 특검이 사임한 뒤로 후임 임명이 되지 않아서 재판에 임할 수 없다며 대응 자체를 포기한 상황이다.

이동환 변호사와 미디어워치는 'JTBC 태블릿'이건, '제2의 태블릿'이건 어느 태블릿이든 최서원이 받아낸다면, 즉각 이를 검증해서 검찰의 조작을 낱낱이 밝히겠다는 입장이다. 미디어워치에서는 아직 공개야지 않고 았지만 세2태블릿의 경우, 최서원 것이 아닌데 최서원의 것으로 조작한 결정적 증거를 이미 확보하고 있다. 최서원의 '반격의 서막'이 오르고 있는 것이다.

부록

최서원 저 『나는 누구인가』 중 태블릿PC 관련 내용

횟수	쪽	내용
1	11	2016년 10월 JTBC의 태블릿PC 보도를 시작으로 악성 루머와 함께 마녀사냥 식의 보도는 이미 언론, 방송, SNS 등에서 광범위하게 퍼져나갔다.
2	11~12	JTBC 태블릿 사건은 아마도 미리 철저하게 조직적으로 준비했던 일인 것 같다. JTBC의 말 바꾸기, 검찰과 특검의 무리한 수사가 그것을 증명해 주고 있음이다.
3	28	내가 국정농단의 주범으로 몰린 가장 큰 원인 중 하나인 대통령 연설문 작성 건은 정 비서관의 부탁으로 문맥적 흐름에 대해 일부 조언 한 데에 있다. 하지만 대통령 연설문을 고치는 것은 무척 어렵고 조심스러운 일일 뿐만 아니라, 연설문 전체를 내가 볼 수 있었던 것도 아니다. 이것이 JTBC의 태블릿PC에 들어 있었다는 연설문에 관한 실체이다.
4	33	어느날 갑자기 터진 JTBC의 태블릿PC 보도는 ▒▒▒▒▒▒▒▒▒ 판치에 놓았다. JTBC는 태블릿PC 습득 경위를 세 번이나 바꿨다. 처음에는 독일의 버려진 쓰레기통에서 주웠다고 하더니 미승빌딩에 방치된 지하실에서 습득했다고 말을 바꿨다. 그러더니 세 번째는 그럴듯하게 더블루케이 사무실 관리인을 내세워 고영태 책상에 있던 것을 가지고 왔다고 한 것이다. 처음부터 사실이 아닌 얘기를 하다 보니 자신들도 헷갈린 모양이다.
5	84	JTBC에서는 태블릿PC에서 국정농단과 관련된 여러 가지 문건이 나왔다는데, 나는 발단이 된 그 태블릿PC를 사용할 줄도 모른다. 그런데 검찰에서는 태블릿PC를 보여주지도 않고, 조사도 하지 않은 채, 여론에 동조하여 몰고 갔다.
6	98	고영태, 그가 아무리 교활한 인간이라 하지만 혼자의 능력으로 나를 국정농단 주범으로 몰기 위해 (태블릿PC 보도를 한) JTBC를 움직인다는 것은 사실상 불가능한 일이다. 고영태의 입에서 나온 얘기들은 누군가 힘 있는 배후에 의해 짜맞춰진 기획과 각본이었을 것이다.
7	122	그러던 중 JTBC에서 태블릿PC 자료 문건에 대통령 연설문을 내가 쓴 흔적이 있다면서 국정농단의 단초를 만들어가기 시작했다. JTBC는 나에게 한 마디 확인 같은 것도 없었다.
8	126	나는 그때만 해도 내가 독일로 오게 된 경위와 태블릿PC의 진실을 밝히기만 하면 모든 의혹은 불식되리라 생각했다. 그러나 그 기대는 완전히 허공에 흩어지고 말았고, 언론의 무차별 보도와 안민석 의원 등의 거짓 진술은 도를 넘어 진실이 되어 가고 있었다.

9	140	그렇게 어느날 갑자기 방송에서 터진 **태블릿PC의 연설문**들은 나와 박 대통령을 엮어 국정농단이라는 무시무시한 사건을 만들어 냈다.
10	141	이 사건의 가장 중요한 단서는 **태블릿PC에 담겨진 글**들이다. 나는 그것을 확인하기 위해 **태블릿PC**를 보여줄 것을 요청했으나, 그들은 보여주지 않았고, 내 것이 아니라는 항변에도 관심이 없었다.
11	143	검찰의 조사는 의외로 **JTBC (태블릿PC) 문건**에 대한 이야기가 아니라, 이상한 방향으로 흘러가고 있었다.
12	146	국정농단 사건의 단초가 되었던 **(태블릿PC에서 나왔다는) 연설문**의 경우는 내가 공직자가 아니기 때문에 문제를 크게 만들 수 없었다. 그래서 정호성 비서관하고도 분리해서 재판을 했다
13	148	어느 날 수사를 받고 있는데 갑자기 태블릿PC 담당 검사가 올라 그의 방으로 ~~~~ 기에 **태블릿PC에서 나온 문건**이라며 산더미같이 올려놓고는 국정에 관여한 내용을 사실대로 털어놓으라고 했다. 내가 **태블릿**을 보여달라고 하자, 그럴 필요가 없다고 했다.
14	164	**JTBC가 보도한 태블릿PC**를 나는 사용할 줄도 모르고 내 것도 아니다. 그럼에도 검찰이나 특검은 가장 중요한 증거를 보여주지도 않고, 수사를 일사천리로 진행해 나갔다.
15	164~165	그 후 특검이 **엉뚱한 태블릿PC를 장시호가 제출**했다면서 내놓은 건 정말 코미디 같은 일이었다. 탄핵의 시작이 **태블릿PC**임에도 불구하고 사람들은 **태블릿의 진실**에 대해 묻지도, 알고 싶어 하지도 않는 것 같았다.
16	166	**태블릿PC 조작 사건**의 진실을 밝혀 책으로 발간한 변희재 미디어워치 대표가 명예훼손으로 구속되는 초유의 사태가 발생했다.
17	166	**JTBC에서 국정농단의 발단이라고 주장한 태블릿PC**에 대하여 진실 공방이 이 사건 초기부터 계속되어 왔다. 그것만 밝혀져도 이 사건이 기획되고 조작된 것인지 확인할 수 있다. 그런데 검찰은 한쪽 말만 듣고 있을 뿐이다.
18	168	**태블릿PC에 저장된 연설문** 등 문건 수사를 맡은 검사는 정말 있을 수 없는 수사를 했다. 그들은 **태블릿PC에서 나온 문건**에서 국정농단의 단서를 발견했다고 주장하지만, 실제로 나는 **태블릿PC**를 쓸 줄도 모르고 가지고 있지도 않았다. 실물을 보여주고 수사를 시작하자고 했으나, 그들은 태블릿PC는 아예 보여줄 생각도 없었고, 보여주지도 않았다.

19	168	**태블릿PC 문건**에 관한 수사를 하면서 그 실체를 보여주지 않고 수사를 하는 것은 업무상 과오이고, 실수이다. 실물은 보여주지도 않고 자기들 원하는 대로 수사를 진행하면서 맘대로 답변을 써 내려갔다. 내가 아무리 항의해도 소용이 없었다. 태블릿PC는 내 것이 아니기 때문에 보여줄 수가 없었을 테고, 이미 만들어진 각본에 의해 수사를 하고 있다는 반증이었다.
20	168~169	처음에는 정호성 비서관과 재판을 같이 하다가 변호사 측이 **태블릿PC 검증**을 요구하니까, L 부장검사가 재판을 완전 분리해버렸다. 그래서 **태블릿PC**의 진실뿐 아니라, 공모자들을 밝히는 재판도 할 수가 없었다.
21	169	당시 해묵은 **태블릿PC** 건의 얘기가 또 나온 것은 민간인인 변희재 씨가 용감하게 진실을 밝혀내고자 한데서부터 시작되었다. 그는 박 대통령이나 나와는 전혀 알지 못하는 민간인임에도 불구하고 진실을 밝히기 위해 책까지 출간하는 열정을 보였다. 그 책에서는 **태블릿PC의 실사용자**가 누구인지, 조작은 어떻게 이루어졌는지 밝히고 있다. 그런데 JTBC 관련자들은 구속되지 않고, 오히려 변희재 씨만 구속되는 일이 벌어졌으니 진실은 여전히 묻혀갈 수밖에 없는 것이다.
22	169~170	검찰이 공무상 비밀누설죄의 증거로 **태블릿PC**를 채택한 것은 완전히 조작이자, 모함을 한 것이다. 개설년도에는 쓰이지도 않았던 메일 계정과 선생님이란 칭호를 나중에, 2016년 10월에 수정했다는 것도 국과수 포렌식 자료에서 드러났다. 하지만 누가 조작했는지에 대한 수사가 없으니 그 진실이 밝혀질 수가 없는 것이다. 지금 벌어지고 있는 일들과, 검찰과 특검 배후 세력들에 의한 조작 의혹은 후일에라도 밝혀질 것이다.
23	174~175	그날 이후 장시호와 언니는 미친 듯이 날 공격했고, 나중에는 **장시호가 자기 아들이 쓰던 태블릿PC**에 내가 알지도 못하는 것을 저장하여 특검에 제출하는 일까지 일어났다. 나는 애초에 **JTBC 태블릿PC 조작설**에서도 얘기했듯이 그것 자체를 쓸 줄을 모른다. 이렇듯 가족을 이용한 특검의 플리바게닝과 꾸며진 기획은 여론에 급속히 퍼져 여과 없이 보도되었다.
24	185	내가 어떻게 국정을 농단했다는 것인가! **태블릿PC 사건**은 왜 그냥 묻어가 버리는가? 왜 **태블릿PC**를 보여주지도 않고 수사를 하고, 내 것이라고 단정하여 얘기하는가! 뭔가 자기들 모순이 쌓여 국정농단을 일으킨 것을, 재판부는 내가 국정을 기획한 것으로 몰고 가고 있다고 판시했다.
25	241	**JTBC와 가짜 태블릿PC**를 조작한 사람들, 대통령 측근이라고 떠들며 기자들에게 이야기하고 다닌 인간들, 그들로 인해 촉발된 국정농단 사건이다. 이런 조작극은 여기서 끝나야 한다. 이걸 밝히지 못하면 또 다른 국정농단 사건은 계속 생겨날 것이다.

26	242	이런 일이 다시 일어나지 말아야 한다고 진정 생각한다면, **JTBC의 태블릿 PC 진실**과 고발자들도 수사했어야 한다. 그들의 배신과 자기들만 살기 위해 다음 정권을 향한 아부로 행해진 몸부림의 정체와 배후를 밝혀내야만 이 사건은 진실에 다가설 수 있었을 것이다. 그들은 놔둔 채 나에게 모든 걸 뒤집어씌우면 그것이 끝나는가 말이다.
27		조선일보 광고에 변희재 미디어워치 대표가 **태블릿PC 의혹**에 대해 반론문을 제기했다. "최순실 업무용 **태블릿PC**라면서 왜 김한수 딸 사진이 있나?" 그야말로 **태블릿PC** 사건으로 변희재 씨를 명예훼손으로 구속한 건 코미디다. 그럴 것이라면 당연히 손석희 씨도 고발되었으니 구속되어야 한다.
28	253	무엇이 무서워서 판사는 **JTBC가 제공한 태블릿PC**에 대해 감정도 하지 않고, 김한수의 출입국 기록과 통신사 위치 자료에 대한 사실조회 신청조차 받지 않는 것인가. 구린 데가 많긴 엄청 많은가 보다. 그렇지 않다면, 이렇게 나라를 흔들어 놓은 태블릿PC 건을 은폐하고 묻어갈 수는 없지 않은가.
29		그러나 언젠가는 밝혀질 것이다. 처음부터 내 것이 아니었고, **JTBC의 보도는 조작**이라는 것. 그들 뒤의 숨은 세력들이 누구일까 궁금해진다. 적어도 그런 조직된 보도를 내려면 윗선의 지시와 협조가 있어야 가능하고, 법적인 책임까지 져야 하는 것이기에 더욱 숨은 세력들이 궁금하다. 손바닥으로 아무리 하늘을 가리려 해도 가려지지 않는다. 어둠이 이 세상의 빛을 이길 수 없기 때문이다.
30	275	**태블릿PC 조작**을 시작으로 철저히 기획된 국정농단 사건은 모든 국민들의 공분을 사게끔 여론과 언론, 방송들이 나선 결과였다.. 진실은 가려진 채 날조된 증거들과 거짓 증언, 공공을 자극하는 선동 비방만이 난무하여 대한민국을 무겁게 짓누르고 있었다.

*정리=미디어워치

'최순실 태블릿PC'라고 했던 기관별 과거 입장

기관	이름과 직함*	발언 (날짜)	출처
JTBC	손석희 사장	"최순실 씨의 태블릿 PC", (16.10.26. 이후 반복. 손석희가 수십번, JTBC 전체로는 200여 차례 언급) "태블릿PC 실제 사용자인 최순실씨가 첫 재판에 모습"(16.12.19) "태블릿PC 사용자가 최순실 씨라는 사실"(17.10.9) "검찰 수사와 법원 재판에서 최 씨를 태블릿PC 사용자로 지목"(17.10.9) "두 태블릿PC 모두 최 씨 소유"(17.1.10) "검찰과 특검이 모두 구체적이고 과학적인 분석을 통해 JTBC가 제출한 태블릿PC가 최순실씨 소유물이었다는 점을 인정 (17.1.11) "검찰은 처음으로 조목조목 반박을 하며 최순실 씨가 해당 태블릿 PC를 사용한 것이 맞다는 점을 설명"(17.10.24)	앵커 멘트
	심수미 기자	"검찰과 특검은 두 태블릿PC의 이동 동선과 최순실 씨의 출입국 기록 등을 대조한 결과, 사용자가 최 씨라는 결론"(17.1.10)	보도
	김필준 기자	"검찰이 법정이 아닌 공개석상에서 최 씨의 태블릿PC 사용을 공식 확인해준 것"(17.10.23)	보도
	서복현 기자	"태블릿PC가 100% 최순실씨의 것이 맞다"(16.12.9)	보도
	김태영 기자	"갤럭시 탭인데요. 최 씨가 그로부터 3개월 뒤에 사용하기 시작", "최 씨의 탭"(16.10.26)	보도
	이서준 기자	"검찰은 최씨가 해당 태블릿PC를 사용한 객관적 증거가 명백하다는 입장"(17.10.9)	보도
	최규진 기자	"검찰은 종합적인 포렌식 분석을 통해 태블릿PC가 최씨 소유라고 결론"(16.12.19)	보도
	이재승 기자	"최순실 씨가 사용한 제2의 태블릿PC 실물"(17.1.12)	보도
검찰	노승권 차장	(태블릿PC 사용자가 최씨가 맞느냐는 기자 질문에) "맞다."(16.12.11)	브리핑

검찰	김종우 검사	"결국 진술인이 개통한 태블릿PC의 사용자는 실제 최순실인 것이지요"(김한수 "네") "태블릿 PC는 개통한 직후부터 최순실이 사용한 것으로 확인" (이상 17.1.4)	김한수 신문 조서
	강상묵 검사	"태블릿PC의 실제 사용자는 최서원인 것으로 알고 있지요?"(김한수 "네") "이미 증인은 최서원이 그 태블릿PC를 실제로 사용하고 있다는 사실에 대해서 인식하고 있었던 것이지요?"(김한수 "네") (이상 17.9.29)	김한수 증인 신문
	윤석열 중앙 지검장	"최씨가 사용한 PC라고 판단했다" "최순실 것이라고 결정적으로 판단" "최순실 씨가 쓰던 태블릿이 맞다고" (이상 17.10.23)	국정 감사
	한동훈 3차장	"최서원이 사용한 태블릿 PC라고 저희는 판단" (17.10.23)	국정 감사
	홍성준 검사	"최순실이 사용한 태블릿PC"(18.5.23) "태블릿 실사용자(최순실) 등 관련 보도 내용이 객관적인 사실과 다르지 않음이 명백하게 확인"(18.10.12)	공소장, 의견서
특검	이규철 특검보	"특검이 위 태블릿 PC가 최순실(최서원) 소유라고 본 근거를 구체적으로 말씀드리면…."(17.1.11)	브리핑
	박영수 특검	"태블릿 PC는 최순실이 사용하였던 것이 명백함" (17.3.6)	국정농단 수사결과
법무부	이창재 차관	"최씨가 사용한 것으로 판단했다"(16.12.21)	대정부 질의
	박상기 장관	"(태블릿PC는 누구거냐) 최순실 거라고 생각한다" (17.10.31)	국정 감사
법원	김세윤 판사	"태블릿을 최순실이 사용한 것으로 봄이 타탕"(18.4.6)	국정농단 1심판결
	박주영 판사	"최순실이 이 사건 태블릿을 사용하였다고 판단한 것은 상식적" "최순실이 사용한 태블릿PC" (이상 18.12.10)	미디어 워치 1심판결

최서원 "태블릿, 내 것이라면 돌려달라" 이후, 기관별 현재 입장

검찰	정용환 검사	"채권자(최서원)가 태블릿PC의 소유자임은 법률상 확인되거나 확정되지 않았다" "채권자가 '실사용자'라는 주장 역시 명확히 확인되지 않았다" (21.12.21)	답변서
특검		법률대리인 선정 안함.(22.1.10까지)	-
JTBC		무시	-
법무부		무시	-
법원		시간 끌기	-

*이름과 직함: 발언 당시 기준

태블릿PC 조작사건에 직간접 연루된 검사·법조인 명단

연도	날짜	이름과 연루 내용
2016	10. 24.	JTBC 태블릿 특집보도
	10. 25.	**서울중앙지검 형사6부 익명 부장검사**, JTBC 태블릿 관련, 검찰시스템에 기록 남기지 말라며 수사관에게 불법포렌식 지시.
		노승권 서울중앙지검 1차장, JTBC 기자와 태블릿에 관해 긴밀한 문자 메시지.
	10. 27.	**김수남** 검찰총장, **이영렬** 서울중앙지검장을 본부장으로 '최순실 국정농단 특별수사본부' 구성.
		최재순 서울중앙지검 검사, 검찰 출석한 노승일 시켜 해외에 있는 최서원에게 전화걸고 통화녹취. JTBC와 탄핵 세력, 이 통화녹취록을 왜곡, 날조해 "최 씨가 태블릿을 조작으로 몰려고 했다" 가짜뉴스 보도
	10. 28.	**김태겸** 서울중앙지검 검사, 24일에 태블릿 제출받고 나흘 뒤인 28일에야 뒤늦게 압수조서를 작성. 태블릿 제출자 조택수 ITRC 기자는 필자의 태블릿 형사재판에서 "사신이 제출한 물건이 태블릿인지 몰랐다"고 증언함
	10. 29.	**김용제** 서울중앙지검 검사, 김한수 1차 참고인 조사에서 "태블릿 요금은 ㈜마레이컴퍼니에서 모두 납부했고, 김한수는 몰랐다" 알리바이 설계
	10. 31.	최서원 검찰 출석. **고형곤, 한웅재, 신자용, 김민형, 최영아** 검사가 조사.
		고형곤, 최서원에게 "태블릿은 포렌식 중이어서 보여주기 어렵다" 거짓말. 포렌식은 25일에 이미 끝난 상태였음.
		신자용, 최서원에게 "다 불지 않으면 삼족을 멸하고, 딸 정유라도 손자도 영원히 감옥에서 썩게 될 것"
		한웅재, 최영아 "조사할 필요도 없다, 죄를 인정하라" 강압수사.
		태블릿의 전원이 무단으로 켜져서 파일 수백 개가 수정·삭제됨. 검찰은 증거봉투 속에 보존된 태블릿의 전원이 '외부 충격'에 의해 자동으로 켜졌다고 주장함.
	11. 30.	**박영수** 특검 임명. **이용복, 박충근, 양재식, 이규철** 변호사 합류. 대변인 이규철을 제외하고 모두 검찰 출신.
		좌천돼 있던 **윤석열** 특검 수사팀장으로 전격 발탁.
		한동훈, 신자용, 고형곤, 문지석, 최재순 등 특검 수사진에 합류.

	12. 7.	고영태 국회 청문회서 "최서원은 태블릿 쓸 줄 모른다", "JTBC 태블릿은 내것 아니다.", "JTBC 기자가 해명해달라" 등 증언. 고영태 발언 대서특필. 여론 동요.
	12. 8.	JTBC 긴급 태블릿 해명방송, 고영태 발언을 날조, 거짓말쟁이로 몰아감.
	12. 11.	**노승권** 서울중앙지검 1차장 "태블릿에서 정호성 문자 나왔다, 최서원 것 확실하다" 거짓 브리핑. 언론의 의혹제기 완전 차단.
	12. 21	**이창재** 법무부 차관(장관 직무대행), 국회 대정부질의서 "특수본이 각종 자료를 분석한 결과 최순실이 태블릿을 사용한 것으로 판단했다" 거짓 답변. 이창재는 검찰(서울북부지검장) 출신.
	12. 23	**이창재** 차관, 법무부장관 명의로 헌재에 '탄핵 의견서' 제출. "탄핵소추는 적법요건 갖췄다" 정당성 부여. 탄핵무효 외치던 국민 절반의 목소리 짓밟음.
2017	1. 4.	**김종우** 특검 검사, 김한수 2차 참고인 조사. "태블릿 요금은 2013년 1월까지 마레이컴퍼니에서 내고, 2월부터는 김한수가 냈다"며 요금납부 관련 알리바이 수정. 2012년 요금납부 내역 은폐.
	1. 10.	**문지석** 특검 검사, 이미 재판에 넘겨진 정호성을 불러 14시간 심야 조사, 정호성으로부터 '태블릿 감정 포기 선언' 받아냄. 후일 정호성은 국정농단 사건 공범 중 가장 빠른 2018년 5월 석방. 정호성은 검찰 조사와 재판으로 대부분의 형기를 채워 대법원 1년 6개월형 선고 즉시 석방.
	1. 11.	**이규철** 특검 대변인, "최순실 휴대폰 압수했으며, 휴대폰처럼 장시호 제출 제2태블릿도 L자 패턴" 거짓 기자회견. 해당 태블릿이 최서원이 썼다는 날짜보다 한 달 늦게 출시된 것으로 밝혀지자, 이후에는 거론 안함.
	7. 6.	**민영현** 서울중앙지검 검사, JTBC 기자가 태블릿 특수절도죄로 고소당한 사건을 불기소결정함. 건물관리인의 '양해'를 구하고 가져갔다는 것이 불기소 이유. 하지만 건물관리인은 태블릿의 소유자도, 처분권자도 아니었음.
	9. 29.	김한수 증인신문에 나선 **강상묵, 김종우** 특검 검사, 2012년 요금납부 관련 위증교사.
	10. 23.	**윤석열** 서울중앙지검장 "정호성이 최순실씨가 쓰던 태블릿이 맞다고 인정했고, 본인 재판에선 증거 동의했다"며 국정감사서 위증.
	12. 30.	**홍성준** 서울중앙지검 검사, JTBC와 변희재 쌍방 고소 10개월여 만에 태블릿 사건 수사 착수. 홍성준은 윤석열 사단으로 분류됨.

	5. 23.	나기현 국과수 연구관, 법정에서 "국과수는 태블릿이 최서원 것이라 확정한 적 없다" 증언. 모든 언론이 보도.
	5. 24.	**홍성준**, 변희재에 대한 사전 구속영장 청구.
	5. 30.	우리법연구회 **이언학** 영장전담 판사, 변희재 구속 결정.
	6. 18.	**홍성준**, 변희재와 미디어워치 기자들 전원 기소.
2018	11. 20.	**윤석열** 서울중앙지검장과 **홍석현** 중앙홀딩스 회장, 심야 회동.
	12. 5.	**홍성준**, 변희재에 명예훼손 사상 최고 형량인 징역 5년 구형. 피고인 4명 도합 11년 구형.
	12. 10.	우리법연구회 **박주영** 부장판사, 변희재 징역 2년(사전구속), 황의원 징역 1년(법정구속), 이우희 징역 6개월(집유), 오문영 벌금 500만원으로 전원 유죄 선고.
	2. 1.	태블릿 형사재판 항소심, 서울중앙지법 형사 항소4-2부에 배정. 재판부에 우리법연구회 출신 **정재헌** 부장판사 포함.
2019	4. 10.	민간인 **오자성** JTBC 측 변호사, **홍성준** 검사와 검사석에 나란히 착석해 공판 참여. 피고인이 항의했으나 묵살당함. 오자성은 2017년 서울고검 부장검사 퇴임.
	6. 4.	**황교안** 전 총리, "저는 당연히 태블릿PC 1심 판결을 존중합니다. 국민께 송구하다"며 중앙일보에 나가 항복 인터뷰. 황교안도 검찰 출신.
	2. 1.	**정재헌** 부장판사, SKT 계약서 조작이 쟁점이 떠오르던 시기, 돌연 SKT 법무부사장으로 이직.
	3. 22.	변희재, 김한수 실사용자 증거 발표. 김한수가 2012년 직접 태블릿 요금을 납부한 내역, 이용정지 풀린 후 곧바로 사용한 내역 등 공식 확인.
2020	6. 18.	**송지안** 검찰 포렌식 수사관, "보안상 이유로 대검 예규 지키지 않았다" 불법 포렌식 자백. 검찰의 태블릿 카톡방 삭제 기록 관련 "정상 카톡방 삭제 불가능" 답변.
	8. 14.	**나하나** 서울중앙지검 검사, 태블릿 증거조작 등 혐의로 고발당한 검사 3인(**강상묵, 김종우, 김용제**)을, 피고소인 소환조사 없이 무혐의 처분.
	8. 26.	재판부, "신청인에게 태블릿 이미징파일을 열람복사 허가하라" 결정. 검찰은 48시간 의무 위반하며 무시.
	9. 19.	**장욱환** 공판검사, 법원 명령 50여일 만에 의견서 제출. "이미징파일 5개 중 4개 분실했다"며 사실상 증거인멸 자백.

2020	10. 29.	**임진철** 서울중앙지검 검사, SKT 태블릿 계약서에 서로 다른 두 개의 사인이 나오는 것은 "김한수와 동행인 또는 대리점 직원이 함께 서명한 것"이라는 궤변으로 SKT 고소 사건을 불기소 처분함.
	11. 5.	미디어워치 측, 서울중앙지검 직권 압수수색 요구. 재판부 "검토하겠다" 답변.
2021	1. 14.	반정모 재판장, 국과수 태블릿 이미징파일 3월까지 받아주겠다고 약속. 기피신청 하려던 미디어워치 측, 재판부 약속을 믿고 속행에 동의함.
	4. 8.	반정모 재판장 전보. 신임 **전연숙** 재판장, 부임하자마자 전임 재판부 이미징파일 열람등사 허용 결정 취소, 재신청 요구. 전임 재판장의 국과수 이미징파일 주겠다는 약속도 묵살함.
	8. 13.	**전연숙** 재판장, 새로 신청한 이미징파일 열람등사 신청 모두 기각.
	8. 18.	미디어워치 측, 재판부 기피신청
	9. 28.	기피신청 항고심 대법원 1부에 배정. 주심은 우리법연구회 박정화 대법관. 구속영장 심사 이후 4번째로 만난 우리법연구회 출신.
	12. 21.	**정용환** 서울중앙지검 검사, 최서원이 제기한 태블릿 반환 가처분 소송에서 "최서원은 태블릿의 소유자, 실사용자임이 법률상 확인되지 않았다"고 공식 답변. 검찰이 태블릿 반환 요구를 거부하기 위해, 자신들의 수사결과를 뒤집음.

*정리=미디어워치

MEMO

변희재의 태블릿, 반격의 서막
태블릿 조작의 공범인 청와대의 배신자들

2022년 1월 27일 초판 1쇄 펴냄
2022년 2월 10일 초판 1쇄 찍음
2023년 7월 5일 초판 2쇄 찍음

지은이　변희재
편 집　미디어워치 편집부, 태블릿 진상규명단
디자인　미디어워치

발 행　황의원
발행사　미디어워치

ISBN 979-11-92014-02-9

주 소　서울특별시 마포구 마포대로 4길 36, 2층
전 화　02-720-8828
팩 스　02-720-8838
이메일　mediasilkhj@gmail.com
홈페이지　www.mediawatch.kr

ⓒ 변희재, 2022

값 18,000원